숨을 참다

코로나 시대 우리 일

한국사회 기층문화 1

숨을 참다
코로나 시대 우리 일

1판 1쇄. 2022년 3월 14일

기획. 익천문화재단 길동무·직장갑질119
지은이. 김종진, 박내현, 박점규, 박혜리, 변정윤, 송경동, 시야, 연정, 이다혜, 이병희,
       정슬기, 정윤영, 정창조, 하명희, 희정

펴낸이. 정민용
편집장. 안중철
책임편집. 이진실
편집. 최미정, 윤상훈, 강소영, 심정용

펴낸 곳. 후마니타스(주)
등록. 2002년 2월 19일 제2002-000481호
주소. 서울 마포구 신촌로14안길 17, 2층(04057)

편집. 02-739-9929, 9930
제작. 02-722-9960

메일. humanitasbooks@gmail.com
블로그. blog.naver.com/humabook
SNS f ⓘ 🐦 /humanitasbook

인쇄. 천일인쇄 031-955-8083
제본. 일진제책 031-908-1407

값 18000원

ISBN 978-89-6437-398-9 03300

후마니타스

"코로나 시대 우리 일"

일러두기

＋ 본문에 등장하는 인터뷰이의 이름은 일부 가명을 사용했다. 또 지명이나 설정 등을 변경한 경우도 있다. 소괄호 안에 표기된 인터뷰이의 나이는 인터뷰 당시를 기준으로 했다.
＋ 코로나바이러스감염증-19는 '코로나' 혹은 '코로나19'로 줄여 쓰기도 했다.
＋ 단행본·정기간행물에는 겹낫쇠(『 』)를, 기사·논문에는 홑낫쇠(「 」)를, 인터넷 매체와 시·노래 등에는 가랑이표(< >)를 사용했다.

차례

서문	사라진 책임들에 대하여	송경동	7
관계자 외 출입금지	방과 후 강사의 일	박내현	15
마스크가 하지 못한 일	콜센터 상담사의 일	희정	35
달라진 것은 없다	요양보호사의 일	희정	55
비행기가 뜨기까지	공항 지상조업사의 일	변정윤	75
길을 잃다	버스 기사와 여행사 직원의 일	박점규	91
어느 쓸쓸한 노동에 대하여	식당에서의 일	시야	111
스물다섯, 아르바이트라는 일		박혜리	131
나의 무해함을 증명합니다	원어민 강사의 일	정윤영	151
우리가 일터에서 만난다는 것	장애인 보호작업장에서의 일	정창조	169
코로나라는 참 좋은 구실	호텔에서의 일	연정	191
숨을 참는 시간	연극인의 일	하명희	225

현장 분석

재난은 모두에게 똑같지 않다	코로나가 알려 준 우리의 노동 현실	정슬기 247
코로나19와 노동법의 과제	정의롭고 안전한 일터를 위하여	이다혜 273
코로나19 고용정책 국제 비교		이병희 299
포스트 코로나, 노동과 복지의 방향	제도의 지체와 사회적 실천의 상상력	김종진 319

서문
사라진 책임들에 대하여

송경동

우리는 지금 이 행성의 새로운 시간을 경험하고 있다. 인류를 향해 울리는 경보음이 끊이지 않는 두려운 시간이다. 북극과 남극의 빙하가 쩍 갈라지는 소리, 온난화로 인해 습기를 잔뜩 머금은 허리케인이 지구 곳곳을 강타하며 울부짖는 소리, 아마존·캘리포니아·캐나다·오스트레일리아에서 벌겋게 타오른 산불의 굉음 소리, 인간은 존재하지도 않던 태곳적부터 지구를 보호해 온 설산의 빙벽들이 녹아내리는 소리, 그리고 멸종 위기에 처한 수많은 종들의 비명 소리가 그런 경보음들이다. 절멸의 위기에 처한 것은 다른 종만이 아니다. 인간 세계에서 안전하게 살 권리를 빼앗기고 죽어 가는 사회적 약자들의 신음 소리와 고통 소리도 커지고 있다.

2019년 12월 1일, 중국 우한에서 처음으로 발견된 후 2년 넘게 전 세계를 배회하며 전 지구를 공포에 떨게 하고 있는 코로나19도 이런 경보음 중 하나다. 2022년 2월 14일 현재 통계로 밝혀진 것만 따져도 감염자는 4억1290만7353명, 사망자는 583만9040명에 달한다. 전에 없던 위기 속에 전 세계는 황급히 국경을 닫고 방어에 나섰다. 인공지능과 자율주행차, 화성으로 가는 로켓을 만들며 4차 산업혁명을 이야기하던 인류가 바이러스에 맞서 할 수 있는 일은 기껏해야 '마스크 쓰기'와 '30초 이상 손 씻기', '옷소매로 입 가리고 기침하기', '몇 인 이상 함께 밥 먹지 않기', '외출과 만남을 삼가기', '2미터 이상 거리 두기'뿐이었다. 백신이 개발됐지만 세 차례에 걸친 접종에도 불구하고 이 위험으로부터 안전할 수 없다는 사실을 확인했을 뿐이다. 재난은 특히 힘없는 자들에게 가혹했고, 그 책임 또한 부조리하고 불평등하게 부과됐다.

    코로나19의 원인과 책임은 중국 우한의 화난 시장이나 서식지를 잃고 끌려 나온 천산갑·박쥐에게 있지 않다. 200년간 산업화를 거치며 이윤만을 위해 생태계를 파괴하고 유린해 온 눈먼 자본주의야말로 이 재난의 주범이다. 여기에 대한 우리의 통렬한 반성과 성찰마저 격리당하고 있다는 사실이 현재 가장 큰 문제다. 지구의 평균온도가 1.5도 오를 것으로 예상되는 2050년까지 그릇된 문명의 '정의로운 전환'을 이루어 내지 않으면 이 행성의 모든 생명체가 전멸할 수도 있다고들 한다. 그럼에도 불구하고 여전히 비윤리적 변이를 거듭하며 자연을, 다른 종을, 이민족을, 다른 피부를, 노동자를, 여성을, 약자와 소수자를 대상화하고 차별하며 배제하고 착취하는 데만 골몰하고 있는 이 자본주의에 대해서는 어떤 추적도, 선제 방역도, 격리 조치도 이루어지지 않고 있다. 무한한 이윤만을 쫓는 소수의 오만과 무지, 폭력으로 생겨난 재난의 책임을 왜 우리가 짊어져야 하는지, 이제 그들에게 되물을 때다. 여전히 이 위기를 또 다른 자본축적의 계기로 삼으려고 우리의 근원적 반성과 성찰을 방해하며 혐오와 공포를 부추기는 세력에 대한 역사적 거리 두기가 필요한 때다.

이런 위기의 한복판에서 '코로나 시대 우리 일'은 어떤 위험과 차별, 폭력 속에 놓여 있는지, 이에 대해 국가와 정부, 자본은 어떤 자세와 책임을 보여 왔는지를 점검해 봐야겠다는 생각이 들었다. 그래서 코로나19 시대 배제된 노동의 문제를 고민해 온 직장갑질119와 '한국사회 기층문화' 보고를 자신의 일로 삼은 익천문화재단 길동무의 공동 기획으로 1년에 걸쳐 이 책을 준비했다. 그 긴요하고 정밀한 탐색을 위해 나서 주신 열 명의 르포 작가와 네 명의 연구자 분들, 그리고 고통스러운 삶의 현장을 흔쾌히 증언해 주신 여러 인터뷰이 분들께 감사드린다.

이 책을 여는 열한 편의 글은 숨마저 참으며 살아가야 하는 코로나 시대에 배제된 삶의 현장에 대한 생생한 르포들이다. 「현장 분석」에서는 코로나19 시대 한국 노동자들의 삶과 세계 각국의 고용·노동정책을 비교하고, 한국 정부의 대응 양태와 이후의 법·제도적 과제, 재난 시기에 대비한 노동 복지의 방향 등을 다룬 보고서들을 담았다. 이 책에서 다룬, 배제된 삶의 현장은 소수 취약 계층의 이야기가 아니다. 현재 한국 사회에서 특수고용직, 플랫폼 노동자, 프리랜서, 간접고용, 일용직, 초단시간 노동자, 5인 미만 사업장의 노동자들, 고령·청소년 노동자 등 부실한 법·제도 밖에서 차별받고 있는 불안정 노동자들의 수를 모두 합하면 총 1689만 명에 이른다. 이 노동자들이 힘겹게 부양하며 돌봄을 수행하는 가족들까지 고려하면 사실상 이는 대한민국 국민 대다수의 문제다. 코로나19 대책의 긴급성, 윤리성, 보편성, 공공성, 전면성, 개별성, 정기성이 시급히 요구되는 까닭이다.

다행히 한국 정부는 특정 시기 코로나 확진자 수를 일시적으로 줄이는 방역에 성공했다. 하지만 또 다른 방역 대책이라 할 수 있는 다수 취약 계층에 대한 보호는 낙제점이었다. 제도 밖 사람들의 소득과 일자리를 지켜 줘야 사회적 거리 두기도 가능하다. 이들에게는 사회적 거리 두기가 생계를 위협하기 때문이다. 그러므로 이 역시 국가가 가장 시급하게 시행해야 할 핵심 방역 정책이었다. 늦었지만 이제라도 정부가 전 국민 고용보험과 국민 취업 지원 제도, 상병수당 지급과 질병 휴가·휴직의 권리 확충 등 여러 법·제도를 도입하고 내실 있게 시행해 주길 바란다. 이 책의 「현장 분석」에서는 코로나19 시대 각 삶의 영역에 도입되어야 할 법·제도의 방향을 제시해 뒀다. 이렇게 시급하고 근본적인 문제를 논의하지 않고 진행된 20대 대선 과정에 대한 비판의 소리 역시 여기에 놓아둔다.

이 책이 코로나19 재난 시대를 맞아 우리가 진정으로 나아가야 할 바를 가늠해 보는 유의미한 사회적 이정표로 작용하기를 바란다. 또 하나의 사회적 경고등이 되어 이후 계속될 각종 생태 위기 속에서 자연-인간 모두가 평화롭고 평등한 시대로의 전환을 함께 이루어 나갈 수 있는 데 작은 힘이라도 보탤 수 있기를 바란다. 이 책이 진정한 '포스트 코로나 시대'를 고민해 가는 이들의 소중한 길벗이 되면 좋겠다.

　마지막으로 이 책을 만드는 데 쓰인 어떤 나무들과 여러 공정을 담당해 준 분들께 고맙다는 인사를 남긴다. 우리 모두의 참여와 노력을 한 권의 사회적 실체로 긴급하게 만들어 주신 후마니타스 여러분들께는 특별히 더 고맙다. 더불어 이 책은 박정희 독재 정권에 의한 공안 조작 사건의 피해자로서 청춘을 빼앗긴 채 팔순에 이른 김판수 선생님의 보이지 않는 배려와 헌신에 힘입었음을 밝혀 둔다.

관계자 외 출입 금지

방과 후 강사의 일

박내현

현진 씨(53)의 핸드폰에는 학부모와 주고받은 문자가 빼곡했다. "3학년 2반 연이 엄만데요. 내일 수업은 뭔가요? 준비물은 없나요?" "내일은 종이접기입니다. 연이는 종이접기 시간에 집중력이 좋아요. 재료는 모두 제가 준비해 갑니다." 수업 시작 전에 매번 안내 문자를 보내고, 수업을 진행하는 중에도 이런저런 질문에 답을 한다.

코로나가 시작된 후 1년반 동안 수업을 못 했는데 2021년 9월, 한 학교가 비대면 수업을 시작하면서 매주 수요일마다 학교에 다시 나가게 됐다. 그는 15년째 토탈공예를 가르치고 있는 방과 후 강사다.

결혼 후 첫 출산과 함께 병이 생겨 다니던 직장을 그만뒀다. 우연히 배워 뒀던 종이접기를 동네 아이들에게 가르쳐 주다가 방과 후 강사라는 새로운 길을 찾게 됐다. 대학에서는 공예를 전공했지만, 전공만으로는 경쟁력이 없어서 매년 새로운 자격증을 땄다. 대부분의 방과 후 강사들은 자격증을 수십 개씩 갖고 있다. 할 줄 아는 게 하나라도 더 있어야 치열한 경쟁을 뚫고 수업을 따낼 수 있기 때문이다.

매년 면접을 새로 봐요. 이미 수업을 하고 있는 학교든 새로운 학교든, 학생 만족도 조사가 높게 나오든 말든, 매년. 서울은 심지어 3개월 단위로 계약하는 걸요. 날씨가 추워지기 시작하면 서류를 이만큼씩 뽑아서 이 학교 저 학교 전전하며 면접을 보러 다녀요.

근데 그 면접이 대부분 오후에 잡혀서 기존에 하는 수업과 겹치다 보니 난감할 때가 많아요. 학교에 사정을 설명하면 알아서 둘 중 하나를 선택하라고 하지, 면접 시간을 조정해 주거나 수업을 조정해 주는 경우는 없어요. 그나마 보조교사를 쓰고 면접을 보러 가도 면접 시간이 딱 정해져 있는 게 아니에요. 여러 명이 지원을 하면 시간을 쪼개서 정해 주면 될 텐데 무작정 가서 내 순서가 올 때까지 기다려야 해요. 그러면 그냥 그 하루는 날아가는 거예요.

그 면접마저도 2020년에는 볼 수 없었다. 코로나가 확산되면서 학교가 꽁꽁 문을 닫고 "외부인 출입금지"가 된 지 2년이 훌쩍 넘었기 때문이다. 한 학교에서 15년간 계약을 유지하면서 수업을 해온 현진 씨도 외부인이었다. 수업이 열리길 마냥 기다리고만 있을 순 없어 다른 일자리를 찾았다.

처음 찾아간 곳은 쿠팡이었다. 아르바이트 구직 사이트를 뒤져 인천에 있는 물류센터에서 일을 시작했다. 첫날은 숨도 못 쉬고 일하다가 집으로 돌아오자마자 쓰러졌다.

말로는 전혀 터치를 안 하는데 거기 UPH+라는 게 있어서 그게 얘가 일을 못한다 잘한다 수치로 알려 준대요. 일하다 보면 누구누구 사원님, 이러면서 마이크로 막 불러요. 중앙으로 오라고. 자기네들은 가만히 있으면서 불러서 왜 이렇게 일을 못하세요, 막 이러기도 하고.

처음에는 인천에서 일하다가 집에서 가까운 부천 신선 센터로 갔어요. 근데 또 며칠 일하니까 안 부르더라고요. 작업량을 체크해서 잘하는 사람만 부른대요. 어쩔 수 없이 다시 인천으로 갔는데 갑자기 마이크로 제 이름을 부르는 거예요. 왜 그러냐 했더니 빨리 집에 가라고. 이유나 알고 가자 했더니 부천 신선 센터에서 확진자가 나왔더라고요. 그다음부터는 그나마도 못 나가고 자가 격리하고 검사하고….

지금 일하는 곳은 슈퍼예요. 까대기++라고 아시죠? 물건 박스 뜯어서 비지 않게 계속 갖다 놓는 거. (2021년) 8월 5일부터 일했는데 전 진짜 일주일도 못 할 줄 알았거든요. 근데 쿠팡 힘든 거에 비하면 10분의 1도 안 돼요.

+ '시간당 물량 처리 개수' Unit Per Hour를 뜻하는 말로 실시간 측정돼 관리자의 단말기로 전송된다.
++ 택배 업계에서는 상하차 업무를 까대기라고 하지만, 백화점이나 대형 슈퍼 등에서는 박스를 풀어서 재고 수량 등을 조사하는 작업을 가리킨다.

──[월수입 0원]──

 쿠팡에서 지금 일하는 슈퍼로 오기까지 마스크 공장과 화장품 공장, 휴대폰 부품 조립 등 일거리만 있으면 닥치는 대로 다녔다. 서울시와 경기도 교육청이 방역 인력을 뽑을 때 기존에 일하던 방과 후 강사를 우선으로 모집해 방역 일을 하기도 했다. 다만 주 15시간을 넘지 못하게 했다. 일이 주어지는 대로 불려 가 책상에 소독약을 뿌리고 계단과 손잡이, 급식실 가림막을 닦았다.
 1년 6개월이 넘는 공백으로 인해 다른 일자리를 찾아 헤맬 수밖에 없었던 사람은 현진 씨만이 아니다. 방과후강사노동조합이 전국 17개 시·도 1247명의 방과 후 강사를 대상으로 진행한 2020년 실태 조사 결과에 따르면, 월수입 평균은 2019년 216만 원에서 2020년 1학기 13.1만 원, 2학기에는 12.9만 원으로 급락했다. 게다가 월수입이 아예 0원이라고 응답한 사람이 전체의 79.5퍼센트(2020년 2학기 기준)에 달했다. 여성들이 주를 이루는 방과 후 강사를 '부업' 정도로 생각하는 사람들도 있지만, 실제 생계를 책임지는 '주업'으로 일하는 경우가 97.5퍼센트에 이른다.
 악기를 가르치던 강사들은 악기를 팔아 치웠고 차나 집을 판 사람도 있었다. 현진 씨 역시 매달 카드값을 내야 하는 날짜가 다가오면 미칠 것만 같았다. 비슷한 시기에 다니던 직장을 그만두고 보험 설계를 시작했던 남편은 그마저도 어려워져 경비원 교육을 받고 대단지 아파트 경비로 근무하기 시작했다.

주간 주간, 야간 야간, 들쭉날쭉하니까 너무 힘든데, 관두면 안 된다고 했어요. 나도 버틸 거니까 버티라고 했어요. 이젠 그나마 남은 집도 팔고 월세로 가야 할 것 같아요. 아직 아이 둘이 대학을 다니는데 경제적으로 너무 힘들어요. 빚은 계속 늘어 가고 카드 돌려 막기로 버티는 것도 한계가 왔어요.

코로나 이후 월수입은 평균 100만 원, 줌 수업을 할 때는 40~50만 원, 방역을 했던 달에는 60만 원 정도를 벌었지만 그것도 꾸준하지 않았다. 하다가 끊어지면 또 다른 아르바이트를 찾았지만, 며칠 나가면 일이 없다고 나오지 말라는 연락을 받았다. 매달 나가는 공과금이나 대출이자는 다시 대출을 받아서 막았다.

저희 집이 빌라 5층인데 어느 날엔가는 정말 딱 뛰어내리고 싶더라고요. 제가 성당을 다니는데 새벽에 고해성사를 하러 갔어요. 삶의 끈을 놓아 버리고 싶다고, 근데 이게 진짜 큰 죄 아니냐고, 그랬더니 신부님이 안수기도를 해주시더라고요. 신부님 손이 제 머리에 와닿는 순간 눈물이 터져 나왔어요. 새벽이라 아무도 없는데 정말 소리소리 지르며 울었더니 마음이 조금 시원해지더라고요.

코로나가 시작된 2019년 12월부터 학교는 방과 후 강사들에게 '일단 대기'를 요구했다. 일주일 또 일주일…그렇게 다시 수업이 재개되기를 기다리며 아무 일도 할 수 없었다. 혹시라도 사람들을 만났다가 코로나에 감염될까 봐 집 밖으로 한 발짝도 나가지 않았다는 강사도 있다. 학교와는 2020년 3월에 시작해서 그다음 해 2월에 종료되는 계약서를 작성했지만 3월에 수업을 열 수 없게 되자 학교는 강사들을 불러 계약 기간을 고쳐 쓰게 했다. 수업을 하기로 계약했지만 수업이 열리지 않는 상황에 대해 책임지는 이는 아무도 없었다.

──[닫힌 문]──

온라인 수업을 진행하던 학교들이 2020년 5월, 조심스럽게 문을 열기 시작했다. 혼란스럽기는 했지만, 온라인 수업과 등교 수업을 병행했고, 방과 후 강사들 역시 다시 학교로 돌아갈 수 있을 거라 기대했다. 온라인 수업으로 인해 학습 격차가 벌어지고 특히 중위권 학생들의 성적이 무너지고 있다는 우려가 커지면서 학교 돌봄 교실이 열렸고, 부족한 돌봄 인력을 보충하기 위해 방과 후 강사가 투입됐다. 방과 후 강사들은 방역 인력이나 돌봄 인력이 되어 학교에 들어갈 순 있었지만, 방과 후 강사로 수업을 할 수는 없었다.

방과 후 강사만 코로나에 걸리는 게 아니잖아요. 학교 선생님들도 저희랑 똑같고 수업 시간에 외부 강사도 들어가는데 왜 방과 후 수업만 안 열어 주는지 모르겠어요.

학교는 방과 후 학교를 열지 못하는 이유로 '안전'을 꼽았다. 오전에는 안전한 학교가 오후에는 불안한 공간이 됐다. 코로나로 학교가 비대면 수업만 할 때도 학원가는 북적였다. 학부모들 역시 학원보다는 학교가 훨씬 안전하기 때문에 방과 후 학교가 열리길 바랐다. 위탁 계약을 하고도 학교가 수업을 열지 않으면 속수무책으로 기다릴 수밖에 없는 건 관련법이 없기 때문이다. 1995년, 특기·적성 교육으로 시작한 방과 후 학교는 26년이 지나도록 관련법 없이 교육부 고시와 각 시도 교육청의 「방과 후 학교 가이드라인·길라잡이」 지침서를 근거로 운영되고 있다. 법이 아니기에 강제성이 없다.

방과 후에 운영하는 수업은 영어나 논술처럼 교과와 연결된 과목도 있지만, 스포츠나 공예처럼 예체능 과정이 많다. 사교육으로 배우면 고액의 비용을 지불해야 하는 악기도 방과 후 수업에서 배울 수 있다. 특히 소득 격차가 있는 지역에서는 방과 후 수업이 그 격차를 메우는 역할을 한다. 맞벌이 가정이나 한부모 가정 등 다양한 이유로 학교 수업을 마친 후 혼자 남게 되는 아이들의 경우, 학원을 순회하는 대신 방과 후 수업을 통해 다양한 교과목을 학습할 수 있다. '학습'이라고는 하지만, 실제로는 혼자 방치되지 않도록 '돌봄'

의 기능도 겸하고 있는 것이다.+ 학교는 방과 후 수업을 학교 내 사교육처럼 여기고 방과 후 강사를 외부인으로 생각하지만, 현진 씨의 생각은 달랐다.

　봄이는 현진 씨가 처음 방과 후 수업을 시작했을 때 만난 초등학교 1학년생이었다. 공예 수업에 푹 빠져서 종이접기와 북아트를 좋아했던 봄이는 초등학교 6년 내내 현진 씨의 수업을 들었고, 중학교와 고등학교에 진학해서도 종종 그의 수업에 찾아와 보조 교사 역할을 맡았다. 공부에는 딱히 관심이 없었지만 북아트에 대해서만큼은 진심이었다. 대학 진학을 앞두고 봄이의 어머니는 현진 씨에게 진로 상담을 했다. 미술을 전공하고 싶다는데 어떻게 해야 할지 모르겠다는 봄이 어머니에게 현진 씨는 지인이 운영하는 미술 학원을 소개해 줬다. 그렇게 디자인 관련 학과에 진학한 봄이는 어느새 대학교 3학년이 되어 현진 씨 같은 토탈공예 강사가 되겠다는 꿈을 안고 자격증을 준비 중이다.

+ 수도권 학부모들을 대상으로 2021년 4월, 방과후강사노동조합이 진행한 「방과 후 수업 운영 중단에 따른 학부모 의식 조사」에서도 방과 후 수업 중단으로 인해 사교육비가 증가했다는 응답이 71.4퍼센트, 자녀 돌봄에 어려움을 느낀다는 응답이 79.3퍼센트에 달했다.

─[10년째 매년 신입]─

    학교가 방과 후 강사를 학교 안에 들어온 외부 사업자 정도로 생각한다는 것을 단적으로 보여 주는 것이 바로 '수용비'다. 참여자가 부담하는 방과 후 수업료에는 '수용비'가 포함돼 있다. 수용비는 방과 후 학교 운영을 위한 전화, 전기료, 냉난방비, 복사기 및 정수기 사용료, 인쇄비 등 학교 시설을 사용하는 비용과 학생 관리를 위한 문자 사용료 등으로 쓰인다. 교육청 규정에는 수업료의 10퍼센트를 참여자가 추가로 내게 돼 있지만 학교는 수업료에 이 비용을 포함시켜 받은 후 강사에게 수용비 명목의 금액을 떼고 지급한다. 그래서 방과 후 강사는 실제 수업료보다 적은 금액을 받는다. 학교가 학생들에게 필요한 수업을 위해 강사를 불러 놓고, 교실 사용료는 강사가 부담하게 하는 것이다.
    현진 씨가 하는 공예 수업에서는 학생들이 만든 공예품을 일주일간 말렸다가 그다음 주 수업에서 마무리해야 한다. 하지만 이를 학교에 두고 가지 못하게 해서, 모두 집에 가져갔다가 말려서 다시 가져오곤 했다. 학교에 뒀다가 파손돼도 책임질 수 없다는 것이 이유지만, 수용비를 낸 시간만큼만 학교 공간을 사용하라는 뜻이었다. 짐이 너무 많다는 이유로 수업 중에 다른 교실로 쫓겨나기도 하고 창고를 배정받는 일도 있다. 수용비를 내고도 교실을 제대로 사용하지 못하는 것이다.

교육청 홈페이지 공고를 보면 강사 못 구해서 2차 3차…막 5차까지 올라와요. 많이 떠났어요. 그리고 코로나 2년 겪으면서 현재는 더 많은 사람이 완전히 떠났어요. 근데도 학교에선 강사는 많다고 생각해요. 어떤 학교 선생님은 강사가 학교에 협조 안 하면 무조건 '야 잘라, 강사 많아' 그러신대요. 하지만 실력이 인증된 사람은 많지 않아요. 종이접기가 쉬워 보여도 한 번 만들어 봤을 때랑 두 번 세 번 만들어 봤을 때가 또 달라요. 이걸 이렇게 만들면 애들이 할 때는 이런 실수를 할 수도 있겠네, 이게 보이는 거죠. 근데도 10년 넘게 강사료는 1원도 오르지 않았어요. 우리는 매년 새로운 자격증을 따고 전문성을 갖춰도 매년 그냥 신입처럼 면접 보고, 실수 한 번 하면 바로 잘리는 거예요.

교실을 사용하고 전원을 끄고 나가지 않아서 재계약이 안 된 강사도 있다. 할머니 상을 당해서 수업을 진행하지 못해 잘린 강사도 있었다.

할머니가 돌아가셔서 수업을 못 갔더니 다음에 딱 잘렸대요. 저도 작년에 친정아버지가 돌아가셨는데, 엄마한테 제가 그랬어요. 지금 코로나 때문에 방과 후 수업이 없어서 다행이라고. 오죽하면 그런 말을 다 했겠어요. 부모상을 당했는데 잘릴까 봐 옷 갈아입고 수업하고 오는 사람도 있어요.

요새 현진 씨는 매일 2만 보씩 걷는다. 슈퍼에서 까대기를 하며 매장과 창고를 오가다 보니 그렇게 됐다. 그러고 나면 걸어서 15분 거리인 집까지도 갈 힘이 없다. 그렇지만 수업을 할지도 모른다는 생각을 하면 머릿속은 즐거운 계획을 세우느라 복잡해진다. 올해 초에는 언제라도 비대면 수업을 할 수 있게 동료들과 공부도 했다. 다음 학기에는 수업을 하게 될지도 모른다는 연락을 받고, 다니던 슈퍼를 그만둬야 하나 고민했지만 이번에도 학교는 수업 개설 일주일 전 수업 폐지를 통보했다.

──[음악 치료사 은선 씨]──

일반 학교의 방과 후 수업이 참여자가 내는 수업료로 운영되는 반면, 특수학교의 방과 후 학교는 교육청 예산으로 운영된다. 부산의 특수학교에서 음악 치료 수업을 하는 은선 씨(56)는 음악 치료와 심리학을 전공했다. 불안하고 힘들었던 청소년기에 음악이 큰 도움이 됐는데 그러면서 음악의 힘을 믿게 되어 이 일을 시작했다. 음악 치료는 장애를 가진 이들을 대상으로 많이 이뤄진다. 그래서 수업에 참여하는 아동의 장애에 대한 이해가 필수적이다.

특수학교 애들은 착석도 안 되고, 의사소통도 잘 안 되고, 수업이 거의 안 되는 경우가 많아요. 장애에 따른 기능 차이로 그룹 수업이 어려운 경우에도 그냥 한 반에 넣어 놓거든요. 일단 자리에 앉히는 것만으로 시간이 다 가죠. 주 강사는 저 한 명이고 실무원+ 선생님들이 한 분씩 들어오긴 하지만 6, 7명 되는 아이들이 돌발 행동을 하면 제지해야 하고, 화장실 데려가느라 들락날락해야 하고, 굉장히 산만해요. 원래 특수 아동들은 집중이 어렵거든요. 근데 수업이 딱 1교시, 40분밖에 안 되니까 뭘 해보지도 못하고 끝나는 날도 있어요. 학교에 제발 1교시 수업은 하지 말자, 최소 2교시 연속 수업을 달라고 하지만 그런 경우가 거의 없어요. 그게 제일 아쉽죠.

음악 치료사는 일반적으로 정규직이 별로 없다. 특수학교 개수도 적고 음악 치료사를 찾는 곳도 흔치 않다. 그러다 보니 방과 후 수업 외에도 복지관이나 병원 정신과, 주간 보호 센터 등 여러 곳을 전전해야 한다. 다행히 부산 지역은 사회적 거리 두기 3단계까지 학교 수업을 진행했고 은선 씨도 작년(2020년)과 올해 모두 한 학교씩 수업을 나갔다. 하지만

+ 지역에 따라 '특수교육 지도사', '특수교육 실무사'라고도 한다. 특수교육 대상자의 교육의 질을 높이기 위해 배정되며 학습 자료 준비, 부적응 행동 관리 지원, 등하교 지도 등을 맡는다.

병원, 주간 보호 센터, 복지관의 수업은 코로나가 시작되자마자 모두 멈췄다. 생활은 어떻게 하셨냐는 질문에 은선 씨는 "그냥, 그냥요"라는 말로 웃어넘겼다.

교육청 예산으로 운영되는 특수학교 방과 후 수업은 수업 인원이 6, 7명으로 제한돼 있고, 부산의 경우 한 시간 수업료가 3만 원이었다가 2021년부터 3만5000원으로 올랐다.

이게 사실 자존감 문제도 있어요. 이 일이 전문성이 있어야 하고 대부분 학력도 석사 이상이거든요. 40분짜리 수업하려고 악기 챙겨 들고 차 가지고 가면 유류비도 안 나와요. 어떨 땐 40분짜리 수업을 주 3회 해달라고 해요. 그러면 40분 수업하러 세 번을 왔다 갔다 해야 하는 건데. 음악 치료는 최소 두 시간은 수업을 해야 한다고 아무리 설명해도 벽이에요, 벽. 가끔은 내가 박사까지 공부하고 지금 뭐하고 있나, 이런 생각도 들죠. 매년 면접 보러 왔다 갔다 하고, 이걸 다 어떻게 보나 싶을 정도로 매번 내는 서류도 엄청나요. 공무원 채용 신체검사서도 요구하는데 이게 4만 원씩 들고요. 면접장에서도 너무 함량 미달의 질문을 받다 보면, 나한테 왜 이러나 싶고….

특수학교의 경우 이미 교육청 예산이 배정돼 있기 때문에 코로나로 인해 수업을 못 하는 강사들에게 강사비를 보전해 줄 수 있었지만, 실제 그런 노력을 한 교육청은 없었다. 특수학교의 특성상 온라인 비대면 수업도 불가능했다.

> 마스크 쓴 것만으로도 장애 아동들은 엄청 불안해해요. 환경에 대한 적응력이 아무래도 더디거든요. 마스크를 쥐어뜯기도 하고, 던지기도 하고. 마스크 껴라, 계속 얘기해야 하고. 억지로 씌울 수도 없고. 실무원 선생님이 한 분밖에 안 계시는데 애 하나만 보고 있을 수가 없거든요. 소통해야 하는데 마스크 때문에 인상이 딱 가려지잖아요. 안 그래도 낯가림이 심한 애들인데 친해지는 게 전보다 더 힘들었어요.

――― [학교 밖에서 서성이며] ―――

특수학교 방과 후 수업은 운동·요가·체육이나 미술·음악 등 예체능이 주를 이룬다. 수업 자체에 의미를 두기보다는 정규 수업 후 학교에 머물러 있어야 하는 장애 아동의 '보육' 기능을 한다. 코로나로 방과 후 수업을 열지 못하게 되자 정규 수업 이후 발생하는 돌봄 공백을 메우지 못하고 초등학교 입학을 유예하는 장애 아동도 생겨났다.+

+ 「장애아 1295명 학교 못 가는 이유: 방과 후 돌봐 줄 특수교사 없어요」(『서울신문』 2021.10.20).

실무원 선생님들은 온종일 애들하고 있다 보니까 너무 힘드셔서 수업 가면 얘네는 수업 안된다고 그냥 두라고 하는 분도 계세요. 근데 누워 가지고 고개도 못 돌리는 애한테 제가 이렇게 눈앞으로 가서 얼굴을 보여 주면 마스크를 하고 있어도 저를 알아봐요. 그리고 한 명 한 명이 음악에 다르게 반응해요. 각자 특징이 있어서 어떤 애들은 제가 피아노 치면서 본인이 좋아하는 노래를 불러 주면 진정하기도 하고, 제가 피아노 치는 걸 옆에서 지켜보는 걸 좋아하는 아이도 있어요. 그렇게 내 음악에 반응을 보여 주면 강사비가 작거나 그런 건 또 다 잊어버리죠. 내가 뭐하고 있나 싶다가도 또 다음 수업 연구하고 있고….

코로나로 인한 고용 불안으로 피해가 컸던 특수고용직에게 지원금이 지급될 때도, 방과 후 강사는 포함되지 않았다. 방과후강사노동조합이 나선 후에야 2021년 7월, 특수고용직과 동일한 지원금이 나왔다. 학교에서 일하지만 고용 관계가 아니기 때문에 산재보험이나 고용보험에 가입돼 있지 않고, 그렇다고 개인 사업자도 아니라 소상공인을 위한 자금 지원이나 대출 지원도 받을 수 없다. 학부모가 내는 수업료는 학교 이름으로 개설된 통장으로 입금되고 그중 수용비를 제하고 강사에게 지급되는 식이어서, 학교는 방과 후 강사를 책임지지 않는다. 관련법이 없어 학교마다 계약서도 제각각이고 모든 게 '학교장 재량'에 달려 있다.

2021년 7월, 방과후강사노동조합은 경남 교육청과 교섭을 진행하기 시작했다. 사용자성을 인정하지 않는 대부분의 교육청은 노동조합과 면담조차 거부하고 있지만, 경남 교육청은 법적 해석을 따르겠다고 했고, 최근 중앙노동위원회가 경남 교육청을 방과후강사노동조합의 교섭 상대로 인정했다. 교섭의 주요 내용은 '계약 기간 보장'이다. 계약서를 썼기 때문에 다른 일을 하지 못하고 월수입 0원인 상태, 사실상의 무급휴직 상태인 강사들은 최소한의 보상을 원하고 있다. 2021년 9월에는 서울·경기·인천의 2200개 초등학교 교장 앞으로 방과 후 학교를 열어 달라는 손편지를 보냈다. 답장이 온 것은 딱 한 통. 수업을 개설하지 못해 죄송하다는 내용이었다.

오후 2시, 정규 수업이 끝난 학교에는 또 하나의 학교가 시작된다. 집에 돌아가도 적절한 돌봄을 받을 수 없거나 비싼 사교육비 부담으로 학원에 갈 수 없는 아이들, 학교 수업에서는 배울 수 없는 다양한 문화·예술·과학 교육을 원하는 학생들이 모여 자신이 원하는 수업을 받는다. 하지만 학교에서 교사들이 가장 싫어하는 업무가 방과 후 학교라고들 한다. 학교에 남아 있는 학생들의 안전을 책임져야 하고 다양한 방과 후 수업 개수만큼이나 행정 업무가 늘어나기 때문이다. 방과 후 전담 인력을 채용하는 시·도 교육청도 있지만 대부분의 학교는 비정규직이 늘어나는 것을 큰 부담으로 여겨 전담 인력을 채용하지 않고 있다.

코로나가 끝나고 학교가 다시 문을 열면, 그때는 12만 방과 후 강사의 자리가 학교 안에 제대로 마련될까. 불안정한 비대면 수업으로 인해 학습 격차와 교육 불평등은 심화됐다. 종일 집에 방치돼 있을 자녀를 돌보기 위해 수많은 여성들이 일터를 떠나 집으로 돌아와야 했다. 사실 방과 후 학교는 학교가 아니면 학원을 전전하며 돌봄 공백을 감당해야 하는 아이들을 위해 사교육 경감과 교육 격차 해소를 목적으로 제시된 대안이었다. 26년간 그 안에서 교육과 돌봄을 담당해 온 방과 후 강사들은 코로나 시기 누구보다 학교와 가정에 필요한 존재였지만 '외부인'으로서 여전히 학교 밖을 서성이고 있다.

마스크가 하지 못한 일

콜센터 상담사의 일

희정

"닭장"이라는 말이 싫었다. 서울의 한 콜센터에서 집단감염이 있고 난 뒤,+ 한동안 콜센터는 "닭장"이라 불렸다. 타인의 직업에 붙은 이 자극적인 수식어를 볼 때마다 생각했다. 그렇다면 닭장 속에서 일하는 사람은 무엇일까?

책상을 몇 줄씩 빡빡하게 이어 붙인 콜센터 사무 공간 도면을 처음 본 날, 내가 아는 콜센터 노동자에게 그 이미지를 보여 줬다.

"엄마 회사도 이래?"

엄마가 자기 자리라고 보여 준 사진이 있었다. 인형과 장식품으로 한껏 꾸며 놓은 책상이었다. 책상 옆 창가엔 각종 티백과 커피믹스가 진열돼 있었다. 엄마는 여기가 자신의 미니 카페라고 했다. 쉬는 시간이면 동료들이 커피를 마시러 온단다. 자랑하고 싶어 하는 엄마 앞에서 나는 눈살을 찌푸렸다.

"왜 휴게실에서 안 마시고? 그리고 커피 정도는 회사에

+ 2020년 3월, 에이스손해보험사에서 170여 명의 콜센터 상담사가 코로나19에 집단감염되었다. 이를 시작으로 1년 후인 2021년 4월 6일까지 콜센터 상담사의 코로나19 집단감염은 23건, 감염 확진자는 636명에 이른다(직장갑질119, 「코로나 이후 콜센터 노동환경 심층 면접 조사」, 2020.5).

서 제공해야 되는 거 아냐?"

엄마에겐 물정 모르는 소리였다. 코로나19가 확산되자 휴게실 출입이 금지됐다. 엄마는 팀원들을 먹여 살릴 기세로 점심 도시락을 챙겨 가곤 했는데, 이제는 각자 자기 자리에 앉아 식사를 한다고 했다.

"그럼 종일 한자리에만 있어야 한다고?"

역시 물정 모르는 소리였다.

"코로나 걸리면 안 돼."

엄마는 한동안 이 말을 달고 살았다.

코로나는 바이러스인데 그게 개인의 의지로 되는 거냐고 입바른 소리를 하면, 엄마는 짐짓 심각해져서 "걸리면 난 회사 못 다녀"라고 했다. 회사는 안 다녀도 그만이지만 동료들에게 "죄인" 될 것이 더 무섭다는 말 또한 잊지 않았다.

100여 명이 같은 공간에서 하루 8시간 이상 붙어 앉아 있으면서도 전염되지 않기를 바라는 것은, 어떤 긍정에서 나오는 믿음일까. 동료들에게 "민폐"가 되고 싶지 않다는 생각과 두려움이 면역력을 높이고 있는 걸까.

엄마가 책상을 아무리 정성스레 꾸며 놓은들 한 달이면 자리가 바뀌었다. 창가에 차린 미니 카페도 자리 이동에 따라 휴업을 반복했다. 들어왔다 나가는 경우가 많아서 자리도 자주 바뀔 수밖에 없었다. 대부분은 계약직 프리랜서로 '내 자리'라는 것이 없는 사람들이었다. 자기 자리도 없는 사람들이 그 자리의 간격을 넓힐 수 있을 리 없었다. "닭장"이라 불린 지 1년이 지나도록 일하는 사람들 사이의 간격은 넓어질 줄 몰랐다.

──[보험 상담사 미선 씨]──

김미선 씨는 프랜차이즈 공부방을 운영하다가 접었다. 과외라도 하면 될 것이라 생각했지만 쉰이 넘은 선생님을 학부모들은 달가워하지 않았다. 중년 여성이 할 수 있는 다른 일거리를 찾아봤지만, 소위 '반찬값' 버는 일자리를 제외하고 나니 할 수 있는 게 거의 없었다. 그러다 4년 전, 지인 소개로 콜센터에 들어갔다.

주된 업무는 보험 상품을 전화로 설명하고 판매하는 일이었다. 미선 씨가 속한 보험회사는 방송을 통해 상품을 광고하는데, 이를 보고 상담을 신청한 사람들에게 연락해 가입을 권유하는 것이 그의 일이다. 텔레마케팅 분야에선 인바운드inbound라 부른다. 무작위로 전화를 해서 상품을 판매하는 아웃바운드outbound보다 무례한 고객을 접하는 일은 덜할 것 같지만, 그렇지만도 않다.

보험 광고는 상담 전화를 받기만 해도 사은품을 준다며 소비자를 현혹한다. 그러다 보니 사은품에 대한 기대만으로 상담을 신청하는 사람들이 생겨났다. 광고에서는 전화를 받기만 하면 사은품을 줄 것처럼 말하지만 실제로는 5분 이상 통화를 해야 한다는 등의 여러 제한이 있기 때문에 항의하는 사람도 많다.

상담사들이 이 무례를 감내하는 까닭은 데이터베이스DB 때문이다. 상담을 신청한 고객들의 연락처 같은 개인 정보를 DB라 하는데, 이를 얼마나 확보하느냐가 상담사의 판매 실적을 좌우한다. 보험사는 전날 상담사의 판매 실적을 바탕으로 그날그날 제공하는 DB 수에 차등을 둔다. 첫날 받은 DB 수가 한 달 실적을 좌우할 수도 있다. 한 달 내내 일하고도 20, 30만 원밖에 못 버는 사람이 있는가 하면, 1000만 원 이상을 버는 사람도 있다. 그러니 DB가 인바운드 상담사들 사이에서 '총알'이라 불리는 것도 당연하다. "총알이 없으면 전쟁에 못 나가는 거잖아요." 요즘 같은 불황에는 더 힘들다.

이 일을 10년 넘게 한 사람이 그래요. 자기가 다닌 이래로 요즘 DB가 제일 적다고. 코로나가 길어지다 보니 사람들이 있던 보험도 깨는 상황인 거예요. 그러니까 누가 새로 보험을 들려 하겠어요.

——[코로나도 바꾸지 못한 일]——

　코로나19는 불황만 몰고 온 것이 아니다. 바이러스는 일터로 들어와 이들을 직접 위협했다. 문제는 이들을 보호하는 조치가 마스크 한 장과 창문 여닫기뿐이라는 것이다. 콜센터 노동자들에게 회사가 '코로나19 대응 예방 지침' 가운데 어떤 조치를 따르고 있는지 물었을 때, 가장 많은 답변을 받은 것은 가림막 설치(76.9퍼센트)와 정기 소독(67.7퍼센트)이었다. 가장 지켜지지 않는 것은 밀접 접촉 방지를 위한 시차 출퇴근제 활용으로, 이를 지켰다고 응답한 비율은 27.4퍼센트에 불과했다. 2021년 9월에 직장갑질119가 발표한 「콜센터 노동자에 대한 인식 조사」 결과에 따르면, 1년반 전의 콜센터 집단감염 사태에도 불구하고 사무 공간에서 동료와의 간격이 1미터 이상 유지되고 있다고 응답한 콜센터 노동자는 4명 중 1명에 그쳤다.

　종일 마스크 끼고 고객이랑 이야기하는 게 어떤 기분인지 아세요? 뛰면서 말하는 거랑 다를 게 없어요. 마라톤하는 기분이에요.

　얼마 전에도 구청에서 불시에 찾아와 점검을 했는데, 마스크를 턱까지 내리고 상담을 하던 직원들이 지적을 받았다.

탁상공론이에요. 본인들이 8시간 내내 쓰고 말해 보라죠.

목이 아파 늘 물을 옆에 두고 마셔야 하는 직업인데, 그마저도 여의치 않았다. 이러다가 감염보다 성대나 폐가 먼저 망가지겠다 싶었다. 미선 씨는 현실성 없는 조치들을 비판하면서도 회사가 무엇을 해주길 바라냐고 묻자 고개를 갸웃거렸다. 기껏 찾은 답이 휴게실을 다시 열어 달라는 정도였다.

인터뷰를 해준 다른 이들도 마찬가지였다. 마스크만 강요할 게 아니라 책상 간격을 늘려 멀찍이 배치하는 방법도 있다는 말에 다들 고개를 저었다.

"그걸 회사가 돈 들여 해주겠어요?"

그들은 회사가 자신들에게 돈을 쓰지 않을 것을 알았다. 회사가 정한 시간에 나와 회사가 정한 규칙에 맞춰 8시간 이상 회사 지시에 따라 일하는데도 회사 직원이 아니라 '프리랜서'였고, 매달 주는 돈도 월급이 아니라 '판매 수수료'였다. 자신들은 회사가 비용을 아끼기 위해 불러온 사람들일 뿐이었다.

───[아프면 쉴 권리]───

일터에서 거리 두기가 효과를 발휘하기 위해 필요한 것

은 공간만이 아니다. 휴게 시간·유급 병가 같은, 공간적 거리 두기에 상응하는 시간적 거리 두기 조치가 이루어져야 한다.+ 미선 씨에게 아프면 쉬는 게 가능한지 물었다.

아픈데도 나오라 한다고요? 그런 건 보너스 주고 매달 월급 나오는 데서 하는 거지, 우린 안 그래요. 기본급도 안 주는데 아파도 나와 죽으라는 게 말이 돼요?

직원이 아니니 병가와 연차 개념이 없다. 그렇다고 자유롭게 쉴 수 있는 것도 아니다. 미선 씨는 나와 인터뷰를 한 달에도 매주 주 6일 근무를 했다. 휴가를 자유롭게 쓸 수 있다는 곳에서 토요일까지 반납하며 일하고 있었다. 회사는 1등부터 꼴등까지 순위를 매기고, 등수마다 성과급을 달리한다. 결국 더 큰 보상을 위해 더 많이 일할 수밖에 없다.
회사는 갖은 방법으로 경쟁을 부추겼다.
"문 앞에 그날 실적을 1등부터 100등까지 쭉 붙여 놔요."
"프로그램을 열면 누가 얼마나 보험을 체결했는지 다 볼 수 있어요."
팀장은 종일 팀원들의 성과를 파악하고 닦달한다. 상담

+ 전주희, 「집단감염 대응에 대한 문제점」, 전국사무금융서비스노조, 『에이스손해보험 콜센터 코로나19 집단감염 피해 실태 조사 발표 자료집』(2021.9).

사들의 컴퓨터 메신저에는 쉴 새 없이 팀장의 지시와 독촉이 올라온다. 언론에 나온 어느 콜센터처럼 화장실 가는 일마저 지적당한 적은 없어도 밀집된 사무실에서 컴퓨터 안팎으로 팀장의 시선을 피할 길은 없다. 경쟁과 닦달, 감시는 사람이 모여 있을 때 더 효과적이다. 회사가 책상 간격을 넓히지 않는 것은 이런 이유 때문이기도 하다.

휴가란, 일하는 사람의 쉴 권리를 보장하는 제도다. 달리 말하면, 회사는 직원의 쉴 권리를 보장해야 할 의무가 있다. 결국 연차 제도의 구애를 받지 않아 자유로운 것은 미선 씨가 아니라 회사였다.

우리 콜센터 이야기는 아닌데, 재작년에 어떤 사람이 근무하다가 그냥 자는 것처럼 책상에 엎드려서 죽었대요. 보험 청약 철회가 들어왔는데, 그 사람이 철회를 막으려고 한 시간 동안 계속 말을 한 거야. 얼마나 스트레스였겠어요. 그러더니 쓰러져서···.

보험 철회는 (회사가 아니라) 상담사에게 큰 손해다. 보험을 체결해서 받은 수수료의 두세 배를 상담사가 물어내도록 하는 곳도 있다. 이런 징벌적 규율이 부당해도 상담사 개인이 할 수 있는 건 없다. 그러니 온몸으로 막을 수밖에 없다. 이 "기 빨리고" "진 빠지는" 일의 특성상 아픈 사람도 많다.

회사는 하는 거 없어요. 우리끼리 스트레스 받지 말자, 오늘 즐겁게 하자, (계약 체결 건수가) 빵(0) 치면 어때, 이렇게 마인드 컨트롤 하는 거죠.

아파도 나오라 하는 사람이 없는 게 아니라 실은 아프면 나오지 말라고 하는 사람이 없는 것이다. 동료애가 보호막 없는 노동조건을 그나마 버티게 해주지만 이직률은 그래도 높아서 4년차인 미선 씨가 연장자에 속한다. 계약 체결 건수에 따라 주어지는 수수료 외에 회사가 제공하는 것은 없으므로 벌이가 줄어들면 떠날 수밖에 없다.

"우리가 기본급을 받는 것도 아니고…."

내가 "기본급은 없느냐"는 질문을 한 후부터 미선 씨는 인터뷰 내내 "기본급"이라는 단어를 들먹였다. 마치 회사가 자신들에게 내놓지 않는 '기본'이 무엇인지 찾은 것 같았다. 그 말은 때로 체념조로 바뀌기도 했다.

"우리가 기본급 받는 사람도 아니잖아요."

개인 사업자나 프리랜서라는 말로 포장하지만 실은 특수고용직인 그에겐 일하는 사람이 받아야 할 기본적인 권리가 아무것도 허락되지 않았다.

──[상담원 8년차, 진영 씨]──

쉴 권리를 가지지 못한 건 미선 씨만이 아니다. 프리랜서 미선 씨와 달리 진영 씨는 콜센터 업체의 직원이었다. 그는 서른 초반에 공단에서 전화 상담원을 뽑는다는 공고를 보고 입사했다. 한 달 교육을 받고 시험을 본 후 들어간 곳은 공단으로부터 민간 위탁을 받은 콜센터였다. 공단이 제공한 시설에서 공단 이름이 적힌 책상에 앉아 공단이 구매한 제품을 사용해 공단이 운영하는 제도를 설명하는 일을 했다. 그곳에서 공단 소속이 아닌 것은 자신들밖에 없었다.

공공 기관의 대규모 일감을 맡기 위해 콜센터 업체는 신경을 곤두세웠다. 그래서 매일매일이 평가의 연속이었다. 공단은 파견 인력으로 상담 서비스 업무를 채우면서도 매번 이들에게 '자격'을 물었다. 공단의 평가 기준을 맞추기 위해 미선 씨는 입사 후에도 매달 업무 지식과 관련한 시험을 치렀다. 이외에도 QA(상담 품질) 평가가 있는데, 콜 수와 통화 시간이 평가 기준에 포함되기 때문에 상담사들은 점심시간도 반납한 채 콜 수를 채웠다. 이 모든 것이 이들을 평가하는 점수가 됐고, 점수에 따라 월급이 달라졌다. 하지만 그 차이는 30만 원 정도에 불과했다.

연차도 반납하고 퇴근 후에도 자진해서 남아 일하는 사람들에게 '고작' 30만 원 때문에 몸을 혹사하냐고 물으면 "그게 어디냐"라는 답이 돌아올 때가 많았다. 그런데 진영 씨는 비단 돈의 문제는 아니라고 했다.

여기서 10년 가까이 일했는데, 내가 1년을 근무한 사람과 다르다는 걸 보여 주는 게 이 월급밖에 없는 거예요.

공단의 상담원은 해마다 재계약을 해야 하는 외주업체 계약직 신분이다. 이들은 승진도, 임금 인상도, 근속에 따른 혜택도 기대할 수 없다. 그간의 경력을 증명해 주는 것은 능력이라는 허울을 쓴 월급밖에 없는 것이다. 그러므로 그건 '고작 30만 원'이 아니라 진영 씨의 '10년'에 대한 증명 같은 것이었다.

업체와 공단이 진영 씨에게 해주는 일은 업무와 성과를 평가하는 것밖에 없었다. 그러니 연차는커녕 병가 쓰는 일도 자유롭지 않았다. 업체는 공단 업무가 한가한 주간에 연차를 쓰도록 강요했다. 이를 따르지 않는다 해도 인원이 부족하다는 걸 서로가 잘 알다 보니, 동료들 눈치를 보느라 원하는 날에 연차를 쓸 수 없었다. 진영 씨는 그래도 자신이 아픈 게 낫다고 했다. '병가'라는 명분이 있기 때문이다. 문제는 가족이 아플 경우다.

"저는 애가 아프면 저도 같이 병원에 입원해 버렸어요."

자신이 입원을 해서 회사에 못 갈 경우 평가 점수가 깎이진 않는데, 자녀가 아플 경우에는 쉴 명분이 없다. 돌봄 휴가가 없기 때문이다. 연차는 정해진 날에만 써야 하니 결국 평가 점수가 깎이는 것을 감수하고 결근 처리를 한다. 그래서 아픈 자녀를 돌보려면 자신도 함께 입원해 버릴 수밖에 없는 것이다. 의사가 입원을 허락하느냐고 물었더니 진영 씨는 웃으며 말했다.

"저는 속이 다 곪아서 언제 입원을 하든 무리가 없어요."

동료와 회사에 폐를 끼치지 않기 위해, 자신의 경력을 입증하기 위해, 생활비를 벌기 위해, 그는 대상포진이 걸린 몸으로도 출근을 했다. 그렇게 8년을 살았더니 몸이 곪았다. 그런 진영 씨에게 코로나19 감염은 얼마나 큰 위험일까. 가족 구성원 중 누군가가 2주간 자가 격리를 해야 하는 일이 생긴다면, 그는 계속 일할 수 있을까. 진영 씨는 생각도 하기 싫다면서도 믿는 구석이 있다고 했다.

"노조가 생겼거든요."

노동조합이 생기자 많은 것이 달라졌다. 우선 팀장이나 관리자들의 닦달이 줄어들었다. 그런 조짐이 보이면 센터마다 뽑은 책임자(노조 간부)가 팀장이나 센터장에게 항의하거나 대화를 요청한다. 덕분에 관리자들의 독촉은 줄어들었고 상담사들의 과로도 줄었다. 노동조합 내에서 서로 경쟁하지 말자는 분위기를 만들었다. 처음에는 적응이 안 됐는데 하다 보니 성과에 연연하지 않고 정도껏 일하는 데도 익숙해졌다. 연차와 병가도 예전보다 가벼운 마음으로 쓴다. 그것만으로도 예전보다 불안감이 덜하다. 내 노동의 지속과 멈춤을 자신이 결정할 수 있다는 생각만으로 이룬 변화였다.

———[상담원 5년차 혜숙 씨]———

　은행 콜센터에서 일하는 혜숙 씨는 은행을 이용한 고객들에게 전화해 만족도를 조사하는 '해피콜' 업무를 하고 있다. 고객을 응대한 은행 직원들의 친절도를 평가하는 일이다.
　혜숙 씨 역시 은행 소속은 아니다. 그의 회사는 은행과 위탁 계약을 맺은 콜센터 업체. 근무하는 직원이 100여 명인데, 각기 회사가 계약을 맺은 은행이나 카드 회사가 지정한 곳으로 가서 업무를 본다. 그러니 같은 회사 사람이라 해도 퇴사할 때까지 얼굴 볼 일이 없는 경우가 많다. 혜숙 씨에겐 20명 정도 되는 팀원들이 동료라 부를 수 있는 이들이다.
　혜숙 씨가 일하는 10층 건물은 은행 계열사의 상담 서비스를 대행하는 콜센터 업체들로 가득했다. 그가 일하는 층만 해도 콜센터 업체 세 곳이 공간을 나눠 쓰고 있다. 10층짜리 건물에 층마다 100여 명이 일을 하니 코로나 바이러스가 전파될 위험도 컸다. 혜숙 씨는 지금까지 확진자가 발생했다는 문자를 서너 차례 받았다. 그때마다 상담사들은 코로나 검사를 받으러 가야 했다. 그런데 이상한 점이 있었다. 그런 연락이 꼭 금요일이나 주말에만 오는 것이다.

　주말은 어차피 쉬는 날이잖아요. 검사를 받으러 가도 제 쉬는 날에 가는 거예요. 월요일에 출근해 보면 주말에 다 소독했대요.

우연인지 아닌지 알 순 없으나 마음은 점차 회사를 믿지 않는 쪽으로 기울었다. 혜숙 씨는 해마다 그만둘 생각을 한다. 최저임금밖에 안 되는 월급도 문제지만, 매번 누군가의 업무를 평가하며 하루에도 수십 번씩 똑같은 질문을 반복하는 일이 무의미하게 느껴졌다. 콜센터 업무 가운데 '해피콜'(친절도 평가)은 인공지능AI으로 대체 가능하다고 자주 거론되는 분야다. 그럼에도 한 해, 두 해 퇴사를 미뤄 온 건 퇴근 시간이 지켜지고 연차 사용이 자유롭다는 장점과 더불어 "옆의 언니" 때문이었다.

혜숙 씨만 그런 게 아니다. 다른 콜센터 노동자들도 마찬가지였다. 퇴사를 못 하는 이유, 고객의 갑질을 참는 이유로 자주 동료가 거론됐다. 콜센터 노동자들에게 소속을 물으면 대부분 팀 이름을 댔다. 원청인 기업도, 고용주인 콜센터 회사도 답으로 나온 적이 없다. 자신을 책임져 주는 것이 '소속'일 텐데, 실제 자신을 챙기고 다독이는 건 함께 "콜밥" 먹는 동료들뿐이었다.

"회사는 조금도 손해 보려 하지 않아요."

바이러스로부터 자신들을 지켜 주는 건 지급받은 마스크가 전부였다. 그럼에도 감염되면 동료들에게 "죄인"이 된다는 마음으로 몸을 사렸다. 이런 상담사들의 동료애 덕분에 콜센터 업체와 원청 기업은 이 팬데믹 속에서도 경제적 손실을 겪지 않았다. 한 예로, 2020년 3월, 집단감염 사태를 겪은 에이스손해보험의 그해 순이익 증가율은 13퍼센트로 액수로는 478억 원에 달한다. 다소 손해를 보았다는 콜센터 외주 업체의 순이익마저 170억 원을 웃돈다. 집단감염이 일어나자 원청 기업과 콜센터 업체는 신속하게 "차질 없는 업무 수행"을 결정했다. 자가 격리된 비확진자 상담사들에게 노트북이 지급됐다. 회사가 얻은 수백 억 단위의 순이익은, 확진자들이 한 달 이상 입원하며 극심한 불안과 고통에 시달리는 동안 자가 격리·재택근무를 통해 그 빈자리를 메운 동료들의 격무가 일궈 낸 성과였다.

──[마스크가 할 수 없는 일]──

인바운드 콜센터 노동자 미선 씨는 회사가 좋다고 했다. 불합리한 것투성이지만 오십이 훌쩍 넘은 나이에 이 정도 월급을 가져갈 수 있는 곳은 드물다. '여자 일자리'가 얼마나 열악한지는 이미 경험해 봐서 잘 알고 있다. 매번 퇴사를 계획하지만 옆자리 "언니"들 때문에 주저앉고 만다는 혜숙 씨도, 급할 때는 아이를 들쳐 업고 출근했다는 진영 씨도 다달이 월급 주는 직장이 소중하다고 했다.

일하는 사람이 자기 일터에 직접고용되어 일하는 것이 무리한 욕심이 되어 버린 세상에서 우리는 코로나19라는 감염의 시대를 맞았다. 앞으로 바이러스 유행이 주기적으로 반복될 것이라 예측하는 전문가들도 있다. 만약 그렇다면 우리는 앞으로도 나를 지켜 줄 것이 마스크뿐이라 믿으며 불안한 일터로 출근해야 할까. 무수한 방역 지침을 내놓으면서도 정부는 왜 안전한 공간을 위해 기업이 져야 할 책임에 대해서는 말하지 않는 걸까.

　미선 씨는 자신이 몸담은 콜센터에서 감염자가 발생하지 않은 까닭이 철저한 소독 때문이라고 여겼지만, 나는 집단감염 이후 이루어진 재택근무에서 그 이유를 찾는다. 미선 씨와 같은 업체에 소속된 상담사들 가운데 3분의 1이 재택근무 중이다. 일하는 사람 간의 간격이 자연스럽게 넓어졌을 것이다. 물론 이는 회사가 재택근무가 가능하도록 비용을 투여했기 때문에 가능한 일이다. 에이스손해보험 집단감염 사태에도 불구하고 재택근무 시행을 하루 이틀 미루던 미선 씨의 회사는, 6개월 뒤 콜센터 업계에 또다시 집단감염이 발생하자 그제야 부랴부랴 재택용 노트북을 마련했다. 사무 공간 재배치, 연차휴가 보장, 유급 병가 제도화, 환기 시설 추가 설치, 재택근무자 비율 유지 등 일하는 사람의 공간을 넓히는 모든 방법은 마스크만으로 할 수 있는 일이 아니었다.

　2020년 3월, 콜센터 업종 노동조합들은 다음과 같이 정부와 원청 기업에 코로나19 예방 대책을 요구한 바 있다.

　원청 기업의 책임을 강화하는 대책을 마련할 것.
　콜센터 업종에 만연한 성과·실적 제도를 폐지할 것.

재택근무 등을 통해 노동권을 보호할 것.
콜센터 업종에 대한 노동부의 관리·감독을 강화할 것.
현장 노동자의 의견을 반영해 감독 점검 항목을 개정할 것.
콜센터 운영에 대한 노사 공동 기준을 마련할 것.

이 요구들은 설령 이 세상에 바이러스 전염병이라는 것이 완전히 사라진다 해도 일하다 아프지 않기 위해, 아파도 일하지 않기 위해 필요한 최소한의 조치다.

달라진 것은 없다

요양보호사의 일

희정

코로나19라는 전염병이 닥친 상황에서 요양보호사들의 일과 처우가 어떻게 변했는지 그것을 써야겠지만, 나는 이렇게 말하려 한다. "아무것도 달라지지 않았다."
 코로나19 이후 만난 요양보호사들은 대부분 일을 쉬고 있었다. 그러면서도 하나같이 "별일이 아니"라 했다.
 "하루살이 목숨이잖아요."
 이들을 고용한 '어르신'[+]의 호불호만으로도 순식간에 일자리가 사라질 수 있었다. 나 저 사람 싫다, 안 맞는다, 오지 마라, 그 말이 곧 해고 통보가 되는 일이었다. 그러니 코로나 이후 잠시 쉬고 있다고 해도 특별한 일은 아니다.
 "코로나가 닥치니 쓰나미처럼 요양보호사들이 사라졌어요."
 요양서비스노조 이미영 인천지부장[++]은 코로나19 이후 요양보호사들의 상황을 이렇게 전했다. 사람이 불안 요소가

[+] 노인장기요양보험 수급자, 즉 요양 대상자를 말한다. 현장에서 요양보호사들이 '아버님'이나 '어머님' 같은 가족 구성원을 가리키는 말 대신 많이 쓰고 있다. 이 글에서도 이 호칭을 사용하고자 한다.
[++] 정식 명칭은, 민주노총 전국서비스산업노동조합연맹 요양서비스노동조합 인천지부.

된 감염의 시기, 대면 업무를 하는 노동자들은 불안을 감수하며 일하지만 불안의 대상이 되어 잘리기도 한다.

이미영 지부장도 최근 두 차례나 그런 일을 겪었다. 확진자와 동선이 겹쳐서 일주일 정도 쉬어도 되는지 물으니 재가 센터장은 이렇게 답했다.

"그렇게 쉬실 거면 계속 쭉 쉬세요."

다른 한 번은 가족용 화장실을 청소하지 않았다는 이유로 해고됐다. 원칙상 어르신의 거주 공간만 청소하도록 되어 있었으나, 불안정한 고용 앞에 원칙을 들먹이기는 힘들다. 어르신과 보호자들의 갑질만 문제가 아니다.

"어르신 핑계만 대면 뭐든 할 수 있어요."

어르신들의 불만을 해고 사유로 만드는 것은 고용주인 센터장이다. 요양보호사는 대다수가 장기요양보험 사업을 위탁 받은 민간 재가복지센터에 계약직으로 고용되는데, 계약을 갱신하지 않으려고 어르신의 '변덕'과 '사정'을 방조하고 부추기는 센터들이 있다. 요양보호사가 장기근속할 때 발생하는 퇴직금이나 연차 수당 등을 아끼려는 것이다. 코로나19의 확산 이후 몇몇 센터는 계약서에 다음과 같은 조항을 추가했다.

"단, 수급인의 사정(사망, 입원 등)으로 인해 고용계약은 자동 해지될 수 있다."

요양보호사들은 보통 6개월이나 1년짜리 계약서를 쓰는데, 이마저 채우지 못하고 일이 중단돼도 "어르신의 사정"이므로 센터는 어떤 책임도 지지 않겠다는 것이다.

요양보호사 가운데 상대적으로 고용 불안을 더 크게 느끼는 쪽은 재가 요양보호사들이다. 2021년 현재 요양보호사 수는 45만 명이 넘는데, 이 가운데 기관이나 요양 시설로 출근하는 이는 6만 명에 불과하다. 대부분은 요양 대상자의 집을 방문하는 재가 요양보호사다. 그중에서도 코로나19를 사유로 일자리를 잃은 재가 요양보호사가 4명 중 1명꼴이다.+

"우리가 언제는 그렇게 안 잘렸다고."

코로나19 이전에도 한 센터에서 1년 넘게 일하는 요양보호사는 드물었다. 3년을 채우지 못하고 일을 그만두는 사람이 10명 중 7명꼴이었다.++ 코로나19가 이들을 해고한 것이 아니라 그렇지 않아도 해고되기 쉬웠던 사람들이 코로나19라는 재난을 맞았을 뿐이다.

+ 서울시어르신돌봄종사자종합지원센터에서 나온 「2021년 서울시 장기요양요원 실태 조사 보고서」에 따르면, 재가 요양보호사 4명 가운데 1명(24.8퍼센트)이 코로나19로 인한 일자리 중단을 경험했으며 평균 일 중단 기간은 76일이었다.
++ 보건복지부 2019년 장기요양 실태 조사에 따르면, 요양보호사의 근속 기간은 평균 3.3년으로, 근속 3년 미만인 요양보호사가 69.6퍼센트를 차지한다.

——[젖은 마스크를 쓰고 하는 일들]——

"재가는 마음에 안 들면 자르고 시설은 마음에 안 들면 괴롭혀서 내보내죠."

4년 전 장기요양요원 자격증을 딴 효정 씨는 이 업계에서 젊은 축에 속한다. 60대도 한창때라 불리는 요양보호사 업계에서 50대 초반이면 젊다 못해 어린 축이다. 효정 씨는 (어르신을 주간 낮 시간에만 돌보는) 데이케어센터에 근무하는데, 고정된 시간에 고정된 급여를 받고 4대 보험을 내는 직원이라 어르신의 말 한마디로 직장을 잃을 일은 없다. 그러나 사람 자르는 방식에 꼭 '해고'만 있는 건 아니다. 그중에서도 코로나19는 사람을 내보내는 데 좋은 이유가 됐다.

"코로나 초기에 어르신들이 줄었잖아요. 그 참에 있는 사람들을 내보낸 거예요. 근데 코로나가 길어지니까 다시 어르신들이 한 분 두 분 오시는 거예요. 그거에 비해 일하는 사람은 다시 늘어나질 않아요."

부족한 인력으로 일하다 보니 늘어난 것은 돌봄 업무만이 아니다.

"코로나 터지고 외부 강사들이 센터에 못 오는 거예요. 그전에 아르바이트 쓰던 것도 다 오지 말라 하고요. 아르바이트 하는데 누가 매주 선제 검사 받고 그러겠어요. 조건에 맞는 사람도 없고, 원장도 안 뽑으려는 거죠."

코로나 이전에는 이런 파트타임 노동자들이 해온 식사

준비, 송영(어르신들을 차로 이동시키는 일), 어르신 대상 수업이 요양보호사들에게 전가됐다. 이제는 외부 강사를 대신해 요양보호사가 어르신들과 같이 노래를 부르고 율동을 가르치고 종이접기 방법을 알려 준다. 그래 봐야 전문 강사가 아니니 어르신들은 금세 지루해 한다. 어르신들이 집중을 못 하니 강사 역할을 대신하는 요양보호사들의 목소리만 높아진다.

어르신들의 기저귀를 갈고 씻기다 보면 마스크는 물론 얼굴 전체가 땀범벅이다. 송영 시간이 되면 안 가겠다고 보채는 어르신을 달래고, 마스크 안 쓰겠다는 어르신을 설득하느라 진땀을 뺀다. 송영 시간이 정해져 있으니 일하는 사람 마음만 바쁘다. 송영 담당자가 젊거나 남성일 경우는 아예 업고 뛰기도 한다.

방역과 소독도 이들의 일이 됐다. 소독액과 손걸레를 들고 다니며 구석구석 닦는다. 실내 공기를 환기하고, 체온을 체크하고, 손 소독제를 바르게 하고…. 담당자도 없이 주어진 방역 지침은 모두 요양보호사의 몫이었다. 그렇게 소리치고 나르고 챙기며 총총거리다 보면 날이 쌀쌀해도 마스크가 입김으로 금방 축축해진다.

재가 요양보호사의 사정도 크게 다르지 않다. 부엌, 화장실, 욕실 등 습기 가득한 공간에서 일하니 땀과 물기로 마스크가 쉽게 젖어 버리기 때문에 하루에 두세 개씩 갈아 껴도 모자라다. 하지만 코로나19 초기에 방역 물품은 복지시설 종사자와 공공 기관 직원들에게만 지급되고, 돌봄노동자 중 가장 많은 수를 차지하는 재가 요양보호사에겐 주어지지 않았다.

─────['쉴 권리'라는 허망한 말]─────

"옴 있잖아요? 진드기 종류라는데, 그게 옮는 거더라고요."

옴이란, 옴진드기가 기생해 일으키는 피부병을 말한다. 보경 씨는 자신이 돌보던 어르신의 몸이 얼룩덜룩한 것을 보고 약국을 찾았다. 옴인 것 같다는 말에 병원에 가서 진단을 받고 침구를 빨고 한바탕 부산을 떤 후 집에 오자 걱정이 스멀스멀 올라왔다. 나도 옮은 게 아닐까? 옴은 전염성이 강하다.

"내가 어르신 집에 간 게 그날이 처음이 아니잖아요. 집에 와서 박박 씻고 우리 집 이불도 다 삶고. 약국 가서 연고도 사놓고 그러고는 조마조마한 거지."

어르신의 목욕을 돕고 옷을 입히고 이부자리를 치우다 보면 피부 질환이 옮는 것은 흔한 일이다. 피부병은 물론 감기나 독감 같은 호흡기계 질환도 요양보호사들을 괴롭힌다. 거리 두기가 도무지 불가능한 일터다. 마스크 한 장이 바이러스를 완벽히 차단해 주는 방호복은 아닌데 말이다.

사람은 서로 기대야 살 수 있다. 누구에게나 육체적 의

존이 필요해지는 순간이 찾아온다. 그런 시기의 사람들을 돌보는 걸 업으로 하는 요양보호사들은 타인과 몸을 부대끼지 않으면 노동 자체가 불가능하다. 몸을 맞대어 타인을 돌보다 자기 몸이 망가지기도 한다. 와상 어르신을 침대로 옮기다가 허리를 삐끗하거나 목욕을 돕다가 욕실에서 넘어져 발목을 접질리거나 감기 몸살을 옮아오는 등 일하다 병들고 다치는 일이 빈번한데, 누구도 이들의 산재에 대해 말하지 않는다. 심지어 그 자신도.

보경 씨 역시 그 일을 누구에게도 말하지 않았다. "이런 일 하다가 그런 병을 옮았다"라고 이야기하는 게 부끄러웠다. 1년 전에는 어르신의 요구로 물청소를 하다가 무릎이 상하는 바람에 병원 치료를 받으러 다니느라 일을 그만둬야 했는데, 그러면서 센터에 미안하다는 말까지 했다. 다른 요양보호사를 구해야 하는 수고로움에 대한 사과였다.

일하다가 다칠 경우 치료비와 휴직 비용을 보상받을 수 있다는 사실을 보경 씨도 잘 알고 있었다. 하지만 일하다 다친 사실을 센터에 말해 봤자 소용없다는 것도 알고 있다.

"괜히 산재 신청한다 어쩐다 하다가 눈 밖에 나면 뭐가 좋겠어요."

알기에 아무것도 하지 않는다. 그의 체념은 보고 듣고 겪으며 학습된 결과다. 그 반복된 경험이 자신의 직업을 "이런 일"로 만든다.

요양보호사가 얼마나 전염병에 취약한 직업이었는지는

코로나19 산재 신청 결과에서 드러났다. 간호사에 이어 두 번째로 산재 신청자가 많은 직군이 요양보호사였다.+ 그나마 코로나19는 사회적으로 알려진 전염병이라 산재를 신청할 수 있었던 경우다. 코로나19 관련 요양보호사의 산재 승인율은 92퍼센트. 다른 직군에 비해 상대적으로 높은 인정률이지만, 대면 접촉률이 높은 다른 직종들(간호사, 병동 보호사 등)과 비교해 보면 낮은 비율이다. 간호사의 경우 산재 승인율은 100퍼센트였다(2022년 1월 기준).

　이는 재가 요양보호사들의 업무 특성에서 비롯된다. 이들은 어르신의 집을 직접 방문해 요양 업무를 본다. 어르신과 집, 병원, 약국, 노인정을 끊임없이 오간다. 감염경로를 파악하기 어려우니 직업병을 입증받는 일도 쉽지 않다.

　몇몇 요양 시설에선 감염경로를 파악한다며 요양보호사들에게 동선을 적어 내라고 했다. 하루 동안 방문한 곳을 모두 적어야 했고, 업무 외 동선은 타박의 빌미가 됐다. "코로나 터지고 나서부터는 거의 감옥살이를 하고 있는 거예요." 부당한 요구였지만, 감염에 취약한 노인들을 돌보고 있다는 압박감 때문에 수용할 수밖에 없었다. 재가복지센터 근무자들도, 동선 제출 요구는 없었지만, 심리적 압박에 시달렸다. 하루 서너 시간 남짓 되는 업무 시간 때문에 나머지 20시간

+ 용혜인 의원실이 2020~21년 11월 코로나19 산재 현황 자료를 분석한 결과를 참조.

을 긴장 속에 보내야 한다.

 이들이 서너 시간짜리 근무자가 된 이유는 수급자의 요양 시간을 하루 최대 4시간으로 제한한 장기요양보험 제도 때문이다. 하지만 사실 단시간 근무자를 누구보다 선호하는 것은 센터다. 주 15시간 미만으로 근무하는 초단시간 노동자의 경우, 연차 수당, 주휴 수당, 퇴직금을 지급할 필요가 없고, 휴게 시간도 제공할 필요가 없기 때문이다.

 이런 짧은 근무시간은 이들이 센터에 고용된 직원임을 잊게 하고 요양보호사 일을 '반찬값 벌이'로 위장한다. 그렇게 고용주는 책임을 비껴간다. 게다가 코로나19로 인해 벌어질 수 있는 모든 일도, 오로지 개인이 책임져야 할 문제로 여겨졌다.

 "요양 시설에선 코로나 검사를 매일 하고 있는 거 아시죠?"

 국내 신규 확진자가 하루 3000명을 넘어가던 2021년 11월, 요양 시설 면회가 중단되고 시설 내 종사자들에게 주 2회 이상 PCR 검사를 받도록 하는 방역 지침이 내려졌다. 그런데 매일이라니?

 "주 2회는 PCR 검사, 다른 날은 키트를 이용한 자가 진단. 그래 봤자 코 쑤시는 건 똑같죠."

 이외에도 요양보호사들은 쉬는 날에도 보건소에 가서 검사를 받는다고 했다.

다 무급이에요. 내 시간, 내 교통비 들여 하는 일인데, 이거는 아무도 고려하지 않는 거예요. 정부 지침으로 특정 직업군에게 선제 검사를 하라고 내려왔으면 그에 따른 처우도 같이 와야 하는데, 그건 전혀 없는 거예요.

의무만 있고 대가는 없다. 의무를 다해도 돌아오는 것은 사회적 비난일 가능성이 크다.

그냥 이 사회 인식이 요양보호사는 위험하니까 매일 검사받는 게 당연하다, 이런 식인 거예요. 2년 동안 우리는 자기 검열 속에서 살았어요. 그러니까 되게 마음이 억울하고 우울한 거죠.

불안한 마음을 매번 코로나19 선제 검사로 달래던 한 요양보호사가 어느 날 확진 판정을 받았다. 놀란 마음에 자신이 돌보는 어르신에게 이를 알렸고, 안타깝게도 어르신의 검사 결과는 양성이었다. 누구로부터 감염된 것인지 알 길 없으나, 그는 바이러스 전파자라는 의심과 공격을 받았다.

어르신도 확진이 됐잖아요. 근데 저 아줌마한테 내가 감염됐다고 막 손가락질하고 너무너무 고통스럽게 했어요. 그 상황을 떠올리면 말도 못 하고 치욕인 거야, 나한테. 나는 내 나름대로 최선을 다해서 산다고 살았는데.+

최선을 다하기 위해 선제 검사를 받았다는 그의 말이 눈에 밟혔다. 방역의 책임이 개인의 몫이었던 것처럼, 확진자가 된 이후 겪어야 할 고통과 낙인도 마찬가지였다. 매일 타인의 집을 방문해야 하는 요양보호사들은 확진자가 될지도 모른다는 불안을 어떻게 다스리고 있을까.

"요즘 내 가방 크기가 두 배야."

그는 방문 요양을 갈 때마다 개인 수건, 물컵, 고무장갑, 슬리퍼부터 손 세정제, 물티슈, 휴지, 핸드크림까지 자신의 몸이 닿는 것은 모두 챙겨 간다고 했다. 어르신이나 그 가족들이 물품을 같이 사용하는 것을 불편해 하기 때문이었다.

어르신 집을 나오면 동네 약국을 들려 진통제를 산다는 요양보호사가 생각났다.

"내가 머리가 너무 아픈 거야. 쫓아다니면서 사람을 괴롭히니까."

그는 치매에 걸린 어르신에게 들은 모진 말들을 진통제와 함께 삼키고, 자신을 기다리는 다른 어르신의 집으로 간다고 했다. 통증과 스트레스, 고달픔과 마음의 상처 등 모든 게 요양보호사 혼자 감당해야 할 몫이었다.

"3분짜리도 있고, 5분짜리도 있어요."

+ 서울시어르신돌봄종사자종합지원센터, 「코로나19 산재 신청과 심층 인터뷰를 통해 살펴본 요양보호사의 노동·건강권 실태」(2021.11).

이미영 지부장은 노조가 입수한 폭행 영상에 대해 말하며 드문 일이 아니라고 했다. 한 어르신이 요양보호사에게 폭력을 행사하며 욕설을 퍼붓는 모습을 담은 영상이었다. 모두가 코로나 블루를 호소하고 있는 지금, 요양보호사가 감당해야 할 위험은 한층 커졌다. 소외되고 고립된 이들이 한층 더 견뎌 내기 어려운 이 시기, 외로움과 우울은 곁을 지키는 요양보호사에게 쉽게 전이된다. 우울은 때로 짜증과 분노, 무리한 요구, 욕설과 폭행으로 나타나기도 한다.

요양보호사들이 겪을 수 있는 안전 문제를 예방하자는 취지에서 독거노인종합지원센터가 제작한 「노인 맞춤 돌봄 서비스 안전관리 실무 매뉴얼」에는 다음과 같은 예방책이 등장한다.

> 붙잡히기 쉬운 복장(스카프 등)은 피하고 편한 옷과 신발을 착용하라.
> 휴대폰은 항상 주머니에 소지하라.
> 호신용 호루라기를 지참하라.
> 이동 차량 키는 가방보다 주머니에 보관하라.

이들은 과연 어디로 출근하는 걸까. 정부와 센터는 요양보호사를 범죄 현장으로 출근시키는 것인가. 그러나 정작 문제가 발생했을 경우, 센터의 역할은 요양 서비스를 '종결'하는 데 그친다.

'2인 1조' 같은 방법은 왜 '호신용 호루라기'보다 나은 대안이 될 수 없는 걸까. 위험할 때만이 아니다. 어르신이 중증 환자이거나 과체중일 경우 2인 1조는 좋은 대안이 될 수 있다. 바이러스도 마찬가지다. 마스크가 감염을 막는 절대적 수단이 될 순 없다. 안전은 비용과 책임의 문제다. 책임지지 않고, 비용을 들이지 않고서는, 어떤 형태의 위험도 예방할 수 없다.

──[돌보는 마음]──

정부는 지금도 충분하다고 생각해요. 시설에서 요양보호사 한 사람당 2.5명을 돌본다고 하는데 그 정도면 (인력이) 충분한 것 아닙니까, 그런 이야기를 해요.

노인복지법 시행규칙에 따르면, 요양 기관에서 요양보호사 1인이 담당하는 노인의 수는 2.5명 미만으로 정해져 있다. 하지만 현장에서는 주·야간 교대 근무와 연차휴가 등이 고려되지 않은 숫자 놀이일 뿐이라 지적한다. 실제 요양보호사 한 사람이 돌보는 노인 수는 십여 명을 넘어가는 경우도 적지 않다.

"정부가 요양보호사를 너무 무시하는 거죠."

이미영 지부장은 단호하게 말한다.

장기요양보험은 엄연히 국가보험이에요. 보험 재원의 20퍼센트를 국가 돈으로 운영하게 돼 있어요. 국가 재정을 그렇게 투여하고도 관리·감독을 안 하고 있잖아요. 보건복지부는 장기요양보험 제도의 총괄 책임자인데, 요양보호사 관리 문제를 제기하면 고용노동부에 가서 이야기해라. 지자체도 엄연히 지역 단위 장기요양보험을 관리하는 책임자란 말이에요. 근데 이야기하면, 보건복지부나 고용노동부에 책임을 미루고. 요양보호사의 처우 문제는 누구도 책임지지 않고 붕 떠있어요.

국가가 책임지지 않는 것은 이뿐만이 아니다.

정말로 요양보호사 1명이 2.5명을 돌본다 해도 그게 적정한 수는 아니에요. 집에 어르신 한 분이 치매에 걸려도 온 가족이 돌봐야 하잖아요? 요양보호사 한 명이 어르신 서넛을 온전히 케어하는 것도 힘들어요. 여기서 인력을 늘리지 않겠다는 건 어르신들을 제대로 돌보지 않겠다는 소리에요.

국가는 취약한 노년도 방치하고 있다. 돌보는 사람의 취약함은 돌봄 받는 이에게 영향을 끼친다. 돌보는 사람의 권리가 침해당할 때 돌봄 받는 이의 존엄도 함께 손상된다.

그런데 이 연결성이 나를 영문 모르게 만들 때가 있다. 어르신과 동시에 감염된 요양보호사가 치료와 격리를 마치고 다시 그 집으로 방문 요양을 하러 갔다는 이야기를 종종 듣는다. 확진자라는 낙인 때문에 다른 요양보호사를 구하지 못해 벌어지는 일이다. "어쩔 수 없잖아요." 대개는 이 간명한 말로 낙인과 두려움을 뒤로하고 다시 그곳에 출근하는 이유를 설명한다.

장애인 활동지원사로 일하던 또 다른 돌봄노동자는 자신이 지원하던 장애인 수급자가 코로나19 확진자가 되어 격리 시설에 수용됐다.

"갈 수만 있다면 저도 가고 싶었어요. 문의했는데 안 된다고 하더라고요."

하루 8시간 넘게 함께 생활했다. 그가 감염되지 않은 것은 천운이었다. 그런데도 함께 격리될 생각까지 하는 건 왜일까.

"나 말고 돌봐 줄 사람이 없으니까요."

발달장애를 겪고 있는 지원 대상자는 타인에 대한 경계심이 심했다.

격리 시설에 있다가 한 달 뒤에 집에 왔는데, 속옷이 까만 거예요. 밑에가 다 헐어 가지고. 거기 사람들이 감당을 못 했을 거예요. 치료만 하고 씻기질 않은 거죠. 장애인들은 따로 치료할 시설을 만들어 줘야 하는데 그런 게 없어요.

여전히 이해할 수 없다는 표정을 짓는 내게 그는 덤덤히 말했다.

"걱정이라고 표현하는 게 맞겠죠."

이들이 위험과 낮은 처우를 감수하는 까닭은 오직 '을'이기 때문만은 아니다. "나 죽을 때까지 떠나면 안 돼"라고 말하는 어르신의 손을 놓기 어려운 것이다.

이런 돌보는 자의 인간적 감정은 주변에 아무것도 없기 때문에 생겨나는 감정이다. 자신 말고는 저 사람을 돌볼 사람이 없다. 동시에 돌봄을 하는 자신 역시 국가로부터 그 어떤 보호도 받지 못한다. 그렇게 돌봄노동자는 '을'이자 '구원자'로서 어르신에게 간다.

──[돌봄노동자가 던지는 물음]──

장기요양보험 제도는 예전부터 문제가 많았어요. 코로나 사태가 터지면서 그런 문제들이 더 심각해진 거지요.

코로나라는 재난이 새로운 취약함을 만들어 낸 것이 아니다. "가장 취약한 곳에서 재난이 재생산"된 것일 뿐이다.+ 예측 가능성과 자립을 우위의 가치로 여겨 온 세계가 바이러스에 의해 흔들리고 있다. 예측 불가능한 하루하루를 고립과

거리 두기, 마스크로 버텨 내고 있는 것처럼 보이지만 실은 누군가의 노동과 돌봄에 의지하고 있는 덕분이다. 그 노동을 취약한 처지로 인해 감당할 수밖에 없는 것으로 만들면, 서로가 의존해야 살 수 있는 사회에서 함께 살 길을 찾지 못할 것이다. 돌봄의 역할이 어느 때보다 중요한 지금, 오히려 요양보호사의 이탈이 크게 늘고 종사자의 연령대가 높아졌다는 것은 길을 헤매고 있는 우리의 현실을 보여 준다.++

그러니 돌봄노동자가 지닌 취약함을 한숨이나 절규로만 받아들여서는 안 된다. 요양보호사들은 필수 노동자 보호 지원 대책 개선, 요양 서비스 특별법 제정, 장기요양제도 개정, 사회 서비스원 확장, 상용직 월급제 도입 등을 요구하고 있다. "돌봄이라는 인간 사회의 필수적 자원의 분배"+++가 어떻게 이뤄져야 하는지에 대한 단초를 제공하는 목소리다.

+ 미류, 「우리는 서로를 책임질 수 있을까」, 『마스크가 답하지 못한 질문들: 코로나19가 남기는 과제』, 창비, 2021, 22쪽.
++ 더불어민주당 인재근 의원이 보건복지부, 한국보건사회연구원 등으로부터 제출받은 자료를 분석한 결과에 따르면, 2016년에 비해 2020년에 50대 요양보호사는 15퍼센트, 60대 요양보호사는 84퍼센트 증가했다. 70세 이상은 149퍼센트 급증했으며, 반면 40대 이하는 19.3퍼센트로 감소했다.
+++ 이기병, 「돌봄노동과 생명정치」, 『아프면 보이는 것들: 한국 사회의 아픔에 관한 인류학 보고서』, 후마니타스, 2021, 192쪽.

비행기가 뜨기까지

공항 지상조업사의 일

변정윤

지은석 씨는 보험회사 영업소장 10년의 경험을 접고 1996년, 인천에 자동차 정비 공장을 차렸다. 캠핑카가 많지 않던 시절, 캠핑카를 수리하기 위해 먼 지역에서 은석 씨 정비 공장을 찾아올 정도로 실력이 있었다. 정비 공장은 별 탈 없이 운영됐다. 그러던 중 지인의 제안으로 프로덕션을 차려 영상 사업을 시작했다. 해외 크루즈 여행과 관련한 영상 작업을 하기로 방송국과 계약을 맺었다. 필요한 장비를 구입하고 인력을 채용해서 5명을 해외로 보냈다. 하지만 방송은 차일피일 미뤄졌고, 중간에 방송국 담당자마저 바뀌면서 사업은 표류하기 시작했다. 그사이 인건비와 제작비, 해외 체류비는 계속 지출되고 있었지만 이러지도 저러지도 못하는 상황만 지속됐다. 방송국에서는 책임지는 이가 아무도 없었고 계약서는 휴지조각이 되어 버렸다.

10년 넘게 잘되던 사업이 한 번 꼬이기 시작하자 걷잡을 수 없이 무너지기 시작했다. 2010년, 그는 결국 파산했다. 직원들에게 3개월치 임금을 주고 폐업 신고를 했다. 빚을 갚기 위해 새벽 3시면 인력시장에 나갔다. 일당 8만 원 중 10퍼센트 수수료를 뗀 7만2000원을 매일매일 착실히 모았다. 인력시장에서 건진 일이 끝나는 오후 5시, 집으로 돌아오면 밤 12시까지 대리 운전을 했다. 집안 곳곳에 덕지덕지 붙은 빨간딱

지를 떼어 내고, 대학 다니던 막내딸 학비도 벌어야 했다. 빨리 예전으로 돌아가고 싶은 마음에 닥치는 대로 일을 했다.

뭐 이것저것 다 찾아 1년 일해서 1600만 원인가 모았어요. 은행 거래 못 하니까 박스에다 돈을 넣어 놨어요. 빨리 돌아가고 싶더라고요.

그래도 그때는 할 수 있다는 마음이 강했어요. 그래서 식당을 돌아다녔어요. 망하는 식당과 잘되는 식당을 분석해서 한 가지만 하자. 내가 할 수 있는 것 하나만 하면 100퍼센트 성공할 수 있다. 그렇게 아는 동생이랑 파산한 지 1년 만에 같이 식당을 차렸어요. 4000만 원으로 시작했는데 처음에는 잘됐죠. 서너 달, 뭣 때문에 잘 됐는지도 모를 정도로 잘 됐어요. 그러다가 갑자기 매출이 떨어지기 시작했는데 어느 순간 운영 자금이 없는 거예요. 그때가 2012년이에요.

그는 또다시 다른 일들을 병행하기 시작했다. 식당일이 끝나면 밤 10시부터 아침 6시까지 쓰레기차를 운전했다. 잠깐 눈을 붙이고 9시에 장을 봐서 장사 준비를 하는 일을 반복하다 결국 몸이 망가졌다. 팔다리를 사용하지 못할 정도로 건강이 악화됐지만 한의원도 정형외과도 큰 병원도 치료법을 알지 못했다. 동업자를 떠나보내고 그가 다시 떠안은 빚은 2000만 원. 빚을 갚기 위해 보증금 100만 원에 12만 원짜리 바퀴벌레가 돌아다니는 지하 셋방을 구했다. 그리고 그가

간 곳은 비행기 기내 청소를 하는 파견 업체였다.

──[파견의 논리]──

지상조업은 여객기가 이·착륙하는 데 필요한 작업을 통칭하는 단어로, 수하물 운송 및 탑재, 급유, 항공기 점검, 기내식, 기내 청소 등 다양한 분야로 구성된다. 지상조업 가운데 하나라도 문제가 생기면 항공기 정시성定時性에 큰 영향을 끼치는데, 이런 일을 수행하는 이들을 지상조업원 또는 지상 요원이라고 부른다.

지은석 씨는 2013년부터 인천공항에서 항공기 내 청소 업무를 담당하는 지상조업사로 일하기 시작했다. 하지만 그는 항공사에 소속된 노동자가 아니라 인력 파견 업체에 소속돼 있는 파견 노동자다. 항공사의 자회사에서 청소 업무만 도급을 준 것이다. 지은석 씨는 3단계 하청 노동자인 셈이다. 2013년 7월, 지은석 씨가 파견 업체에 입사할 당시 320명이던 직원은 얼마 후 470명을 넘어설 정도로 회사는 호황을 누렸다.

청소 업무를 담당하는 노동자들은 7, 8개 조로 나뉘어 일을 한다. 출퇴근 시간은 조별로 다르다. 대부분의 비행기가 연착을 하기 때문에 정해진 시간에 퇴근하는 경우는 거의 없다. 점보 비행기는 대통령 같은 VIP가 탑승하는 비행기로, 25명이 투입돼 비행을 위한 제반 업무를 수행한다. 540명이 탑승할 수 있는 에어로시티 380 항공기는 2층으로 된 큰 비행기다. 이런 대형 비행기에는 50명 정도가 한꺼번에 기내에 들어가서 일을 한다. 두 비행기 모두 30분 내에 하늘을 날 수 있도록 완벽하게 맡은 업무를 해내야 한다.

문제는 비행기가 늦게 들어와도 청소 종료 시간이 늦춰지진 않는다는 것이다. 따라서 매뉴얼에 정해진 인원수로는 비행기 출발 시각을 맞출 수 없어 두 배의 인원이 들어가는 경우가 대부분이다. 하나뿐인 통로로 매뉴얼에 정해진 인원보다 두 배 많은 노동자들이 북적대는 기내는 매일이 전쟁터다. 30분 안에 화장실 오물통을 비우고 아무렇게나 널브러진 담요와 시트, 쓰레기를 치우고 진공 청소까지 끝내야 한다. 기내 음식을 공급하거나 보안·소독 등을 담당하는, 다른 파견 업체 노동자들까지 섞여 있기 때문에 더더욱 정신이 없다. 탑승과 관련한 모든 일이 한꺼번에 이루어지다 보니 다들 뛰어다닌다. 서로 다른 파견 업체에서 나온 사람들이 부딪히고 엎치락뒤치락하다 보면 싸우는 일도 비일비재하다.

"잔업!"

퇴근 무렵 관리자의 목소리가 마이크를 통해 울려 퍼지면 모두가 묵묵히 잔업에 돌입한다. 하지만 연장 근무 수당은 없었다. 일찍 끝나는 날이 있기 때문에 수당을 지급하지 않아도 된다는 게 파견 업체의 논리였다. 첫 타임 근무자들

은 새벽 5시부터 출근해 일을 했지만 임금을 적용하는 시간
은 6시부터였다. 파견 업체는 최저임금 수준조차 지키지 않
고 있었다. 연차 개념도 없었다. 갓 입사한 사람이나 3년차,
10년차 모두가 임금이 똑같았지만 동료들이 임금에 대해 불
만을 제기할 때만 해도 은석 씨는 설마 회사가 직원들 돈을
떼어먹었겠냐고 생각했다.

　　2017년 5월, 새로 선출된 대통령은 취임 사흘 만에 인천
공항 공사를 방문해 그 자리에서 공공 부문 비정규직 제로화
시대를 선언했다. 대통령의 방문은 인천공항공사에서 일하
는 비정규직에게 기대감을 안겨 주었다. 그 뒤로 은석 씨 동
료들도 노동환경에 대한 불만을 자주 입에 올리기 시작했다.

　　근로계약서도 없고, 하루 12시간을 근무해도 연장 수당도 없
었는데, 그래도 신경 안 썼어요. 그냥 법대로 알아서 주겠지,
생각했죠. 근로기준법도 몰랐어요.
　　어느 날 보니 동료들이 막 웅성웅성해. 회사가 그동안
임금을 떼어먹었다는 거예요. 그러면 싸워서 받아야 되는 것
아니냐고 했더니 싸워 봤자 안된다는 거예요. 출입증 뺏기면
회사를 나가야 되는데, 싸워 봤자 이길 수 있냐는 거죠. 노조
라는 건 생각도 못했고, 그냥 진짜 못 받은 임금이 있나 하는
생각이 그제야 들기 시작했죠.

　　처음에는 모두 최저임금이니까 월급은 똑같다고 생각했

다. 동료들의 불만을 듣고 근로기준법을 찾아봤다. 이것저것 검색하고 공부를 하다 보니 문제없는 것이 별로 없을 지경이었다.

───[한걸음]───

은석 씨는 파견 업체에 근로계약서를 보여 달라고 요청했다. 한 달이 훌쩍 넘어 받아 본 근로계약서에는 기억에도 없는 본인 도장이 찍혀 있었다. 근로계약서 미교부 건을 고발하기 위해 노동청에 갔더니 "여기 이렇게 선생님 도장이 찍혀 있잖아요. 이래 놓고 계약서도 못 받았다 하면 어떡해요" 하면서 타박했다.

노동청에 갔는데 감독관이 너무 불성실한 거예요. 돌아가서 근로감독관은 어떤 일을 하는지 근로감독관 집무 규정을 쭉 찾아봤어요. 그리고 다시 노동청에 찾아갔죠.

여전히 근로감독관은 기다리라는 말만 했다. 은석 씨는 또박또박 근로감독관의 업무를 짚어 가며 노동자에게 불성실한 감독관의 태도를 지적했다. 오전 11시30분쯤 노동청을 찾아간 어느 날, 공무원들이 점심 식사를 위해 사무실을 나오고 있었다. 지은석 씨는 공무원들을 향해 소리쳤다.

어디 가세요. 다시 올라가세요. 저는 민원 보러 왔어요. 노동자들은 정해진 점심시간에서 1분만 일찍 나가도 안 되는데 공무원들은 업무 시간에 마음대로 점심 먹으러 가도 되는 거예요? 제 민원을 접수해 주세요.

그는 집요했다. 노동청에 은석 씨가 나타나면 "미친 새끼 하나 왔다" 수군댈 정도였다.

근로계약서 미교부 건과 임금 체불 건이 계기가 되어 2017년, 노동조합이 만들어졌다. 집요하게 싸워 온 은석 씨가 지부장이 됐다. 60명으로 시작한 조합원은 270명으로 늘어났다.

노동조합이 만들어진 해, 파견 업체는 최저임금에 상여금과 수당 일부를 포함시키겠다고 했다. 노동조합은 파업으로 대응했고, 13일 만에 노사가 임금 협상을 타결하면서 파업은 막을 내렸다.

노조는 회사와 기본급 16.4퍼센트 인상, 여직원에게 5만 원의 추가 수당 신설에 합의했다. 여성 노동자들의 수당 신설은 남녀 임금격차를 해소하는 의미 있는 성과였다. 노조 결성 후 첫 파업과 첫 승리였다. 노조는 또 지방고용노동청에 2017년까지 3년 동안 체불된, 10억이 넘는 임금을 지급하라는 진정서를 제출했다. 지방고용노동청에서는 체불임금이 있음을 확인해 주었다. 이후 노조는 체불임금에 대해 민사소송을 제기했고, 체불된 각종 수당을 받아 냈다. 회사에는 2000만 원의 벌금형이 내려졌다.

──────[닿을 수 없는 제도]──────

정부는 2020년 4월 27일, 코로나19로 심각한 피해를 입은 업종들을 특별 고용지원 업종으로 지정하고 고용유지 지원금을 지원한다고 밝혔다. 특별 고용지원 업종에는 면세점을 비롯해 항공기 취급업이 포함됐다. 당연히 은석 씨가 소속된 파견 업체도 포함됐다. 하지만 지원금을 받기 위해서는 몇 가지 조건이 충족돼야 했다. 기업 경영이 어렵더라도 인위적인 인원 감축이 없어야 했고, 지원금을 받는 기간 동안 입사자와 퇴사자가 없어야 했다. 사업주가 노동자에게 휴업수당을 먼저 지불하고 한 달 후부터 지원금을 신청할 수 있었다.+

그러나 지은석 씨가 소속된 파견 업체는 여러 회사와 도급

+ 고용유지 지원금은 경영이 일시적으로 어려워져 고용 위기를 겪고 있는 사업주가 휴업·휴직을 실시하고 휴업수당을 지급한 경우 근로자에게 지급한 인건비의 최대 90퍼센트까지 지원해 주는 제도다. 항공업·여행업 등 특별 고용지원 업종 사업장들은 기존 지원 일수(270일)에 30일을 추가해 2021년에 최대 300일간 유급휴업·휴직 지원을 받을 수 있게 됐다.

계약을 맺고 있었기 때문에 입사자와 퇴사자가 발생할 수밖에 없었다. 그런 이유로 고용유지 지원금은 신청할 수 없었다.

코로나19라는 전 지구적 재난 앞에 파견 업체 사업주가 휴업수당을 지급하면서까지 인력을 유지해서 얻을 것은 없었다. 노동자를 해고하거나 무급휴직으로 돌려도 문제되지 않는 상황에서, 고용유지 지원금을 신청할 유인이 크지 않은 것이다. 또한 휴업수당을 지급한다고 해도 사용자는 평균임금의 70퍼센트를 노동자에게 먼저 지급해야 한다. 이런 과정을 거친 후에야 회사는 노동자에게 선지급한 임금의 90퍼센트를 정부로부터 지원받는다. 업체마다 차이는 있겠지만 파견 업체는 원청으로부터 도급비를 받아 운영하는 시스템이다 보니 현금 보유율이 낮다. 고용유지 지원금을 신청하고 싶어도 임금으로 먼저 지급할 돈이 없어서 신청하지 못하는 경우도 있었다.

[불평등]

파견 업체는 경영상 위기라는 이유로 정리해고를 하겠다며 노조와 조합원들을 위협했다. 2017년에 노조가 결성된 후부터 전원 해고를 통보하는 등 갈등이 시작됐는데, 코로나는 좋은 명분이 되어 업체는 "정리해고"라는 말을 수시로 입에 올렸다. 그러던 중 코로나19가 발생하자 이를 빌미로 무급휴직에 대한 동의서를 쓰라고 압박했고 노조는 그럴 수 없다고 맞섰다. 2020년 4월에는 400명이 넘는 청소 노동자 중 74명만 남기고 해고하겠다고 엄포를 놓았다. 하지만 고용유지 지원금을 신청할 수 없는 파견 업체 소속 은석 씨와 조합원들은 별다른 방법이 없었다. 정부는 2020년 3월 특별 고용지원 업종 지정 고시를 하면서 '무급휴직 신속 지원 프로그램'을 신설했고+ 파견 업체는 그 프로그램을 신청한 것으로 보였다. 조합원들은 무급휴직 급여 50만 원을 3개월간 받기로 결정했다. 무급휴직 급여를 받는 동안에는 다른 곳에서 일을 하면 안 되고, 만약 일을 하게 되면 받은 급여는 모두 돌려줘야 한다. 코로나가 장기화되고 무급휴직 기간도 기약할 수 없게 되면서 퇴사자들은 늘어났다.

 코로나19로 무급휴직을 강제하고 정리해고를 해도 이들을 구제하거나 보호해 줄 제도는 없었다. 제도의 허점과 한계가 있다고 하더라도, 그동안 노동자들의 땀과 피로 성장해 온 파견 업체가 코로나19가 발생하고 얼마 지나지 않아 경영이 어렵다고 문을 닫겠다고 하는 것을 지은석 씨는 이해하기 어려웠다.

+ 코로나19 사태에 따른 무급휴직으로 생계에 어려움을 겪는 노동자를 위한 사업으로 1인당 월 50만 원씩 최장 3개월 동안 지급한다.

그러는 사이, 기업을 살린다는 명분으로 막대한 공적 자금이 대형 항공사들에 흘러 들어갔다. 국책은행이 긴급 자금 명목으로 아시아나와 대한항공에 지원한 돈은 2조9000억 원에 달했다.+

──────[사라진 사람들]──────

2020년, 코로나19가 시작된 이후 공항에서는 항공기가 멈췄고, 그와 관련된 업종도 대부분 멈춰 섰다. 그와 더불어 노동자들의 삶도 멈추기 시작했다. 공항에서 일하던 비정규직 노동자들은 대부분 인천공항을 떠났다. 당시 정년을 맞은 1960년대생들이 제일 먼저 정리해고 대상이 되었고, 3~4개월 뒤에는 파견 업체의 회유에 넘어간 노동자들이 쫓겨났다. 버티던 사람들도 결국은 해고됐다. 코로나19가 2년차에 접어들면서 파견 업체도 적자가 나기 시작했다. 싸워야 할 대상이 사라지고 470명이던 직원은 현재 60여 명만 남아 하루하루를 버티고 있다. 사라진 사람들은 어디로 갔는지 모른다. 최저임금을 받는 비정규직 노동자들은 대기업 노동자들

+ 「대형 항공사 '3조 수혈'…저가 항공사는 구조조정?」, <JTBC 뉴스>(2020.4.25).

을 정리해고할 때 주는 위로금조차 받지 못한 채 떠났다.

우리는 뭐냐…폐기물, 일회용. 쓰다가 버리고 필요하면 또 부르고. 사장이 일을 할 거야, 노동부 장관이 와서 일을 할 거야. 사회가 돌아가려면 우리 같은 사람들이 있긴 해야 하니까 부려먹으려고 살려 둔 거죠. 죽지 않게끔만 지원해 주고.

지은석 씨는 딱 이렇게만 사는 게 맞을지도 모른다고 생각했다. 3개월간 무급휴직 급여 150만 원을 받고 버티다 실업급여라도 받기 위해 직장을 그만둘 수밖에 없는 상황. 그것이 비정규 노동자들이 정부에 기댈 수 있는 최대한이었다.

───[지속되어야 할 삶]───

코로나19는 부자와 빈자에게 결코 평등하지 않았다. 사회적 거리 두기로 운영을 멈춰야 하는 업종이 늘어나면서 이런 업종의 노동자들이 속수무책으로 길거리로 나앉았다. 국가가 보호해 주지 못한 노동자 중에 지은석 씨와 조합원들도 포함되었다. 그들은 더 이상 국가가 보호해 줄 것이라고 생각하지 않았다.

지은석 씨는 사업 운영의 경험을 살려 조합원들과 함께

'아름다움을 만들어 가는 주식회사'를 설립했다. 조합원 30명이 모여 적게는 몇 십만 원부터 많게는 1000만 원까지 갹출해서 설립한 한식당이다. 연말 주주총회에서 회계 공시를 받아 식당 사업에 투자한 조합원들에게 배당받을 금액을 정하는, 그야말로 명실상부한 주식회사다. 코로나19 여파로 장사를 하다가 폐업한 인근 식당을 2020년 12월에 인수해 이듬해 2월, 법인 등록을 마쳤다. 3월부터 조합원들이 직접 수리와 도배를 하며 실내를 꾸몄다. 식당 이름도 조합원들이 직접 공모해서 지었다. 그만큼 조합원들의 애정과 열정이 녹아 있는 식당이다.

본격적으로 영업을 시작한 것은 4월부터다. 식당은 별 홍보도 하지 못했지만 다행히 맛집으로 소문이 났다. 준비한 재료가 떨어져서 왔다가 돌아가는 손님도 생기고, 코로나19로 포장 음식 수요도 늘었다.

처음 한두 달은 하루에 손님 서너 명이 전부였다. 식당 테이블이 꽉 차서 손님을 다 받지 못하는 지금은 웃으면서 얘기할 수 있지만, 그때는 하루하루가 버거웠다. 조합원들은 식당이 후미진 곳에 있어서 장사가 안된다고 여겼는지 자꾸 큰길로 나가자고 했다. 사업 경험이 없는 조합원들이 텅 빈 테이블을 바라보며 불안해하는 마음을 이해 못 하는 것은 아니었다. 그러나 여러 가지 대안을 제시해도 안 된다고만 할 때, 지은석 씨도 그만두고 싶은 마음이 여러 번 있었다. 그래도 포기할 수 없어 서로를 다독이며 여기까지 왔다.

다른 식당들은 문 닫느라 바쁜데 우리는 그래도 손님이 늘어나지 않느냐. 여기가 눈에 띄는 길목은 아니지만, 큰길로 옮긴다고 해서 장사가 그냥 되는 게 아니다. 무엇보다 손님한테 친절해야 한다. 11시반 점심시간이 되면, 손님 잘 맞이하고, 손님에게서 시선을 떼지 마라. 손님이 뭘 원하는지 물어보지 말고 미리 갖다주고, 무엇을 원하는지 모르면 먼저 물어봐라, 라고 조합원들을 다독였어요.

지금 잘된다고 식당이 영원히 잘되리라는 보장이 없다는 것을 안다. 실패했을 때 그들을 보호해 줄 사회적 안전장치가 없다는 것도 잘 안다. 그래서 잘 산다는 게 어떤 의미인지 스스로에게 물음표를 던지고 있다. 상생을 위해 서로 협력해야 한다는 것을 노동조합의 경험을 통해 배웠다. 물에 빠졌을 때 서로 건져 주는 것, 함께한다는 것 자체가 기쁨이 되는 삶을 선택했다. 기업과 국가는 재난을 무기 삼아 노동자를 버렸지만 그들은 스스로를 버릴 수 없었다. '혼자'가 아니라 '함께' 하는 것이 바로 잘 사는 것이라고 믿기 때문이다.

길을 잃다

버스 기사와 여행사 직원의 일

박점규

황량한 주차장에 대형 버스가 줄지어 서있다. 봄에는 꽃구경, 여름엔 해변, 가을은 단풍놀이, 겨울에는 눈꽃 여행을 떠나 전국을 누비던 녀석들이 우두커니 서있다. 번호판이 없다. 운행을 하지 않은 지 얼마나 됐을까?

전세버스 기사 이성진 씨(61)가 버려진 버스의 옛 주인들을 떠올린다. 버스를 홀로 두고 떠난 사람들은 화물차를 몰고, 퀵서비스를 뛰고, 택시 운전을 하고 있다는 소식이 들려온다. 옛 동료들은 잘 살고 있을까? 버스는 언제쯤 주인을 만날 수 있을까? 새벽 통근 버스 운행을 마치고 잠시 쉬러 온 그가 코로나 재난의 늪에 빠진 기사들의 이야기를 들려주었다.

──[호시절]──

성진 씨는 1996년부터 대형 버스를 몰았다. 처음에는 교회 버스를 운전하다 대학 통학 버스를 몰기 시작했다. 넉넉하지는 않았지만 달마다 꼬박꼬박 들어오는 월급이 좋았다. 네 가족이 그럭저럭 살아갈 만했다. 하지만 평온한 일상은 오래가지 않았다. 1997년 말 외환 위기가 터지자 큰 회사들도 줄줄이 쓰러졌다. 성진 씨가 운전을 담당하던 대학도 휘청거렸다. 기름값도 폭등했다. 대학에서 버스를 두 대만 남기겠다며 모두 나가라고 했다.

그때부터 성진 씨는 버스를 사서 '관광일'을 시작했다. 새 버스는 9700만 원. 매달 할부금만 250만 원이 넘었다. 다행히 외환 위기가 지나가면서 관광버스 수요가 많아졌다. 1박2일, 2박3일 여행이 줄을 이었다. 손님들은 관광버스 기사를 깍듯이 대접했다. 운행 전에 10만 원이 든 봉사료 봉투를 피로 회복제, 하얀 장갑과 함께 기사에게 건네곤 했다. 끼니 때마다 음식 접대도 극진했다. 단골도 많이 생겼다. 위험과 과로가 늘 따라다녔지만 돈 버는 재미가 더 쏠쏠했다.

하지만 호시절은 짧았다. 1993년 전세버스 운송 사업이 허가제에서 신고제로 바뀌고, 1995년 자율요금제가 시행된 후 해를 거듭할수록 전세버스는 늘어났고, 운임료는 떨어졌다. 고속도로가 신설되고 도로 사정이 좋아지면서 하루짜리 여행이 많아졌다. 인터넷이 발달하면서 가격 경쟁이 심해졌다. '관광일'만으로는 먹고살기가 힘들어졌다. 그는 대학의 등하교, 회사의 출퇴근 운전을 하는 '일반일'을 찾아 나섰다.

———[내리막길 기사 인생 25년]———

2005년, 성진 씨는 ㅎ관광에 들어갔다. 삼성, 현대, 엘지, SK 등 대기업 직원들의 통근 버스 운행을 맡았다. 새벽 4시에 일어나 주요 정류장을 돌며 직원들을 태우고 출근시킨 후 잠시 쉬었다가 교대 근무를 마친 노동자들을 태워 퇴근시키는 일을 했다. 주말에는 '관광일'을 했다.

ㅎ관광은 100대의 전세버스를 갖고 있었는데, 회사 소유 차량과 지입차가 절반씩이었다. ㅎ관광이 고용한 직영 기사들은 회사가 소유한 버스를 운전했다. 이들은 회사와 근로 계약을 체결했기 때문에 근로기준법을 적용받는다. 200만 원 안팎의 기본급을 받았고, 주말에 관광버스를 운행하면 추가 수당이 생겼다.

반면 성진 씨와 같은 지입 기사는 개인이 버스를 사서 ㅎ관광에 등록한다. 법적으로 개인이 전세버스 사업을 할 수 없기 때문에 편법으로 차량 명의를 전세버스 회사에 돌려놓는 것이다.

지입차는 불법이지만+ 버스 회사들은 사용자로서 부담

+ 여객자동차 운수사업법 제12조에 따르면 버스 회사가 지입 기사가 구매한 지입차에 명의를 대여해 줌으로써 운송 행위를 하게 하는 것은 불법이다. 승객의 안전에 큰 영향을 줄 수 있기 때문에 까다로운 요건과 절차를 거쳐 버스 사업 면허를 발부한다. 하지만 개인이 전세버스를 소유하고 버스 회사에

해야 할 책임에서 면제되기 때문에 지입차를 늘렸고, 정부는 오랜 관행이라는 이유로 이를 방치해 지입차가 점점 늘어났다. 전국전세버스운송사업조합연합회(이하 '전세버스연합회')에 따르면 전세버스 업체는 1700여 곳, 전세버스 4만2000대 가운데 지입차는 70퍼센트가 넘는다.

성진 씨의 경우 통근 버스를 운행해도 회사에 내야 할 지입료, 버스 할부금, 기름값 200만 원을 떼면 남는 게 없었다. 그나마 주말에 뛰는 관광일이 그가 가져갈 수 있는 수입이었다. 평일에 관광일이 잡히면 통근일은 아르바이트를 구해 맡겼다. 그래야 한 푼이라도 더 벌 수 있었기 때문이다. 전세버스 회사는 직접 소유한 버스를 줄이고 지입차를 늘렸다. 버스 회사는 쉽게 돈을 벌었고, 지입 기사들은 하루도 쉬지 않고 일해야 빚을 갚으면서 근근이 먹고살 수 있었다.

2010년대 초반 스마트폰이 보급되면서 출혈 경쟁이 더욱 심해졌다. 기름값, 지입료, 버스 가격은 계속 올랐지만 전세버스 대여료는 점점 떨어졌다. 2015년 무렵이었다. 회사에서 4대 보험료를 내야 한다고 했다. 일반 직장인들의 경우 4대 보험 중 건강보험, 국민연금, 고용보험은 회사와 노동자가 절반씩 분담하고, 산재보험은 회사가 납부한다. 하지만 전세버스 회사는 한 푼도 내지 않고 지입 기사에게 4대 보험

등록해 운행하는 지입차가 수십 년 동안 관행으로 굳어져 있다.

료를 전액 부담하도록 했다. 퇴직금도 마찬가지였다. 지입차 주에게 미리 퇴직금을 받거나 매달 월급에서 떼어 퇴사할 때 퇴직금으로 줬다.

성진 씨의 한 달 월급은 500만 원. 하지만 할부금, 지입료, 4대 보험료, 퇴직금을 떼고 통장에 찍히는 돈은 100만 원 정도에 불과했다.

전세버스의 봄날은 가고 몇몇 후배들은 고속버스로 자리를 옮겼지만 성진 씨는 지입 기사 신세를 벗어나지 못했다. 공영으로 운행되는 시내버스는 취직이 어려웠고, 고속버스나 시외버스도 늙은 노동자는 받아 주지 않았다.

───[코로나 2년의 삶]───

손님들은 낡은 버스를 싫어했다. 2019년 여름, 전세버스 회사를 옮기면서 할부가 1년 남은 낡은 버스를 팔고 새 버스를 샀다. 중소기업 통근 버스를 운행하면서 주말에는 관광을 뛸 요량이었다. 그런데 반년도 지나지 않아 코로나가 터졌다. 관광일이 완전히 사라졌다. 수입은 통근 버스 운행으로 버는 400만 원이 전부였는데 할부금 250만 원, 기름값 80만 원, 지입료 및 보험료 90만 원을 빼면 적자였다. 매달 카드빚이 쌓이기 시작했다.

그래도 그는 고정 수입이 있는 '일반일'을 하고 있어 그나마 다행이었다. 통근 버스를 하지 않고 '관광일'만 하는 기사들은 수입이 0원이었다. 하루하루 카드빚으로 버티며 코로나가 끝나길 기다렸지만, 코로나는 좀처럼 떨어질 줄 몰랐다.

코로나 위기로 비행기도 배도 버스도 멈췄고 호텔과 식당도 문을 닫았다. 정부가 구원의 손길을 내밀어 주길 기다렸다. 그러나 아무것도 없었다. 할부금과 지입료가 눈덩이처럼 불어났다. 그해 가을 한 동료가 차량 번호판을 시청에 반납했다. 전세버스를 운행하지 않으면 한 해 차량 보험료 220만 원을 아낄 수 있기 때문이다. 전세버스연합회 자료에 따르면 2020년 기준 전국 3만8597대 중 2만5256대(65.4퍼센트)가 차량 운행을 중단했다. 코로나 전인 2019년 휴차 대수는 643대(1.6퍼센트)뿐이었다.

2021년에도 코로나는 그림자처럼 해를 넘어 따라왔다. 중소기업들이 어려워지면서 통근 버스 운행도 중단됐다. 성진 씨의 유일한 수입원이 사라진 것이다. 3개월 동안 수입이 전혀 없었다. 눈앞이 캄캄했다. 홍수에 잠긴 지하실에 물이 차오르듯 매달 400만 원의 빚이 차곡차곡 쌓여 숨을 막아 왔다. 넉 달 만에 빚은 1700만 원이 됐다. 앉아서 죽을 수 없었다. 아르바이트를 찾아 헤맸다. 배달일이 눈에 띄었다. 그는 늦은 밤까지 승용차로 각종 음식을 배달을 하며 하루하루를 살아 냈다.

───[유령 직원, 유령 버스]───

 고속버스 회사로 옮겨 간 후배에게 전화가 왔다. 코로나 19로 고속버스가 감축 운행돼 3개월째 휴직 중인데, 월급을 받고 있다고 했다. 근로기준법 제46조에는 회사의 귀책사유로 휴업을 할 경우 평균임금의 70퍼센트를 지급하도록 돼 있기 때문이다. 회사도 큰 손해는 없었다. 정부는 고속버스 회사를 '특별 고용지원 업종'+으로 지정했고, 회사가 지급한 휴업수당의 90퍼센트를 고용유지 지원금으로 보전해 줬다.
 전세버스 회사 역시 정부에 고용유지 지원금을 신청할 수 있었고, 회사가 소유한 버스를 운행하는 직영 기사들은 월급의 70퍼센트를 휴업수당으로 받았다. 성진 씨도 근로계약서를 썼고, 4대 보험료를 냈다. 명목상으로는 엄연히 전세

+ 정부는 고용 사정이 급격히 악화될 우려가 있는 업종을 특별 고용지원 업종으로 지정해 회사가 개인에게 지급한 휴업수당(평균임금의 70퍼센트 이상)의 90퍼센트를 고용유지 지원금으로 지급했다. 2021년 3월 17일, 고용노동부는 영화업, 노선버스(준공영제 대상 제외), 항공기 부품 제조업, 수련 시설, 유원 시설, 외국인 전용 카지노 등 6개 업종을 2022년 3월 31일까지 1년간 특별 고용지원 업종으로 추가 지정하기로 했다. 또한 여행업, 관광숙박업, 관광운송업, 공연업, 항공기 취급업, 면세점, 전시·국제회의업, 공항버스 등 이미 지정되었던 8개 업종에 지정 기간도 연장함으로써 특별 고용지원 업종은 총 14개로 늘어나게 됐다. 하지만 고용보험에 가입하지 않은 회사나 개인은 지원 대상에 포함될 수 없었다.

버스 회사의 직원이었다. 그러나 성진 씨를 비롯해 지입 기사 가운데 휴업수당을 받은 사람은 없었다. 회사가 휴업수당의 10퍼센트를 부담할 이유가 없었기 때문이다. 무엇보다 고용유지 지원금을 사업주가 신청하기 위해서는 선결 요건으로 운전자를 휴업시키고, 전세버스 번호판을 국가에 영치해야 한다. 좋은 사장 만나서 실업급여를 받은 지입 기사가 있다는 소문은 들었지만 극소수였다. 똑같이 고용보험을 냈는데 직영 기사는 휴업수당과 실업급여를 받고 지입 기사는 한 푼도 받지 못하는 신세였지만, 정부도 사장도 관심을 두지 않았다.

인도금 2000만 원을 내고 버스를 산 40대 지입 기사 동료는 '관광일'만 하다 코로나를 맞았다. 대학 통학 버스나 중소기업 통근 버스도 줄어들었기 때문에 일을 구하기가 어려웠다. 그는 버스를 회사에 버리고 사라졌다. 버스가 관광 회사 소유로 되어 있기 때문에 인도금 2000만 원만 포기하면 더 이상 손해를 보지 않아도 되기 때문이었다. 회사는 버스를 팔아 손해를 갚으면 되지만, 코로나 시국에 대형 버스를 살 사람은 없었다. 그렇게 기사들이 버리고 간 버스들이 공터에 유령처럼 서있었던 것이다.

──── [버려진 사람들] ────

코로나 대홍수가 덮쳤다. 항공, 여행, 숙박, 서비스업 노동자들의 일터가 물에 잠겼다. 정부는 물에 빠진 노동자들 가운데 일부만 건졌다. 고용유지 지원금은 정규직에게만 돌아갔다. 정규직은 지난해에 이어 올해도 휴업수당이라는 방주에 올라타 생계를 유지하고 있다. 고용유지 지원금이 끊겨도 무급휴직 지원금으로 평균임금의 50퍼센트를 받을 수 있다.

금융감독원 전자공시시스템에 공시된 대한항공, 아시아나항공, 제주항공, 티웨이항공, 진에어, 에어부산 등 6개 상장사의 총 직원 수는 2021년 상반기 기준 3만5396명. 코로나19 이전인 2019년 상반기 3만7200명보다 1804명(4.8퍼센트) 감소했다.+ 항공사 직원들 가운데 95.2퍼센트는 직장을 잃지 않았다는 뜻이다.

하지만 파견, 하청, 용역, 프리랜서 등 비정규직 노동자들은 방주에 올라타지 못했다. 파견·계약직은 계약 기간이 끝난 직후 일자리를 잃었고, 하청·용역직은 용역 계약이 해지되거나 특별 고용지원 업종이 아니어서 정부 지원금을 받지 못했다. 프리랜서는 고용보험에 가입하지 않았거나 노동자가 아니라서 근로기준법상 휴업수당 지급 의무가 없다. 코

+ 「대한항공·아시아나항공 등 상장 항공사, 코로나 속 직원 1804명 퇴사」, 『아시아타임즈』(2021.8.26).

로나 사태 2년 동안 실직을 경험한 비율이 정규직은 6.8퍼센트인 데 비해 비정규직은 32퍼센트라는 조사 결과는+ 코로나 대홍수가 비정규직 일터를 휩쓸고 갔다는 사실을 잘 보여준다.

──────[지푸라기]──────

　전세버스 운행 기록증 발급 시스템 자료에 따르면, 2020년 운행 기록증 발급 건수는 25만4789건으로 2019년(121만 9743건)의 5분의 1에 불과했다. 코로나로 인해 운행 건수의 80퍼센트가 사라진 것이다. 전국 전세버스 매출액은 2019년 2조8180억 원에서 2020년 5263억 원으로 81퍼센트 줄었다. 전세버스 가운데 20퍼센트 정도만 운행을 하고 있는 상황이다.
　2021년 7월, 정부는 33조 원 규모의 2차 추가경정예산안을 편성해 코로나19 피해 업종을 지원한다고 했다. 성진 씨와 동료들은 정부에 기대를 걸었다. 택시 업계가 고용 안정 지원금, 소득 안정 자금, 버팀목 자금 등으로 220~300만

+ 「코로나 실직 비정규직이 정규직 5배…고용보험 사각 여전」, 『세계일보』(2021.10.17).

원의 2·3차 재난지원금을 받을 때, 전세버스 기사는 아무것도 받지 못했다. 정부는 지입차가 불법이기 때문이라고 했다. 수십 년간 불법을 용인한 정부는 물에 빠진 지입 기사에게 지푸라기조차 던지지 않았다. 이중의 차별, 삼중의 고통 속에서 버스 기사들이 사라져 갔다. 전세버스 기사들의 항의 시위가 빗발치자 정부는 그제야 4·5차 재난지원금으로 2021년 6월 70만 원, 2021년 9월 80만 원을 지급했다.

───[건당 인생]───

성진 씨와 함께 일하던 동료는 2008년, 돈을 빌려 한 전세버스 회사를 인수하며 사장이 됐다. 대기업 통근 버스 일부를 불하받아 또 다른 이름의 회사를 차린 뒤부터 그는 직영 기사를 줄이고 지입 기사를 늘리기 시작했다. 매달 들어오는 지입료는 막대했다. 대형 버스의 지입료는 최하 월 30만 원이고, 통근 코스가 좋은 지입 기사에게는 월 70만 원도 받는다. 지입 기사 70명이면 월 평균 지입료 수입이 3000만 원을 넘는다. 그 사장이 10년 만에 30억 넘게 벌었다는 소문이 돌았다. 하지만 사장도 코로나를 피해 가지는 못했다. 최근 가지고 있던 차량을 대거 처분했다고 한다.

2021년 가을, 정부는 매출이 20~40퍼센트 감소한 전세버스 업체를 경영 위기 업종으로 분류해 2020년 매출액에 따라 100~250만 원을 지급했다. 개인택시처럼 전세버스 지입차주에게 개별 사업권을 주는 방안이 논의되고 있지만 전세버스연합회의 반대로 논의는 진전되지 못하고 있다.

    국토교통부는 코로나19의 확산으로 승객이 줄어 어려움을 겪는 전세버스 업계를 돕기 위해 여객자동차 운수사업법 시행령을 개정해 2021년 8월 31일부터 운행 연한을 기존 9년에서 11년으로 늘렸다. 안전 문제 때문에 폐차해야 할 버스를 2년 더 운행할 수 있게 한 것이다. 하지만 2년 동안 전세버스가 거의 운행되지 않았기 때문에 혜택을 누리는 사람도 없는 상황이다.

    2021년 4월부터 성진 씨는 쿠팡 물류센터 통근 버스를 운영해 숨통이 조금 트였다. 성진 씨가 전세버스를 몰고 쿠팡으로 향하는 시각은 새벽 1시. 새벽 2시반에 퇴근하는 직원들을 태우고 쿠팡을 출발해 성남 시내를 돌면서 직원들을 내려 준다. 버스에서 잠시 눈을 붙였다가 아침 6시반, 시내를 돌며 이번에는 출근하는 직원들을 태우고 다시 쿠팡으로 향한다. 일이 끝나면 아침 8시반.

    오후에도 성진 씨는 똑같은 코스를 맴돈다. 오후 3시가 되면 직원들을 태워 쿠팡에 내려 주고, 다시 쿠팡에서 직원들을 태워 도심에 내려 준다. 집에 도착하면 밤 8시. 오자마자 잠을 자야 다섯 시간을 잘 수 있다. 월요일에서 일요일까지 그는 365일 일한다. 보통의 경우 통근 차량을 한 탕만 뛰지만, 그는 코로나로 진 빚을 갚기 위해 두 탕을 뛴다. '건당 인생'이라 뛴 만큼 돈을 더 벌 수 있기 때문이다. 지금까지 쉰 날은 코로나19 확진자가 나와 쿠팡이 문을 닫았을 때뿐이다.

이렇게 해서 그가 받는 월수입은 1000만 원. 기름값(350만 원), 할부금(240만 원). 지입료·4대 보험료(100만 원)를 제하면 370만 원이 남는다. 여기서 그는 매달 카드빚을 100만 원씩 갚아 나가고 있다.

이렇게 두 탕 뛰지 않으면 빚을 갚을 길이 없어요. 몸이 부서져도 어쩔 수 없죠. 감사하게 생각하고 일하고 있어요.

그와 함께 전세버스를 운전하던 친구들과 후배들은 많이 떠났다. 얼마 전까지 같이 일했던 후배는 모아 놓은 돈이 없어서 빚으로 2억짜리 버스를 샀는데 코로나가 터졌다. 대기업 출퇴근 버스를 운행하는 것만으로는 빚을 갚을 수 없어서 낮에 쿠팡 배달을 한다. 후배 역시 365일 하루도 쉬지 않고 일한다고 했다.

백신 접종이 끝나면 성진 씨의 동료들은 돌아올 수 있을까? 언제쯤 불법 신세를 면할 수 있을까? 내리막길로 내달린 인생은 반전할 수 있을까?

─── [여행사는 20개월째 휴직 중] ───

여행사에서 기획자로 일하던 정욱 씨(53)의 평화로운 일상은 2020년 2월, 멈춰 섰다. 동남아·유럽·미주까지 초고속으로 성장하던 해외여행은 코로나19가 터지고 멈춰 버렸다. 대비할 겨를조차 없었다. 회사는 하루아침에 휴업 상태가 됐고 직원들은 휴직에 들어갔다. 회사는 휴업수당을 지급했다. 여행업은 특별 고용지원 업종으로 선정돼 휴업수당의 90퍼센트를 정부가 지원해 줬다.

회사는 휴업수당을 지급했다. 하지만 기존 월급의 절반 남짓에 불과했다. 매달 150만 원씩 적자가 쌓여 2년도 안 돼 빚이 3000만 원을 넘어섰다. 정욱 씨는 이제 아르바이트를 뛴다. 휴업 기간에는 다른 곳에 취직할 수 없기 때문에 4대 보험이 적용되지 않는 택배 분류, 오토바이 배달, 노가다 등을 찾아다니는데 그런 일자리마저 구하기 쉽지 않다. 생활고를 견디지 못한 젊은 직원들은 하나둘 회사를 떠났고, 2년 만에 직원 수는 절반이 됐다. 퇴사 후 안정된 일자리를 구했다는 동료는 서너 명에 불과했다. 공인중개사나 주택관리사 자격증을 준비하는 사람들도 있지만 대부분 배달일로 생계를 이어 간다.

그래도 정욱 씨 회사는 업계에서 나은 편에 속했다. 여행업 1위인 하나투어는 2021년 1월, 직원 절반인 900명에게 권고사직을 통보했다. 하나투어는 2020년, 정부로부터 200억 원의 고용유지 지원금을 받았다. 지원금을 받은 뒤 한 달 안에 직원을 해고하면 고용유지 의무 위반인데, 이를 피해 2개월 후인 2021년 1월, 사실상의 해고를 했다. 업계 2위인 모두투어는 2021년 9월까지 고용을 유지하겠다는 약속을 깨고, 전체 직원 1000명 중 400여 명을 권고사직·희망퇴직 등의 방식으로 구조조정했다. 여행업 대표 7개 사(하나투어, 모두투어, 노랑풍선, 참좋은여행, 롯데관광개발, 세중, 레드캡투어)의 2021년 상반기 매출액은 코로나 이전 2019년 상반기보다 74.1퍼센트 감소했다. 제주 복합리조트 사업으로 채용을 확대한 롯데관광개발을 제외한 6개 사의 고용 인원은 39.7퍼센트 줄었다.

──[소리 없이 사라진 사람들]──

정부는 고용유지 지원금을 연 180일에서 300일로 연장했다. 1년 가운데 10개월은 정부가 90퍼센트까지 월급을 지원하고, 2개월은 무급휴직 지원금으로 50퍼센트를 받을 수 있다. 하지만 소규모 여행사 직원들에게는 남의 나라 이야기다.

하나투어, 모두투어, 노랑풍선, 참좋은여행 등 주요 여행사들의 대리점에서 일하는 직원들은 여행사 직원이 아니다. 간판은 하나투어를 달고 있지만 하나투어와 위탁 계약을 맺은 여행사다. 여행객을 유치하면 수수료를 받는다. 직원이 서너 명에 불과한 소규모 대리점들은 코로나19와 동시에 직원들을 내보냈고, 회사 대표 혼자서 사무실을 지키고 있다. 4대 보험에 가입했어도 근로기준법 제46조에 따른 휴업수당은 5인 미만 사업장에 적용되지 않기 때문이다.

흔히 '가이드'라고 부르는 관광 통역 안내사도 100퍼센트 실직 상태다. 코로나19 이전까지 관광 통역 안내사들은 중국 관광객들을 안내하느라 바빴다. 하나투어·모두투어 등의 이름을 달고 통역과 안내를 하지만, 이들은 여행사와 근로계약이 아닌 프리랜서 계약을 맺는다. 따라서 휴업수당을 받을 수 없고 실업급여도 탈 수 없다.

한국여행업협회와 전국 여행사 단체들은 '여행업 생존 비상대책위원회'를 결성하고, 청와대와 국회에서 "100만 여행업 종사자 생존권을 보장하라"라며 기자회견과 시위를 벌였다. 그러나 이미 쫓겨난 여행사 직원들과 관광 통역 안내사들은 어디에서 무엇을 하고 있는지 알 수 없다.

하나의 일자리도 지키겠습니다.

'일자리 위기'가 거세게 닥쳐오고 있지만, 정부는 하나의 일자리도 반드시 지키겠다는 그런 각오로 여러분과 함께 할 것입니다. 정규직과 마찬가지로 비정규직인 호텔 사내 하청 업체 직원들도 혜택을 받게 될 것입니다. 관광 가이드, 또 여행사 직원, 관광버스 기사까지 관광업 종사자 모두가 어려움을 겪고 있습니다. 관광업계 전체를 살리기 위해서도 노력하겠습니다.

2020년 4월 29일, 문재인 대통령이 호텔업계 노사 대표들과 함께한 '코로나19 극복 고용유지 현장 간담회'에서 한 말이다.

어느 쓸쓸한 노동에 대하여

식당에서의 일

시야

──[혼자 남은 미숙 씨]──

2021년 10월 어느 날 밤 9시를 넘긴 시각, 구미 4공단에서 집으로 돌아가는 길에 허기진 배를 채우기 위해 식당들이 늘어선 옥계동 골목에 들어섰다. 식당과 식당 사이에 술집과 노래방이 즐비했지만, 화려한 네온사인과 번잡하게 오가는 사람들은 사라져 버린 지 오래인 듯 골목은 조용했다. 문 닫힌 점포들도 간간이 보였다. 대패 삼겹살과 낙지전골 같은, 값이 제법 돼 보이는 식당들이 주로 텅 비어 있었다. 그중 한 곳에 차를 댔다. 넓은 유리창에 '24시간 콩나물 해장국 4500원'이라 붙여 놓은 해장국집 하나가 시선을 끌었다.

"콩나물국밥 한 그릇 주세요."

중년의 한 여성이 넓고 휑한 주방 안에서 깍두기를 담고, 새우젓과 다진 고추, 통고추와 된장을 챙겨 내 옆 테이블로 가져갔다. 그리고 내 자리에는 컵과 물 한 병을 놔준다. 발열 체크나 출입 명부를 작성해 달라는 말도 없이 다시 주방으로 들어간 그는 뚝배기에 밥을 푸고 펄펄 끓는 콩나물국을 부은 후 갖은 양념을 얹었다.

테이블마다 모두 국밥이 놓이고 조금 여유가 생겼는지 분주하던 그의 시선이 텔레비전에 잠시 멈춘 듯했지만, 밥을 다 먹고 일어서는 손님이 계산대로 나오면서 이내 발길도 분주해졌다. 손님이 떠나자 서빙 카트를 움직여 덩그러니 놓인 식기를 치우고 테이블을 닦는다. 그리고 주방으로 들어가서 밀린 설거지를 하다가 다시 손님을 맞는다.

나는 뜨끈한 콩나물국을 후후 불어 먹으면서도 주방과 홀을 분주히 오가는 그의 움직임에서 시선을 뗄 수 없었다. 잠시 짬이 나서 내 앞 테이블에 앉은 그에게 말을 걸었다.

"여기 식당 주인이세요?"

"아니요, 일하는 사람이에요."

"어머나 근데 이 넓은 식당을 혼자서 다 하시는 거예요?"

"손님이 없어서 할 일도 별로 없어요."

"메뉴가 콩나물국밥만 있는 게 아니라 부침개도 있고, 찌개도 있고, 이것저것 많은데 어떻게 혼자서 다 하세요?"

"저건 많은 것도 아니에요. 이제 손님들도 저 혼자서 하는 거 아니까 좀 늦게 나와도 다 이해하고 기다려 주더라고요. 작년에 코로나 터졌을 때 가게 문을 닫았다가 열었는데 손님이 팍 줄었거든요. 다른 사람들은 다 그만두는데 난 딴 데 갈 데도 없고 해서 혼자라도 하겠다고 했어요. 중간에 한 명이 왔다가 두세 달 하다 나가고 벌써 1년 넘게 혼자 하고 있어요."

미숙 씨는 식당에서 함께 일하던 동료들을 다 떠나보내고 혼자 남았다. 코로나 이전에는 밤 9시부터 아침 9시까지 야간만 12시간을 일했지만, 코로나 방역 정책이 강화되면서 사정이 달라졌다.

여기 정말 손님 많았어요. 요 주변에 다 술집이잖아요. 1차, 2차, 3차까지 갔다가 마지막에 입가심하러 들어와서는 해장국 먹으면서 소주 한잔 걸치고 가는 코스였거든요. 아침에도 공사장 인부들이 아침밥 먹으러 많이 와서 미어터졌어요. 지금은 코로나 때문에 야간 장사는 못하고 밤 10시까지만 영업해요.

정부에서 사적 모임 인원을 제한하고 영업시간을 단축하는 코로나 방역 정책을 시행하면서 식당은 밤 10시면 문을 닫아야 했고 야간만 일했던 미숙 씨는 일자리를 잃을 뻔했지만, 저녁 6시부터 밤 10시까지 그리고 새벽 5시부터 아침 9시까지 근무시간을 쪼개서 일하게 됐다.

집이 가까우니까 출퇴근이 가능해요. 바쁠 때는 바쁘고, 안 바쁠 때는 안 바쁘고, 혼자 한다고 월급은 조금 더 챙겨 줘요.

하루 두 차례 출퇴근을 반복하는 미숙 씨는 혼자 식당을 지키면서도 결코 힘들지 않다고 힘주어 말했다.

──[국밥집을 떠난 유정 씨]──

같은 국밥집에서 일하던 유정 씨(53)는 코로나19 감염병이 유행하기 시작하고 6개월 만에 식당을 떠났다. 손님이 뚝 끊긴 국밥집에 멀뚱히 앉아 있을 수만은 없었기 때문이다.

주방에 둘, 홀에서 서빙하는 둘이 있었어요. 코로나가 터지고 한 명 줄이고, 또 한 명 줄이고…그러다 나중에는 일하는 시간을 줄이더라구요. 장사가 안된다고 나가라는 얘기는 없었어요. 나이가 많은 사람은 눈치껏 나가는 거죠.

유정 씨가 보기에도 식당 밖을 지나가는 인파가 눈에 띄게 줄어들었다. 텅 빈 식당엔 텔레비전 소리만 시끄러웠다. 네 명의 직원은 눈을 어디다 둬야 할지 몰라 텔레비전만 쳐다봤다. 몸도 마음도 편치 않았다. 유정 씨는 그만둬야 한다는 걸 알았다. 유정 씨가 제일 먼저 그만두겠다고 했고, 동료들도 하나둘 떠났다. 혼자서라도 야간 근무를 하겠다고 남은 건 미숙 씨뿐이었다.

코로나19 감염병이 처음 유정 씨 주변으로 성큼 다가온 건 2020년 3월이었다. 코로나19 확진자가 유정 씨가 일하는 식당이 위치한 동에서 발생하자 그 일대 식당들이 일제히 문을 닫았다. 유정 씨가 일하는 국밥집도 쉬기로 했다. 일주일 만에 식당문을 열고 영업을 재개할 때는 새롭게 시작하는 마음을 다졌다. 바닥을 구석구석 쓸고 닦고, 유리창과 테이블을 반들반들 윤이 나도록 닦아 댈 때만 해도 다시 일할 수 있어서 즐거웠다.

그러나 손님이 없었다. 술집과 노래방 그리고 식당가의 간판은 휘황찬란했지만, 거리를 오가는 사람들은 사라졌다. 또다시 문을 닫는 식당들이 하나둘씩 생겨났고, 네온사인도 하나둘 꺼지기 시작했다.

코로나19는 끝날 기미가 보이지 않았다. 확진자가 발생했다는 소식만 들리면 일대 식당들은 문을 닫고 방역을 했고, 그때마다 일하는 사람들은 일당을 날렸다.

식당이 문을 닫는 날은 일당을 안 쳐주잖아요. 나오지 마라, 나와라, 이런 게 반복되니까 생활이 안 되잖아요. 결국 못 견디고 그만뒀죠.

젊은 시절 유정 씨는 휴대폰 부품 공장에서 정규직으로 일했다. 하지만 나이가 들수록 눈은 어두워지고 손도 느려지다 보니 젊은 사람들과 함께 일하는 게 버거웠다. 그는 결국 정년을 채우지 못하고 공장을 나왔다.

남편은 굶어 죽는 한이 있어도 식당 일은 하지 말라고 했는데, 형편이 많이 어려우니까 내가 식당에 간다 해도 말리지 않더라구요. 『벼룩시장』 보고 찾아간 곳이 24시간 콩나물국밥집이었어요. 밤 9시부터 아침 9시까지 12시간 야간 근무를 했어요.

유정 씨가 일하는 콩나물국밥집은 하루 24시간 쉬지 않고 문을 열어 놓았다. 주간 근무조 4명과 야간 근무조 4명이 주방에 둘, 홀에 둘씩 나뉘어서 일했다. 유정 씨는 홀을 담당했지만, 바쁘면 주방으로 뛰어 들어가 일을 거들었다. 한 달에 네 번 쉬고 월 210만 원을 받았다.

아무리 안 줘도 최저임금은 받아야겠다 싶어서 계산을 해봤더니 월급이 터무니없이 적더라구요. 주간 근무와 야간 근무 간에 월급 차이도 없었어요.+ 사장한테 얘기했더니 "언니, 최저임금 다 맞춰 줄라면 우리 남는 게 없어요. 그냥 이렇게 받아요." 하더라구요.

식당에 취직하고 나서 보니, 국밥집 사장이 예전에 한 회사를 다녔던 나이 어린 동료였다. 사장이 "언니, 언니" 하며 유정 씨의 불만을 살살 녹였다. 3개월 후엔 월급도 10만 원 올려 주고 쉬는 날도 일곱 번으로 늘려 줬다. 생일날이면

+ 근로기준법상 5인 이상 사업장의 경우 밤 10시부터 새벽 6시까지 심야 근무를 할 때에는 50퍼센트 가산 임금을 야간 수당으로 지급해야 한다.

직원들에게 케이크를 선물하고, 봉투에 10만 원씩 넣어 줬다. 명절 때면 떡값도 잊지 않았다. 장사도 잘됐다. 일일 평균 매출이 150만 원은 넘었고, 잘될 때는 300만 원을 찍을 때도 있었다. 매출이 괜찮은 날엔 회식도 시켜 주고 배달 음식도 시켜 주면서 사장은 직원들을 살뜰히 챙겼다.

유정 씨는 월급이 최저임금에 못 미친다는 걸 알면서도 더 이상 토를 달지 않았다. 장사가 잘되니 오래 다닐 수 있을 거라는 기대가 있었기 때문이다. 주변을 둘러봐도 최저임금을 지키는 식당은 없었다.

코로나가 끝났나 싶어서 일 쉬다가 다시 갈 때는 잘해 보겠다고 갔는데, 막상 가보면 분위기가 아니더라고요. 사장도 이젠 서늘해, 장사가 안되니까 힘들어서 그렇겠지만, 우리 얼굴만 보면 죽는소리를 해요. "죽겠다, 죽겠어, 언니." 그게 뭐겠어요? 15일이던 월급날이 자꾸 밀려서 20일에 주고, 또 일주일 지나서 주고…그래도 나는 월급 달라고 보챈 적은 한 번도 없어요.

사장이 생색내며 주던 야간 식비 40만 원이 20만 원으로 줄더니 어느새 사라져 버렸고, 생일 케이크도 사라졌다. 근무시간도 줄였다.

유정 씨가 국밥집에 취업할 때만 해도 면접만 보면 바로 일을 시작할 수 있었다. 근로계약서를 작성하지 않았으니 사업주가 노동부에 직원을 고용했다고 신고할 리 없고, 4대 보험도 가입할 리 없었다. 4대 보험이 없으니 실직을 당해도 실업급여를 받을 방법이 없고, 재난으로 인해 생계의 위협을 느껴도 피해를 증명할 방법이 없다.

만약 유정 씨가 다니던 국밥집에서도 휴업수당을 받을 수 있었더라면, 연월차 사용이 가능했더라면, 실업급여를 받을 수 있는 자격이 주어졌더라면, 1년 이상 근무한 이에게 퇴직금이 지급됐더라면, 그리고 평상시 정부 당국이 근로기준법을 지키는지 일상적으로 관리·감독했더라면 어땠을까.

식당을 그만둔 이유가 손님이 없어서이기도 하지만, 코로나가 겁났어요. 코로나가 터지고 나서 보건당국이 방역 점검을 하는 걸 한 번도 못 봤어요. 위생 점검은 원래 해오던 거였고, 사장은 교육을 받았는지 몰라도, 우리 직원들은 한 번도 안 했어요. 그냥 들어오는 사람들 발열 체크하고, 명부 작성하게 하고, 마스크 쓰게 하는 게 다였죠. 근데 우리는 식당에 어떤 사람이 들어올지 모르잖아요. 내가 걸렸다고 하면 식당 문 닫아야 하고, 그럼 또 얼마나 손해를 보겠어요. 그런 게 늘 부담되고, 하루 벌어 먹고사는 사람이 2주 동안 격리된다고 생각하니까, 그것도 앞이 깜깜해지더라구요.

유정 씨는 국밥집을 그만두고 고깃집에서 저녁 6시부터 밤 10시까지 아르바이트를 시작했다.

친구가 운영하는 집인데, 일할 사람이 필요하다고 급하게 연락이 왔어요. 근데 막상 가보니 손님이 없었어요. 절반 정도 밖에 없는 거야. 그러니까 정직원은 쓸 수가 없고, 사장 혼자 일하기는 버겁고, 그래서 날 부른 거지. 내가 돕는다고 아르바이트를 했지만 장사가 안되니까 또 눈치가 보이는 거예요.

석 달 만에 일을 그만두고 다시 신문 구인란을 뒤져 봤지만, 사람을 구하는 식당은 더 이상 없었다. 초조했다. 다행히 3년 전에 따놓은 노인요양보호사 자격증이 있었다. 예전엔 면접을 볼 때마다 운전면허증과 차가 없어서 취업에 성공하지 못했다.

자격증이 있으니까 요양 쪽도 들여다봤는데, 때마침 일하던 사람이 갑자기 그만뒀다며 사람이 급하다고 연락이 온 거야. 나더러 당장 출근하라고 하더라구요. 재수가 좋았죠.

유정 씨는 2020년 11월부터 노인주간보호센터에서 하루 8시간씩 주 5일을 일하기 시작했다. 토요일에 근무하면 평일에 대체 휴무를 쓰고, 연차휴가도 쓸 수 있다. 월급은 딱 최저임금만 받는다. 쉬는 시간도 없고, 밥 먹을 시간도 따로 주어지지 않지만, 식당에서 일하던 때를 생각하면 행운을 얻은 것처럼 기쁘다고 유정 씨는 말했다.

───[중국인 장밍즈 씨]───

　장밍즈 씨는 53세 중국인 여성이다.+ 중국 하얼빈에서 딸이 한국인 남자와 결혼하면서 초대 비자로 2013년경 한국에 왔다.
　첫 해는 김치 공장에서 일했다. 1년 정도 일하다 딸이 출산을 했다. 아이를 돌봐 주기 위해서 공장을 그만뒀다. 아이가 첫돌을 맞고 2015년경 식당에서 일을 시작했다.
　경상북도 경산의 작은 시골 마을에 있는 식당이었다. 처음엔 식육 식당이었지만, 장사가 안돼니 사장이 발 빠르게 공장에 밥을 배달해 주는 식당으로 바꿔 버렸다. 식당 구조를 개조해서 이주 노동자들에게 숙소도 제공했다. 경산 지역 공단에서 제법 많은 공장에 밥을 배달했다.
　그런데 장밍즈 씨에게 또 손주가 생겼다. 딸을 돕기 위해 또 일을 그만뒀다. 그때가 2019년 11월, 중국 우한에서 코로나19가 발병한 때였다. 그 후 1년 정도 딸과 함께 아이를 돌보고 있는데, 전에 일했던 식당에서 급하게 사람을 구한다고 연락이 왔다.
　장밍즈 씨는 1년 만에 공장에 밥을 배달하는 식당으로 돌아왔다. 사장은 코로나 때문에 예전만큼 장사가 안된다고

+ 장밍즈 씨의 인터뷰는 경산이주노동자센터 안해영 소장의 통역을 통해 이루어졌다.

했지만, 주방에서 밥하는 열기는 예나 지금이나 다름이 없었고 배달 나가는 속도도 빨랐다.

직원은 모두 17명이었는데, 코로나 유행 이후 3명의 이주 노동자가 본국으로 돌아갔다. 일손이 부족했지만 사장은 장밍즈 씨와 아르바이트만 1명만 더 채워 놓고는 그만이었다. 이제 직원은 한국인이 10명, 이주 노동자가 5명으로 이주 노동자 중에서는 중국인 장밍즈 씨 외에 중국 교포가 둘, 네팔 노동자가 둘 있었다. 배달만 전문으로 하는 식당이어서 홀서빙은 없었고, 배달 기사와 주방에서 조리하는 노동자로 나뉘었는데, 배달하는 차만 5대였다(때로는 사장도 일을 거들면서 6대가 운행되기도 했다). 장밍즈 씨가 주로 하는 일은 튀김과 전을 부치는 일이었다.

사장은 장밍즈 씨가 비자를 상실한 미등록 이주 노동자라는 점을 악용해 근로계약서를 쓰지 않았고+ 4대 보험도 가입해 주지 않았다. 평일에는 오전 5시반부터 오후 6시까지가 약속된 근무시간이었지만(토요일은 오후 4시까지, 일요일은 격주 근무), 미등록 이주 노동자들은 한국인과 중국 교포가 정시에 퇴근한 후 설거지와 뒷마무리를 하고 나서야 끝이 났다. 식당에서 제공해 주는 기숙사에서 생활하니 퇴근이라고

+ 미등록 이주 노동자의 경우에도 근로기준법과
산업재해보상보험법의 적용을 받는다. 노동력을 제공한 것은
체류 자격의 유무와는 관계없이 변치 않는 사실이기 때문이다.

해봐야 주방을 나와 자기 방으로 건너가는 정도였다.

아무래도 말이 통하면 따질 수가 있잖아요. 말을 주고받고 하니까 서로 소통이 되기도 하고요. 그러면 막 대할 수는 없죠. 저처럼 한국말 못 하는 사람들한테 차별이 심해요.

임금부터가 그랬다. 정해진 시간대로 출퇴근하는 한국인의 임금은 270~280만 원, 중국 교포 주방장은 280만 원, 그 옆에서 밥하고 볶음채 요리를 하는 중국 교포는 240만 원을 받았다. 하지만 튀김과 전을 담당하는 장밍즈 씨는 월 190만 원을 받았고, 네팔인 두 명도 마찬가지였다. 또 중국 교포는 퇴직금이 있었지만 미등록 이주 노동자는 퇴직금을 주지 않았다.

2021년 최저 시급은 8720원. 아무리 계산해 봐도 최저임금에 못 미치는 임금이다. 하루 8시간씩 주 5일 근무했을 때 최소 월 182만2480원을 받아야 한다. 그러나 장밍즈 씨는 매일 3시간 반씩 연장 근무를 했고, 토요일 연장 근무와 휴일 특근까지 장시간 노동을 해왔으니 최저임금만 못 받은 게 아니라 근로기준법상 받아야 할 법정 수당도 제대로 받지 못한 채 일하고 있었다.

일하는 건 똑같잖아요. 아니 중국인이 더 많이 일하지만, 내가 (한국)말을 못하니까 조금 낮춰도 어쩔 수 없다고 생각하고, 내가 미등록이니까 낮춰도 어쩔 수 없다고 생각해요. 저절로 수그러든다니까요.

그러던 어느 날 장밍즈 씨는 수그리지 않았다.
2021년 5월 1일 노동절이었다. 사장이 주방으로 찾아와 장밍즈 씨가 보는 앞에서 중국 교포들에게 봉투를 전했다. 장밍즈 씨는 그걸 보고는 중국 교포에게 슬쩍 말을 걸었다.
"당신들은 돈 봉투도 받고 좋겠다."
"너희도 곧 줄 거야."
그 말에 장밍즈 씨는 저녁까지 기별을 기다렸다. 하지만 그에게 오는 건 아무것도 없었다. 장밍즈 씨는 사장을 찾아갔다.
"나도 똑같이 일하는데, 일할 때는 우리만 찾고, 돈 줄 때는 우리가 안 보이나요?"
옆에 있던 (중국 교포인) 사장 부인이 통역을 해줬다. 사장이 당황해 하면서 5만 원씩을 쥐어 줬다. 배달 식당에서 일한 지 햇수로 6년 만에 처음으로 사장에게 큰소리를 친 날이었다.
예전 같으면 묵묵히 있었을지도 모른다. 하지만 코로나 이후 이주 노동자 일손이 부족한 상황에서 사장은 장밍즈 씨에게 일을 해달라고 사정을 한 터였다. 아무도 안 하려는 일을 장밍즈 씨가 하고 있었다. 언제나 제일 힘든 일은 장밍즈 씨의 몫이었다. 처음엔 채소를 썰었다. 두 사람이 할 분량을 혼자서 도맡아 하다가 어깨가 고장 났다. 어깨가 아파서 더 이상 할 수 없을 때까지 했다. 그러다 이젠 각종 채소와 돈가스, 만두, 오징어 등을 튀기고 전을 부친다. 한여름엔 주방에서 제일 힘든 일이다.

그 일이 있고 난 후부터 장밍즈 씨는 부당한 일을 겪으면 조금씩 따질 용기를 얻었다.

저는 내년에 중국으로 돌아갈 생각이라서 부당한 일을 겪으면 이제 시키는 대로 안 하고 웬만하면 튕기죠. 어차피 사람을 못 구해서 일이 많은 건데, 정 힘들면 사장 사모가 일을 하든지, 돈을 더 줘야죠. 월급이 너무 적으니까 사람을 못 구하잖아요.

장밍즈 씨는 원래 사장보다 주방장을 더 어려워했는데, 노동절 보너스 사건 이후부터는 주방장의 부당한 지시도 당당히 거절했다. 장밍즈 씨가 부침개와 튀김을 담당하지만, 부추전은 주방장 몫이었다. 그런데 그걸 장밍즈 씨에게 시켰던 거다. 그는 자기가 할 일이 아니라고 딱 잘라 말했다. 그동안 쌓인 억울한 일들이 한 번에 분출하듯이, 한 달 동안 주방장과 말을 섞지 않았고, 사장도 전과 다르게 장밍즈 씨를 나무라지 않았다.

장밍즈 씨는 일하면서 겪는 설움도 힘들었지만, 코로나19 감염병이 점점 확산되자 타국에서 병이 들까 봐 두렵고 공포스러웠다. 농촌과 공장에서 일손이 부족해서 아우성칠 때 일손이 되어 주었지만, 한국 정부는 여전히 이주 노동자들을 단속의 대상으로 여겼다. 장밍즈 씨는 한국 사회가 미등록 이주 노동자인 자신을 보호해 줄지 의문스러웠다. 믿고 의지할 곳 없는 그는 주방에서 절대 마스크를 벗지 않았고, 일을 마치면 기숙사 방에 들어가 나오지 않았다.

배달하는 사람은 마스크를 쓰고 다니는데, 주방에서 일하는 한국인이나 중국 교포, 다른 이주 노동자들은 마스크 쓰고 일하는 법이 없어요.

그래서 장밍즈 씨는 더 불안하다. 괜히 배달 다녀온 사람들에게 무슨 문제가 생길까 봐 밥도 같이 먹지 않았다. 그러다 하루는 보건당국이 점심시간에 맞춰서 식당을 방문했다. 직원들과 손님들이 마스크를 잘 쓰고 있나 점검하러 온 것이었지만, 식당은 텅 비어 있었다. 장밍즈 씨가 일하는 식당은 일반 음식점과 달리 점심시간 전에 공장으로 밥을 배달하고 그 시간엔 각자 뿔뿔이 흩어져서 휴식을 취하고 있었다.

보건당국이 코로나19가 유행한다고 식당 직원들을 모아 놓고 교육을 한 적은 없었다. 직원들은 발열 체크나 손 소독을 철저히 하라는 말조차 들은 적이 없다. 혹시나 직원 중에 열이 나거나 기침을 하는 사람이 생기면 본인이 알아서 약국에서 약을 사먹고 일했다. 세상은 코로나19로 뜨겁지만 장밍즈 씨가 일하는 주방은 코로나를 걱정하지 않는 듯했다.
코로나19로 한국 국민들이 재난지원금을 받을 때, 중국 교포나 중국인, 네팔인 이주 노동자들은 모두 배제되었다.

안 되는 건 빨리 포기했어요. 이주 노동자니까 일을 좀 더 하자는 마음이 늘 내면에 깊이 깔려 있죠.

이주 노동자들이 코로나19에 집단감염되는 사건이 곳곳에서 발생하자 생산에 차질이 생겼고, 바쁜 농사철에 비상등이 켜졌다. 한국 정부는 미등록 이주 노동자에게도 백신을 제공하겠다고 발표했고, 2021년 9월 경산시 보건소에서 외국인 노동자들에게 얀센 백신을 무료로 접종했다. 장밍즈 씨는 백신을 맞고 나서야 조금 안도할 수 있었다.
장밍즈 씨가 보기에 주방은 여전히 정신없이 돌아갔지만, 월급은 한 달, 두 달씩 연체되기 시작했다. 사장은 거래처에서 결제가 잘 안 된다고 설명했다.

어제 점심 식사를 배달했던 공장이 오늘 가보면 문이 닫혀 있고, 부도가 났다는 거예요.

공단에는 하루가 멀다 하고 어느 공장이 폐업했다는 소문이 돌았지만 식당에서 밥을 배달하는 공장이 정말로 문을 닫았는지는 알 수 없었다. 장밍즈 씨가 일하는 주방에서 밥하는 양은 줄지 않았고, 일손은 여전히 부족했다.

경산이주노동자센터 안 소장도 사장에게 이주 노동자를 소개해 달라는 부탁을 여러 번 받았다. 하지만 최저임금도 맞춰 주지 않는 곳에 사람을 소개해 줄 수 없다고 거절했다. 안 소장에 따르면 경산이주노동자센터도 코로나19감염병이 유행하고 나서부터 상담 건수가 많이 줄어들었다.

이주 노동자가 그만둘까 봐 사장들이 월급도 조금씩 더 올려 줬고요, 대우가 전보다 좋아졌대요. 이 사람이 나가면 다음 사람 못 구하니까. 지금 한국으로 들어오는 사람이 없거든요. 그러니까 전보다는 이주 노동자 목소리가 조금 커졌죠.

코로나 이전에도 한국 사회엔 이주 노동자의 손길이 닿지 않는 농산물이나 공산품이 없을 정도로 그들의 땀이 배어 있었다. 우리는 팬데믹을 겪으며 이를 깨달았을 뿐이다. 이주 노동자들의 노동력이 사라지면 농촌도, 공단도, 이 사회도 지탱해 나갈 수 없다는 걸 말이다. 벼랑 끝에 서서 비로소 얻을 수 있었던 이 깨달음을 우리는 계속 지켜 나갈 수 있을까.

스물다섯, 아르바이트라는 일

박혜리

내가 각종 식당에서 아르바이트를 하며 들었던 가장 황당한 주문 방법은 "이리 오너라"였다. 중년 남성들의 "아가씨"라는 호칭이나, 짜증 내듯 "알바!" 하고 부르는 호칭에는 익숙해져도 마치 하인 부르듯 호통을 치던 그 목소리는 평생 익숙해질 수 없겠다고, 익숙해지고 싶지 않다고 생각했다.

일을 힘들게 만드는 건 손님뿐만이 아니다. "아르바이트니까" 근로계약서를 안 써도 된다고 말하는 관리자, 필요가 끝나는 순간 "내일부터 안 나와도 돼"라고 당당히 말하는 사장, 브랜딩을 위해 외모와 화장 방식까지 규정하려는 기업 등 아르바이트 노동자들은 마치 한 번 사용하고 버리면 되는 일회용품처럼 취급된다. 대체되지 않기 위해 불합리한 일들을 견디다 보면 내 존재가 점차 지워지는 기분이 든다.

코로나 재난은 아르바이트 노동자들의 취약한 위치를 적나라하게 드러냈다. 그들은 가장 먼저 사업장에서 치워졌다. 근로기준법은 무용했고, 고용유지 지원금은 이들을 피해 갔다. 계약 시간보다 일찍 퇴근시키는 '시간 꺾기'는 더 극단적 형태로 진화해 어떤 달에는 월급이 반절이 되기도 했고, 2주에 한 번씩 출근하는 날들이 찾아왔으며, 그러다 결국 해고됐다. 문 닫은 가게의 아르바이트 노동자들은 어디로 갔을까. 그들은 어디에서 다시 돈을 벌고 있을까.

──────[스물다섯 보현 씨의 일]──────

단기 알바로 할 수 있는 건 다 해봤을 거예요. 제일 특이했던 건 여름에 인형 탈 쓰고 퍼레이드 하는 알바. 최저 시급보다 조금 더 주긴 했는데 몇 시간 안 하니까 얼마 안 됐죠. 쿠팡 알바, 설거지 알바 해봤고, 홈플러스 익스프레스에서 한 달쯤 일해 본 적도 있어요.

열아홉 살부터 지금까지 보현 씨(25)가 거친 아르바이트 자리만 수십 개다. 단기 아르바이트로 하루 이틀 혹은 한 달씩 일했던 곳도 있고, 6개월 이상 일했던 곳도 있다. 쉴 틈이 없었다. 특히 스물한 살 때 부모와의 갈등으로 집을 나오게 되면서 더욱 그랬다. 10시반부터 4시반까지 학교 수업을 듣고 5시에 출근해서 10시에 퇴근해 잠만 자는 생활이 오래 이어졌다. 밥을 먹는 게 아니라 국에 말아 마시면서 주 5일을 일해도 월급은 80만 원을 넘기 힘들었다.+ 하숙집 월세로 35만 원을 내고 나면 남는 건 40만 원 남짓. 정말 버틸 수 없다 싶을 때는 대학생 생활비 대출++을 받아 지냈다.

+ 2017년 기준 최저 시급 6470원으로 주 25시간 일하면 받을 수 있는 돈은 77만6400원이다.
++ 한국장학재단에서 대학생들에게 학기 중 생활비를 대출해 주고, 취업 이후에 갚도록 하는 제도다. 학기당 10~100만 원까지 대출이 가능하다. 소득분위가 1~8분위에 해당하고,

그렇게 3년, 학교를 다니며 생계를 유지하는 것에 한계를 느낀 보현 씨는 휴학을 하고 본격적으로 일을 구했다. 이태원 음식점의 주방 파트타이머였다. 근무시간이 유동적이긴 했지만, 2019년 연말부터 풀타임으로 일하게 됐다. 아침 10시부터 밤 10시까지 주 4일을 출근해 휴식시간(오후 2~4시)을 제외하고 8시간씩 일했다. 처음으로 100만 원이 넘는 월급을 받기 시작했다. 결코 풍족하다고는 할 수 없었지만 기본적인 생활은 가능했다. 사고 싶은 것, 하고 싶은 것을 고민할 수 있는 일상이 찾아왔다. 그렇지만 그것도 오래가지 못했다. 2020년 2월, 일을 시작한 지 5개월 만에 코로나가 찾아왔다.

──[해고 혹은 월급 30만 원]──

2020년 5월, 코로나가 대규모로 확산된 이후 가게를 찾는 손님이 한두 팀밖에 안 되는 날들이 이어지기 시작했다. 매출이 줄어들자 사장이 가장 먼저 결정한 것은 아르바이트 노동자의 해고였다. 같이 일하던 대여섯 명이 순식간에 사라

직전 학기 12학점 이상 이수, 학점 평균 C학점 이상이어야 신청할 수 있다.

졌다.

코로나 이후에 알바가 대거 잘렸어요. 너네 내일부터 나오지 말라고 하루 전날 통보하고. 3개월 미만으로 일한 사람들이 주로 잘렸던 거 같아요.

보현 씨가 일하던 음식점은 상시 근로자가 5인 이상인 사업장으로 근로기준법상으로는 정당한 이유 없이 해고가 불가능했다. 하지만 코로나 앞에서 근로기준법은 무용했다. 남은 아르바이트 노동자들도 이전처럼 일할 수는 없었다. 매출 감소에 따른 적자를 메꾸기 위해 가장 먼저 삭감된 것은 아르바이트 노동자의 인건비였다.

남아 있는 알바들도 근무시간이 엄청 줄었어요. 풀타임으로 일주일에 하루 나가거나 몇 시간씩 나눠서 이틀 나가거나 그랬죠.

근무시간이 줄어들며 월급이 30, 40만 원밖에 안 되는 달도 있었다. 생계를 유지하기에는 턱없이 부족한 금액이었다. 생활비를 대출받고, 주변 사람들에게 돈을 빌려서 지내는 날들이 이어졌다. 보수가 더 많은 아르바이트를 구해 보려 했지만 마음대로 되진 않았다. 사람 구하는 곳 자체가 줄어들었을뿐더러, 트랜스젠더로서 새로운 일을 구할 때마다 겪을 고된 과정이 뻔히 그려졌기 때문이다.

보현 씨는 사회가 기대하는 두 가지 성역할 그 어디에도 속하지 않기를 선택한 사람이다. 아르바이트 지원서에 적힌 성별로 보현 씨를 규정하려 했던 이들은 모두 당황한 기색을 보였다. 보현 씨는 그럴 때마다 아무렇지 않은 척하려 애쓰지만 여기서 일은 못 하겠다고 생각한다. 이런 경험들 때문에 보현 씨는 한 번 얻은 일자리를 쉽게 떠나지 못했다.

서비스직에서 남자를 구한다, 여자를 구한다, 하면 바라는 젠더롤이 있잖아요. 근데 저는 어느 쪽에도 해당되지 않으니까. 면접 보고 떨어지면 내 젠더 수행 때문에 그런 건가, 이런 걱정 하느라 힘들었어요. 일 새로 구하는 게 어려울 걸 아니까 지금 일하는 곳이 힘들어도 쉽게 그만두지 못했고요.

2020년 국가인권위원회에서 진행한 「트랜스젠더 혐오·차별 실태 조사」에 따르면 구직 활동 경험이 있는 트랜스젠더 469명 중 268명(57.1퍼센트)이 성별 정체성과 관련해 구직 포기 경험이 있다고 응답했다. 구직 과정에서 외모와 말투 등이 남자·여자답지 못하다고 지적당하고, 성별 정체성에 대해 불필요한 질문을 받는 경우 또한 빈번했으며 성희롱 또는 성폭행 위험에도 노출돼 있었다. 트랜스젠더에 대한 차별은 보현 씨가 불안정한 생활을 혼자 감내하도록 만들었다.

── [건강과 맞바꾼 월급] ──

　　2020년 여름이 지나면서 가게 상황이 나아지기 시작했다. 아르바이트로 생계를 유지하기 때문에 적어도 일주일에 15시간은 일해야 한다는 부탁이 받아들여져 한 달에 70~80만 원의 월급은 받을 수 있게 됐다. 물론 여전히 빠듯했지만 학교를 휴학하면서 생긴 등록금 반환액으로 생활을 이어 나갈 수 있었다. 예측할 수 없는 코로나 상황에 따라 보현 씨의 삶도 계속해서 흔들렸다.

　　가게를 찾는 손님이 늘기 시작한 게 마냥 좋은 일도 아니었다. 사장은 이전에 일하던 사람들의 빈자리를 채우지 않았고, 남아 있는 사람들에게 두세 사람 몫을 요구했다. 두 사람이 각자의 자리에서 해야 할 일을 혼자서 하다 보니 주방 이곳저곳을 뛰어다녀야 했다. 고기를 직화로 굽는 덥고 습한 주방에서 마스크를 끼고 일하는 것도 고역이었다. 가만히 서 있기만 해도 땀이 줄줄 흐르는 곳에서 땀에 젖은 마스크는 숨 쉬는 것을 더 어렵게 만들었다.

　　손님이 줄어도 꼭 해야 하는 일들은 크게 바뀌지 않아요. 재료를 최소한으로 준비해 뒀다가 예상보다 손님이 많이 오면 그만큼 추가로 준비하느라 더 바쁘기도 하고요. 그게 손이 더 많이 가니까요. 손님은 점점 많아지는데 사람은 안 뽑고, 그렇게 일이 계속 힘드니까 새로 뽑은 사람들도 다시 나가고….

보현 씨를 가장 힘들게 한 것은 일하는 시간이 예측 불가능하다는 점이었다. 하루 8시간을 일하기로 한 날이어도 손님이 없으면 4시간만 일하고 집에 갔다. 매달 바뀌는 월급으로는 생활을 꾸리기 어려웠다. 주 15시간을 채우지 못하는 날에는 주휴 수당도 받을 수 없었고, 그렇게 빠지는 금액이 월급에 미치는 타격은 컸다. 분명 코로나 상황은 나아지고 있다는데 보현 씨의 삶은 도무지 나아지지 않았다.

1년반을 일하며 1년 동안 퇴사를 고민했다는 보현 씨는, 퇴직금으로 몇 달은 생활할 수 있겠다는 계산이 서면서 일을 그만뒀다. 퇴직을 결심하게 된 가장 큰 계기는 '건강'이다. 덥고 환기가 되지 않는 주방에서 아토피 증상이 점점 더 심해졌다. 불안정한 일자리는 정신 건강도, 생활의 질도 점점 떨어트렸다. 그만둘 때쯤엔 월급의 상당량이 피부과와 정신과 병원비로 나가고 있었다. 그렇게 2021년 3월, 아르바이트를 그만둔 보현 씨는 마지막 학기를 다니며 7년 만에 대학 졸업장을 딸 수 있었다.

──[코로나 블루]──

코로나 이후에 우울감이 되게 심해졌죠. 알바 스케줄 줄어들면서 집에만 있으니까 무기력해지고, 앞으로 무슨 일 해서 돈을 벌지 생각하면 우울하고….

코로나19가 보현 씨에게 남긴 것은 '불안'이었다. 경제가 안 좋아질 때 내가 가장 먼저 타격을 받을 수 있겠다는 불안함. 몇 백 조에 달한다는 코로나 긴급 지원금은 보현 씨에게까지 닿지 않았다. 코로나19를 겪고 나니 쉽게 잘리지 않는 일을 구해야겠다는 생각이 들면서 '나처럼 경력도 학위도 애매한 사람이 그게 가능할까?' 하는 고민이 찾아왔다.

보현 씨는 요즘 '내가 하고 싶은 것'과 '내가 할 수 있는 것' 사이에서 고민하고 있다. 어느 하나 쉽게 선택하지 못하는 것은 돈 때문이다. 학교를 다니며 생긴 빚만 3000만 원이 넘었다. 매 학기 등록금 350만 원에, 아르바이트를 할 수 없을 때마다 받았던 대학생 생활비 대출이 차곡차곡 쌓인 결과였다. 앞으로 취업을 준비하는 데 돈이 얼마나 더 들지, 그 돈을 어떻게 회수할 수 있을지 고민하다 보면 고민조차 포기하고 싶어졌다.

저는 아르바이트만으로도 생계를 유지할 수 있는 나라였으면 좋겠어요. 하루에 12시간씩 주 6일을 일해야 살 수 있다니 잔인하잖아요.

보현 씨는 "요즘 젊은 애들은 힘든 일 안 하려고 한다"는 등의 소리를 들으면 화가 난다. 덜 힘들게 할 수 있는 일들도 인건비를 아끼느라 힘들게 만드는 경우를 많이 봤고, 힘든 일로 인해 아픈 몸에 대해서는 그 누구도 책임지지 않는 것을 몸소 경험했기 때문이다. 코로나19는 모두에게 재난이었지만, 사회가 함께 감당해야 할 피해를 오롯이 혼자 감당해야 했던 사람들이 여기에 있었다. 어려움은 항상 보현 씨와 같은 '규격 바깥의 사람'에게 전담되어 왔음이 코로나로 인해 더욱 선명하게 드러났다.

──────[카페 아르바이트 수진 씨]──────

수진 씨(25)는 2020년 7월, 집에서 가까운 대형 카페에 아르바이트 노동자로 취직했다. 처음 일을 구할 때에는 카페에서 1년 동안 일을 하고, 퇴직금을 받은 뒤 취업 준비에 더 전념해야겠다는 계획을 세웠다. 하지만 수진 씨가 입사한 후 얼마 되지 않아 규정이 바뀌었다. 퇴직금을 지급하지 않기 위해 아르바이트 노동자는 9개월까지만 일할 수 있게 된 것이다. 규정이 바뀌자마자 수진 씨와 함께 일하던 동료가 해고됐다. 최소 1년 이상 일하겠다고 구두로 약속한 후 입사한 사람이었다.

이게 코로나 때문인지 뭔지는 모르겠는데, 회사가 점점 일하는 사람한테 안 좋게 변했어요. 계약 기간도 마음대로 바꾸고, 일하는 시간도 갑자기 줄여 버리고. 처음엔 복지가 잘돼 있다고 해서 들어왔는데 좀 속은 기분이죠.

일을 시작한 지 한 달이 되지 않았을 무렵, 새로운 거리 두기 방안이 시행되면서 카페에서 음료를 취식하는 것이 불가능해졌다. 이는 곧 아르바이트 노동자들이 필요 없어졌음을 의미했다. 수진 씨는 갑작스럽게 2주간 나오지 말라는 이야기를 들었다.+

그때는 뭐 잠깐이겠거니 하고 알겠다고 했어요. 근데 이게 계속 이어지더라고요. 일주일 나가고 2주 쉬었다가 일주일 나가고, 이러는 게. 거리 두기가 완화돼도 매출에 타격이 있어서인지 알바는 출근시키지 않았어요. 거리 두기 바뀐 뒤로는 직원 두세 명이서만 일했다고 하더라고요. 여기가 매장도 2층까지 있고, 간단한 음식 메뉴도 팔고 해서 엄청 힘들었을 거예요.

+ 수진 씨가 일하던 카페는 상시 근로자가 5인 미만인 사업장으로, 근로기준법이 적용되지 않는 곳이었다. 이는 휴업수당을 줄 의무가 없으며 일방적으로 해고를 통보할 수 있다는 의미이기도 하다.

수진 씨가 10월에 받은 돈은 10만 원. 다른 아르바이트를 구하려고 해도 사람 구하는 곳이 없었다. 다행히 '청년 수당'으로 알려진 청년 구직 활동 지원금+을 받아서 급한 대로 생활을 이어 갈 순 있었다. 그러나 임시방편이었을 뿐, 여전히 불안정한 일자리는 수진 씨의 큰 고민거리였다.

쉴 때 쿠팡 물류센터 같은 단기 알바를 다닐까도 생각했는데, 코로나가 걱정돼서 포기했어요. 괜히 갔다가 확진되면 다른 알바를 못 할 수도 있다는 게 무서웠어요.

계속해서 출근과 무급휴직이 반복됐다. 카페에서 일을 시작한 지도 6개월이 돼 가는데, 그동안 받은 돈을 모두 합쳐도 200만 원이 넘지 않았다. 이런 식으로 3개월을 더 해봤자 살 수 없겠다는 생각에 그 역시 카페를 그만뒀다. 이후 다행히 예전에 면접을 봤던 일식집에서 평일 점심 아르바이트를 구한다는 연락을 받았다.

새로 구한 아르바이트는 전에 일하던 곳들에 비해 시급이 높았다. 처음 일을 시작할 때에는 9100원을 받았고++ 네

+ 취업을 준비하는 만 18~34세 청년에게 월 50만 원을 최대 6개월 동안 지원하는 정책이다. 미취업자 가운데 대학을 졸업·중퇴한 지 2년 이내이고 기준 중위소득 120퍼센트 이하여야 신청 가능하다.
++ 2021년 최저임금은 8720원이다.

달 뒤에는 1만 원까지 시급을 올려 받을 수 있었다. 일주일에 17.5시간 일하고 84만 원. 이전에 하던 카페 일에 비하면 안정적인 편이었다. 그러나 여기에는 다른 문제가 있었다.

가게에서 사장 다음으로 지위가 높은 주방실장이 전형적인 성차별주의자였다. 손님들의 외모 평가, 몸매 평가는 일상이었고 함께 일하는 사람들에게도 "여자는 이래야지" "남자는 이래야지" 하는 조언들을 늘어놓았다. 수진 씨는 이런 대화가 부담스러워 여러 번 피했으나, 주방 실장은 웃으면서 하는 거절을 거절로 받아들이지 않는 듯했다.

하루는 출근길 버스 정류장에서 그 아저씨를 마주쳤어요. 차를 타고 가는데 태워 주겠다고 그러더라고요. 괜찮다고 그랬는데도 계속 태워 준다고 해서 그냥 금방 가겠지 싶어서 탔어요. 그렇게 차를 타고 가며 얘기를 하던 중 갑자기 내 허벅지를 스치듯 만졌어요. 당황스러워서 아무렇지 않은 척했지만 기분이 진짜 더럽고, 너무 싫고…. 그 일 있고 나서 얼마나 시간을 되돌리고 싶었는지 몰라요. 계속 우울해지고, 그때 내가 왜 탄다고 했지, 계속 후회만 하게 되고. 분명 내 잘못이 아닌데 내가 왜 아무 말도 못 했는지 자책하게 되니까 너무 힘들었어요.

하지만 당장 일을 그만둘 순 없었다. 여기만큼 월급을 주는 곳을 구하기도 힘들뿐더러 요즘에는 아르바이트 자리

자체가 없다는 것을 잘 알고 있었기 때문이다. 수진 씨와 함께 일하던 동료는 거리 두기 단계가 강화되며 근무시간이 줄어들었다. 수진 씨가 작년에 카페에서 겪은 상황과 같은 일을 겪은 것이다. 그만큼 수진 씨의 노동강도는 높아졌다.

    매출이 줄었다고 해도 점심시간 직장인들의 방문은 이전과 비슷했기 때문에, 수진 씨는 이전보다 두 배 더 빠르게 움직여야 했다. 한 테이블의 주문을 받고 있으면 다른 테이블의 음식이 나왔다. 방금 받은 주문 내용을 포스기에 입력하기도 전에 다른 손님들이 계산을 해달라고 했다. 늦어지는 음식에 손님들의 짜증을 감당해야 하는 것도 수진 씨 몫이었다. "잠시만 기다려 주세요." 수진 씨의 입에선 이 말이 떠나지 않았다.

──────[코로나 1년의 공백]──────

    2021년 9월, 결국 수진 씨는 일을 그만뒀다. 저울질해야 할 것들이 많았다. 이곳에서 벌 수 있는 월급과 아르바이트를 하느라 소비되는 시간을 비교해 봤다. 오전에는 일을 하고, 오후에는 취업을 위한 공부를 해야 하는데 체력이 받쳐주지 않았다. 이런저런 고민 끝에 결국 그만두길 선택한 건 사람 때문이었다. 성차별적 발언, 성희롱과 다름없는 추근거

림을 더 이상 견딜 수 없었다.

　수진 씨는 주말에만 하는 아르바이트를 구했다. 새벽 6시반에 오픈해 오후 1시까지 일하는 빵집이었다. 월급을 포기하고 평일엔 취업 준비에 더 공을 들여야겠다고 생각했다. 아르바이트를 하느라 시간을 이렇게 보내는 것이 취업에 불리하게 작용할까 봐 불안했다.＋

　2020년 2월에 졸업하고, 1년반 동안 취업을 준비했어요. 그냥 다들 이 정도 걸리겠거니 생각했어요. 요즘 다들 취업하는 데 오래 걸리니까요. 내가 나이가 많다거나 초조하다거나 이렇게까지 생각해 본 적은 없었는데, 2021년 여름에 면접을 본 회사에서 그동안 뭐했냐고 묻더라고요. 학교 졸업하고 지금까지 뭐했냐고, 졸업한 지 1년밖에 안 됐는데 "경력이 하나도 없네요" 이러더라고요.

　수진 씨는 사무직 취업 대신에 음식점이나 카페 직원으로 일하는 것도 고민해 봤다. 아르바이트를 계속해 온 만큼, 잘할 수 있는 일이라고 생각했다. 하지만 부모님의 시선 때

　＋ 수진 씨는 이 빵집도 한 달 만에 그만두게 됐다. 근로계약서를 작성하며 공고에 비해 적은 시급을 지급하겠다고 했기 때문이다. 수진 씨는 한 달치 시급을 받고 나와 지금은 물류센터에서 물건을 분류하고 포장하는 일일 아르바이트와 콜센터 단기 아르바이트를 하고 있다.

문에 쉽게 선택할 수 없었다. 부모님에게 이런 생각을 털어 놓기도 했지만 "네가 뭐가 부족해서 그런 일을 하냐"라는 대답이 돌아왔다. 몸 쓰는 일만은 절대 안 된다는 엄마의 만류에 수진 씨는 다시 말을 꺼낼 수 없었다.

몸으로 일하는 직업에 대해서 주변 시선이 너무 안 좋은데… 어차피 누군가는 해야 할 일이잖아요. 좋은 기업에 들어가서 돈 많이 버는 것만 취업이 아니고 자기가 원하는 일을 하는 게 취업인데, 그걸 왜 실패라고 보는지 모르겠어요.

수진 씨는 다시 '제대로 된' 취업을 위해 시험공부를 하러 다녔다. 당장 줄어든 월급으로 생활비를 어떻게 감당할지 고민하는 것 말고도 어떤 삶이 실패하지 않은 삶인지, 연봉을 얼마나 받아야 제대로 된 취업인지, 고민은 자꾸 늘어났다. 사회에서 규정해 놓은 답안들은 많았지만 수진 씨 마음에 드는 것은 없었다.

──[자기만의 삶]──

아르바이트 노동자가 임금노동 시장에서 차지하는 비율은 계속해서 증가하고 있다.+ 코로나19 이후 아르바이트를 두는 것이 직원을 고용하는 것보다 위기에 대처하기 편리하다는 이유로 일자리를 쪼개는 경우도 늘어났다. 아르바이트 노동자는 쉽게 해고해도 괜찮다고 생각하기 때문이다. 이런 판단에는 '사람'에 대한 고려가 없다. 아르바이트를 '용돈벌이'로, '불완전 노동'으로 여기는 인식은, 해고당한 사람들이 돈을 벌지 않아도 큰 문제는 없을 것이라고 쉽게 생각하도록 만든다.

물론 이는 엄연한 착각이다. 2020년, 알바몬에서 진행한 「프리터족 현황」 설문 조사에 따르면 최근 1년 이내에 아르바이트를 한 경험이 있는 2500여 명 중 42.4퍼센트가 생계유지를 위한 일이라고 답했다. 그들에게는 모두 저마다의 사정이 있다. 보현 씨처럼 원가족에서 벗어나기를 선택했기 때문일 수도, 수진 씨처럼 원가족과 살더라도 생활비를 직접 벌어야 하기 때문일 수도 있다. 중요한 것은 이들이 '자기 인생'을 살고 있다는 점이다.

아르바이트 노동자를 보통 잠깐 스쳐 지나가는 사람들이라고 생각해서 인격적으로 무시하거나 쉽게 대하는 경우가 많은데, 그 사람들도 다 자기 인생을 살고 있는 거잖아요. 그런

+ 통계청 조사에 따르면 2021년 8월, 노동시간이 주 15시간 미만인 초단시간 노동자는 160만 명을 기록했다. 이는 관련 통계 작성 이후 역대 최대 규모다.

걸 존중해 줬으면 좋겠어요.

보현 씨, 수진 씨는 모두 각자의 삶이 뚜렷한 사람들이었다. 아르바이트 노동에 대해서 이야기하다가도, 문득 튀어나오는 자기만의 삶의 모습들이 있었다. 그림 그리기를 좋아하는, 기후 위기를 걱정하는, 월급이 줄어들기 전에는 인권단체를 후원했던, 그런 삶들. 하지만 코로나로 인해 일자리가 불안정해지며 일상의 많은 부분들을 덜어 내야만 했다.

개인의 이야기를 궁금해 하지 않을 때 우리는 사람들을 쉽게 판단하고 지나치게 된다. 아르바이트 노동자들의 임금이 '용돈'으로 취급될 때 이들을 쉽게 해고할 수 있는 것과 같다. 그렇게 잊힌 사람들은 오늘도 재난의 위험부담을 홀로 감수하고 있다. 우리 사회가 이들에게 모든 것을 떠넘긴 덕분에 코로나를 버텨 낼 수 있었다는 것을, 여전히 경계 안의 사람들만 모른다.

나의 무해함을 증명합니다

원어민 강사의 일

정윤영

끝이 보이지 않는 터널이었다. 누군들 이렇게 길 줄 알았을까? 터널은 어두웠고 어느 쪽을 향해 도와 달라고 소리쳐야 할지 방향조차 잡을 수 없었다. 터널을 비추는 조명도 하나둘 꺼져 가고 비상 전화는 먹통이다. 그래도 삶은 계속됐다. 다만 살아남는 건 각자의 몫이었다.

바쁘게 돌아가던 학원이 문을 닫았다. 파트타임으로 일하던 강사들이 먼저 떠났다. 동료들이 하나씩 그만둘 때마다 조명이 하나씩 꺼지는 것 같았다. 길은 더 어두워졌고 끝은 더 멀어졌다. 프리랜서 강사들에게 긴급재난지원금을 준다고 했지만 '긴급'이라는 이름과 달리 심사가 까다로웠고 지원금이 나올 때까지 버틸 수 있는 사람은 많지 않았다.

월급을 받지 못한 지 몇 달이 지났지만 지원금은 까마득했다. "그냥 숨만 쉬고 있는 느낌"이었고 그 시간이 불안하기만 했다. 강사들은 "평생 해왔던" 일, "가장 잘하는" 일을 그만둬야 했다. 어떻게든 버티며 남기를 선택한 강사들도 아침엔 택송 기사, 오후엔 배달, 밤엔 대리 일을 하며 부족한 월급을 메웠다.

——[코로나 이후, 나만 남았다]——

　　제임스는 경기도에 있는 영어학원 유치부에서 원어민 회화 강사로 일한다. 코로나 전까지만 해도 수업은 하루 10개 가까이 개설되었고 일하는 전임강사도 일곱 명에 달했다. 코로나가 시작되고 학생이 눈에 띄게 줄어들면서 수업은 기껏해야 하루 두세 개로 줄었고, 월급도 같이 줄어들었다. 월급을 받지 못한 강사들은 버티지 못하고 하나둘씩 학원을 떠났다. 서너 달이 지나자 모두 떠나고 남은 강사는 제임스 한 명뿐이었다.

　　혼자 남은 제임스는 남은 수업을 전부 도맡았다. 코로나 유행 초기에는 수업이 정말 없었다. 오후에 출근해서 몇 시간 있다 퇴근할 때도 많았다. 한 달 정도 그러다 원래대로 수업이 개설되기 시작했다. 그렇다고 학생들이 모두 돌아온 건 아니었다. 원장은 학부모들에게 텅 빈 교실을 보여 주고 싶지 않아 했다. 이해할 수 없는 엉터리 수업이 시작됐다. 오전 9시부터 저녁 7시까지 시간표가 빈틈없이 채워졌다. 원장은 시간표에 공란이 있는 걸 못 견뎠고 어떻게든 공강을 없앴다. 학생이 한 명만 돼도 수업을 했고, 학생이 많은 것처럼 보이려고 한 반에 몰아넣고 수업을 하기도 했다. 학년도 학업 수준도 다른 아이들이 같이 수업을 하다 보니 엉망진창이 되기 일쑤였다. 아이들은 서로 성적을 비교하며 자기보다 성적이 낮은 아이를 놀려 댔고, 놀림을 받은 아이들은 울음을 터뜨리거나 싸움을 걸기도 했다. 울고 싶은 건 강사도 마찬가지. 이 난리 법석을 통제할 재간이 없었고, 이런 수업이 무슨 효과가 있나 답답했다. 원장에게 몇 번이나 하소연했지만 소용없었다. 원장에게는 학생이 많아 보이는 게 중요했기 때문이다. 강의실 내 학생 간 간격을 확보해야 한다는 등의 구체적인 방역 지침이 생기기 전까지 이런 보여주기식 수업은 계속됐다.

누구는 코로나로 일자리를 잃었고, 운 좋게(?) 살아남은 누군가는 일이 너무 많았다. 일곱 명이 하던 수업을 혼자 떠맡다 보니 10개 수업을 연달아 하면서 쉬는 시간조차 사라졌다. 파트타임 강사가 새로 들어오긴 했지만 제임스의 노동시간은 줄지 않았다. 점심시간 한 시간도 실은 업무 시간과 다름없었다. 5~7세 아이들의 경우 먹는 걸 챙기고 식사를 마칠 때까지 돌봐 줘야 하는데, 다음 수업 준비까지 하고 나면 남는 시간은 20분도 되지 않았다.

아이들한테는 미안하지만 '네버엔딩 스케줄' 때문에 졸 때도 있었다. 하지만 학생이 더 줄어들까 봐 전전긍긍하는 원장을 보면 힘들다는 말조차 꺼내기 어려웠다. 해고보다는 과로가 나았으니까.

제임스에게는 선택의 여지가 없었다. 그가 받은 비자는 E2 비자로 자신의 모국어로 회화를 가르치는 것밖에는 할 수 없는데다 수업과 관련해서도 선택권이 거의 없었다. 하루에 수업을 몇 개나 할지, 몇 학년을 담당할지, 수업 시간표는 모두 원장이 정해 준 대로 따랐다. 괜히 원장에게 밉보였다가는 재계약을 못 하거나 이직 추천서를 제대로 받지 못할 수 있다.

70명이 넘던 학생이 팬데믹 시작 이후 세 달 만에 절반 가까이 줄었다. 여름이 지나면서 점차 회복되긴 했지만 예전만큼은 아니었다. 부모의 실직이나 수입 감소로 학원을 그만두는 경우가 많았고, 경제적 어려움을 호소하며 학원비를 할인해 달라는 이들도 있었다. 학생이 줄어들까 봐 불안한 원장은 그 요구를 뿌리치지 못하고 학원비나 교재비, 교통비를 지원해 주었다. 하지만 이는 제임스의 월급을 삭감하는 구실이 됐다.

코로나라고 수업이 줄지는 않았는데 월급은 줄었어요. 코로나 전에는 업계 평균 수준이었는데 지금은 놀랄 만큼 줄었어요. 처음에는 절반 정도 깎였고 (2020년) 4월부터 3개월 정도는 아예 월급을 못 받았어요. 그때 강사들이 거의 다 그만뒀고요. 7월부터 월급을 받기 시작했는데, 원래대로 받기까지 6개월이 더 걸렸어요. 원장은 볼 때마다 제가 운이 좋은 거라고 하더라고요.

수업이 많지 않던 시기에도 매일 출근했고, 두세 시간 온라인으로도 수업을 했다. 그런데도 월급을 전혀 받지 못한 기간이 세 달이나 됐다. E2 비자였기 때문에 다른 강사들처럼 단기간 아르바이트나 배달 일을 구하기도 어려웠다. 그 세 달은 어떻게 버텼을까.

정말 힘들었어요. 먹는 데 말고는 돈을 쓸 수가 없었어요. 외식은 전혀 못 했고 한동안은 외출도 어려워서 집에만 있었어요. 카페 가는 건 정말 사치고요. 기간이 길어지니까 점점 더 싼 생필품, 더 싼 음식을 찾았죠. 종종 굶을 때도 있었고요. 계절 바뀌는 게 걱정되더라고요. 겨울옷은 더 비싸잖아요.

돈이 없어서 더 싼 음식을 찾고 계절에 맞지 않는 옷을 입은 자신을 볼 때마다, 사람들에게 왜 제대로 된 옷을 입지 않느냐는 말을 들을 때마다 자꾸만 움츠러들었다. 스스로를 돌보지 못한다는 느낌이 들었고, 가만히 집에만 있는 시간이 많아졌다. 취미로 하던 밴드 활동이나 크고 작은 계획들도 흐지부지되었다. 정기적으로 받던 치과 치료도 중단했다. 코로나가 터지기 얼마 전, 길거리에서 시비가 붙은 취객들을 말리는 과정에서 폭행을 당했고, 그 때문에 이가 부러졌다. 취객은 도망갔고, 치료비는 그의 몫이 되었다. 그러나 먹을 것도 없어서 굶는 지경에 치과 치료를 할 엄두가 나지 않았다. 강사에게 외모가 얼마나 중요한지는 잘 알고 있었지만 방법이 없었다.

2020년 5월부터 8월까지 대한민국 정부는 전 국민에게 1차 재난지원금을 지급했다. 뉴스에서는 첫 지원금을 받고 사람들이 외식을 많이 했고, 안경을 많이 맞췄다고 했다. 하지만 그는 대한민국 국민이 아니었다. 그는 경기도민에서도 제외됐다. 경기도는 광역자치단체 중에서 처음으로 재난지원금 대상에 외국인을 포함했지만, 영주권자와 결혼 이민자에 한정돼 있었기 때문이다. 국가인권위원회의 시정 권고+로 이듬해인 2021년 4월, 경기도가 외국인을 포함해 모든 도민에게 재난지원금을 지급하기로 하면서 제임스는 그제야 경기도민으로서 10만 원을 받을 수 있었다. 하지만 그해 10월에 지급된 재난지원금은 받지 못했다. 이번에도 영주권자와 결혼 이민자만 포함됐기 때문이다.

처음이자 마지막으로 받은 지원금 10만 원은 모두 식료품을 사는 데 썼다. 우유와 참치캔 몇 개가 전부였는데, 그마저도 석연치 않았다. 젊은 정치인이 외국인에게 지원금을 주면 안 된다고 인터뷰한 기사를 본 뒤부터였다.

우리도 세금 많이 내요. 지원금은 10만 원이 전부였어요. 더 준다고 해도 한국 사람들이 받아들이지 않을 걸요. 세금이라는 게 모든 사람을 위해서 쓰이는 건데, 난 모든 사람에 포함

+ 서울시와 경기도에서 발표한 '재난 긴급 생활비'와 '재난기본소득' 지급 대상에서 외국인 주민이 포함되지 않은 것과 관련해 국가인권위원회는 "합리적 이유 없는 차별로 평등권 침해"에 해당한다며 2020년 5월, 대책 개선을 권고했다.

되지 않는 것 같아요.

제임스는 자주 소외감을 느꼈다. 재난 문자가 울릴 때마다 그랬고 마스크 대란 때도 그랬다. 2020년 3월부터 7월까지 마스크 5부제가 시행되면서 국내에 체류 중인 외국인의 경우 외국인등록증을 제시해야 마스크 구매가 가능했다.+ 매번 외국인등록증을 보여 주고 마스크를 받을 때마다 그는 불청객이 된 것 같았다. 재난 문자를 받을 때는 완전히 이방인이었다. 선제 검사 결과나 백신 정보와 관련해 정부에서 보내 주는 문자는 모두 한국어로 되어 있었기 때문에 번역기를 돌리는 수밖에 없었다. 알림은 계속 울려 대는데 무슨 내용인지 알 수 없어 답답하고 불안했다. 한국어를 쓰지 않는 이주민은 도움을 얻는 데도 한계가 있었다. 그때마다 그는 고립감을 느꼈고 또 한 번 자신이 '모든 사람' 안에 포함되지 않음을 절감했다.

+ 3월 초 한동안은 외국인등록증뿐만 아니라 건강보험 가입 여부도 따졌다.

─────[아무렇지 않게 던지는 말과 시선들]─────

한국에 사는 이주민으로서 느끼는 불만을 얘기하면 대부분 반응은 하나다. "근데 왜 고국으로 돌아가지 않나요?" 어떤 사람은 위로를 건네듯, 또 누군가는 해결책을 제시하는 듯, 더러는 정말 순수하게 궁금해서 묻는 사람도 있지만, 대부분은 따지듯 무례하게 묻는다. 물론 본국으로 돌아간 이들도 있다. 코로나 때문에 해고돼 추방된 경우도 있고, 취업이 어려워 돌아가기도 한다. 하지만 대부분은 한국에 머물고 싶어 한다. 그가 무리한 수업 요구를 받아들인 것 역시 한국에서 계속 일하고 싶기 때문이다. 코로나 이후에 본국으로 가는 대신 온라인 수업으로 전환한 강사들이 많았다. 물론 제임스도 그러고 싶었다. 할 수만 있다면 온라인 강사가 됐을 것이다. 이력서 한 번 내보지 않은 건 결과가 뻔했기 때문이다.

온라인 수업 강사는 대부분이 미국인이나 영국인이에요. 경력이나 학력은 그다지 중요하지 않아요. 학원 시장에선 외모랑 나이, 국적과 성별이 중요해요. 나는 한국 사람들이 선호하는 국적이 아니기 때문에 인기가 없어요. 학부모들이 국적을 중요하게 생각해서 예전 원장은 나한테 영국 출신이라고 거짓말하라고, 영국식 발음을 쓰라고도 했어요. 한국 사람들은 미국이나 영국 출신 강사만 제대로 된 영어를 가르칠 수 있다고 생각해요. 거짓말 같죠? 정말 그래요.

큰 키에 금발 머리, 푸른빛이 도는 갈색 눈을 가진 백인 남성인 그가 남아공에서 왔다고 밝히고 나면 모두 태도가 달라졌다. 가장 많이 듣는 말은 왜 한국에 왔느냐, 어떻게 왔냐는 말이었다. 어색해 하는 눈빛과 불편해 보이는 표정에서 전달되는 메시지는 또렷했다. 미국 출신 백인에게는 여기 왜 왔냐는 물음 대신 환영한다는 말을 건넨다는 걸 알고 있었다. 차별의 시선은 코로나 이전에도 흔했다. "거긴 가난한 나라잖아." "제대로 된 일자리가 없어서 왔지?" 처음에는 이해조차 어려웠지만 이런 무례와 차별에도 그럭저럭 적응하게 됐다. 하지만 코로나 이후 차별과 혐오는 더 노골적이 되었다.

"너 손 씻었어?" 동료 강사가 대뜸 물었다.

"마스크도 잘 쓰고 손도 너만큼 자주 씻어." 불쾌했지만 애써 침착하게 답해 주었다.

"외국인들은 좀 비위생적이라 코로나에 잘 걸리잖아. 위험한 것 같아."

"길에서 마스크 내리고 담배 피고 침 뱉는 사람들은 거의 한국 사람이던데? 넌 마스크 안 쓰는 외국인을 어디서 봤어?"

"기사에 많이 나오던데. 유튜브에도 많이 나오고."

더는 할 수 있는 말이 없었다. 아무렇지도 않은 표정으로 외국인에 대한 혐오 발언을 내뱉는 것도, 잘못된 정보를 그대로 믿어 버리는 것도 어떻게 받아들여야 할지 당황스럽기만 했다. 이들은 코로나 이전에도 나를 이렇게 생각하고 있던 걸까?

    2020년 5월 이태원 클럽에서 확진자가 나온 뒤, 차별은 더 심각해졌다. 언론에서는 자극적인 제목을 단 기사들이 쏟아졌고 그 여파는 강력했다. 클럽에 가지 않은 제임스도 황금연휴 동선을 보고하고 선제 검사를 받아야 했다. 학부모들이 원한다며 원장이 요청했기 때문이다. 학부모들은 외국인 강사가 이태원에 갔는지 여러 차례 확인했고, 급기야 "선생님 게이에요?"라고 묻기도 했다. 그게 차별이라는 생각조차 못 하는 것 같았다.

    사람들의 시선은 충분히 적대적이었고 길거리에서 시비 거는 사람도 많아졌다. 마스크가 조금만 내려와도 다짜고짜 다가와 얼굴에 삿대질을 하며 욕설을 퍼부었다. 편의점 앞에서 동료와 음료수를 마시는 것만으로도 신고를 당했다. 마스크를 제대로 쓰지 않았고 여러 명이 모였다는 이유였다. 집으로 돌아오는 길, 공원은 마스크를 벗은 채 술을 마시고 담배를 피우는 사람들로 북적였다. 그들에게 삿대질을 하거나 신고하는 사람은 없었다. 그들은 한국인이니까. 원장의 요구도 화가 날 정도로 까다로워졌다. 여행을 금지했고, 다른 지역에 갈 일이 생길 경우엔 동선을 세세하게 보고하도록 했다. 그렇지 않으면 벌금을 매기거나 해고를 하기도 했는데, 한국인 강사는 늘 예외였다.

    2020년 말, 인도에서 시작된 델타 변이 바이러스가 남아공까지 확산됐다는 뉴스가 나왔다. 남아공에 대한 비자 발급이 중단됐고, 학원에서도 남아공 출신은 받아 주지 않았다. 남아공을 떠난 지 10년이 넘었고, 계속 한국에서만 살아온 제임스도 두려움의 대상이 됐다. 감염된 것 아니냐는 의심을 받았고 바이러스를 퍼뜨린 거 아니냐는 비난의 말을 들어야 했다. 남아공 출신이라는 이유로 "루저" 취급을 받던 그는 이제 바이러스를 퍼뜨리는 감염원이 된 것 같았다.

남아공 사람들은 차별에 민감해요. 우린 아파르트헤이트를 바꾼 경험이 있기 때문에 차별적인 상황이 생기면 참지 않아요. 그런데 한국에선 그게 안 돼요. 차별 금지와 관련된 제도가 아예 없어요. 우리가 할 수 있는 거라곤 남아공 커뮤니티에서 같이 공분하고 위로해 주는 게 다예요. 어떻게 남아공 출신자라고 해서 무작정 감염자라고 생각하는지 모르겠어요. 이건 명백히 인종차별이고 혐오예요.

──[성 밖의 사람]──

2021년 3월, 선별 검사 행정명령으로 그의 불만은 극도의 불안으로 바뀌었다. 선제 검사를 받으라는 요구를 이해 못 하는 건 아니었다. 하지만 외국인만 검사를 받아야 한다는 건 이해할 수 없었다. 외국인이 한국인을 감염시키지 않을 무해한 사람이라는 사실을 증명하라는 것이었다.+

확진 판정을 받으면 본국으로 추방된다는 소문이 돌기 시작하면서 제임스의 불안은 극에 달했다. 확진을 받으면 학원에서 해고될 것이고, 그러면 비자를 잃게 돼 2주 안에 무조건 한국을 떠나야 한다. 추방당할지도 모른다는 생각이 떠나질 않았다. 추방이 현실이 될 것만 같았고 이 상황을 받아들일 자신이 없었다. 잠을 자는 동안에만 생각을 멈출 수 있었기에 종일 침대에 누워 있었다. 방치되어 어질러진 집이 마치 자기 자신처럼 느껴졌다. 어떻게 해야 일상으로 돌아갈 수 있을지 엄두가 나지 않았다.

한국에 살며 경력을 쌓은 지도 10년이 넘었다. 매년 갱신하는 비자도 복잡하긴 했지만 받지 못한 적은 없었다. 추방을 걱정해 본 적은 없었다. 그런데 왜 그토록 불안했던 걸까.

학원은 미국 출신의 젊은 여성을 선호해요. 내가 경력이 많

+ 서울시와 경기도는 2021년 3월 17일, 외국인 노동자에 대한 코로나19 선제 검사를 의무화하는 행정명령을 내렸다. 외국인 노동자는 물론 그 사업주와 미등록 외국인까지 검사 대상이었으며, 검사를 받지 않으면 과태료가 부과됐다. 방역 당국은 설 연휴 이후 외국인 노동자 확진자가 2배 이상 증가한 데 따른 불가피한 조치라고 설명하면서도 인권 침해 요소를 인정하고 서울시에 행정명령 철회를 요청했고, 서울시는 이틀 만에 검사 의무화를 '권고'로 변경했다.

고 한국에 오래 산 건 중요하지 않아요. 그래서 한국에 계속 머물 수 있을까 하는 불안이 원래도 있었죠. 이런 얘기를 하면 사람들은 "너희 나라로 가" 하는데, 한국에 있고 싶거든요. 본국을 떠난 지 너무 오래됐고 마흔이 훨씬 넘었어요. 새로운 걸 시작하기 어렵죠.

내가 외국인인 게 문제처럼 느껴질 때가 많아요. 사람들이 하는 차별적인 말을 미디어에서 퍼뜨리는 걸 자주 봐요. 그럼 미디어에 나온 내용을 근거로 차별에 힘이 실리죠. 차별과 혐오를 주고받으면서 권력도 주고받는데, 중세 시대에 성을 지키는 방식과 비슷해요. 성벽 안에 있는 사람들이 밖에 돌을 던져서 안으로 들어오려는 사람을 막잖아요. 물론 나는 성 밖에 있고요. 사람들이 나를 성 밖의 사람으로 여기는 게 느껴져요. 코로나 이후에 더 심해졌어요. 이제 성 밖에 있는 사람들은 아주 쉽게 의심받고 감시의 대상이 돼요. "나는 한국인이니까" 하는 말도 그렇고 내가 마스크를 언제 벗나 지켜보는 눈빛도 그렇고. 경계하고 선을 그으며 던지는 말들은 늘 긴장되고 불쾌해요. 타인을 구분 짓고 차별하는 게 근거가 없다는 얘기를 꼭 하고 싶어요. 차별이 팬데믹 상황을 더 악화시킨다는 것도요.

한국에 오기 전에 그가 알고 있던 정보라고는 인터넷에서 얻은 게 전부였다. 한국은 IT 강국으로 유명했고, 교육열로도 유명했다. 교육 수준이 높아 사람들이 모두 똑똑하다는 얘기도 많이 들었다. 물론 이민자로서 어려움이 있을 것이라 예상은 했지만, 이런 차별을 겪게 될 줄은 몰랐다. '고도로 발달된 진보적인' 나라에서 겪는 차별들은 믿을 수 없을 정도로 보수적이고 전근대적이었다. 마치 "원시 공룡을 만난 것 같은 느낌"이 들 정도라고 그는 말했다. 그럴 때면 성 밖에 있어도 갇힌 것 같은 기분이었다. 손을 내밀 만한 곳은 없었다. 친절하고 상냥한 사람들도 있었지만 체불임금이나 차별의 말들을 어쩌지는 못했다.

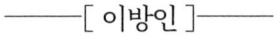

──[이방인]──

제임스는 차별을 만드는 편견들에 대해 이야기하고 싶어 했다. 대부분의 이주민은 한국에 사는 주민으로서 이곳 시스템에 잘 따르며 산다. 그도 그런 사람 가운데 하나였다. 그는 이곳을 떠나서 살기는 힘들 것 같다는 생각을 늘 한다. 여기가 익숙한 곳이고 터전이 됐으니까. 자신을 드러내는 게 내키지 않으면서도 인터뷰에 나선 건 그 터전을 잃고 싶지 않은 마음에서였다.

우리는 마스크를 쓴 채 서로 다른 언어를 썼다. 서로의 말이 적절하게 통역되는지, 충분히 이해가 됐는지 확인해 가며 이야기를 주고받았다. 그는 원래 말이 많고 빠른 편이었지만 자신의 상황을 상대방이 알아듣기 쉽게 천천히 전하려고 노력했는데, 그런 노력에도 어느 순간 알아들을 수 없을 정도로 속도가 빨라질 때가 많았다. 할 얘기가 많은 것 같았고 쏟아지는 말들을 어찌할 수 없어 보였다. 말이 길어지고 빨라질 때마다 그가 쏟아 낸 말들은 차별에 관한 것들이었다.

인터뷰를 한 건 코로나가 터지고 일 년이 한참 넘은 2021년 7월이었다. 그 이후로도 확진자 수가 오르락내리락하며 여러 차례 방역 수칙이 바뀌었다. 그러는 사이 백신이 나왔고 일상을 회복한다며 '위드 코로나'가 시행되었다. 마스크뿐만 아니라 방역 패스와 선제 검사가 일상이 되었고, 제임스도 새로운 일상에 적응해 갔다.

다행히 아직까지 그는 코로나에 감염되지 않았고, 별 탈 없이 일상을 회복해 가고 있다. 어떻게든 살아지긴 살아졌다. 사람들을 다시 만나기 시작했고 취미인 기타를 치러 나가기도 한다. 월급이 오르지는 않았지만 줄어들지도 않았고, 해고될까 혹은 추방될까 두려웠던 마음도 지금은 많이 사라졌다.

그러나 이 원고를 몇 달 만에 다시 읽으면서 그는 많이 힘들어했다. 코로나 위기를 거치며 적나라하게 드러난 것들, 이를테면 언제든 일자리를 잃을 수 있고, 해고되면 추방당할 수 있으며, 통제에 복종해야 하고, 이유 없는 비난과 미움에도 침묵해야 했던 삶들이 떠올랐기 때문이다. 이제 끼니 걱정하는 일은 없고 전처럼 대놓고 시비 거는 사람도 없지만,

그때 들었던 차별의 말들과 경계하는 눈빛들은 좀체 사라지지 않았다. 그때의 감정들은 고스란히 남아 자신이 '이방인'이라는 사실을 지금도 종종 일깨운다.

우리가 일터에서 만난다는 것

장애인 보호작업장에서의 일

정창조

네 명에게 인터뷰를 요청했고 모두 거절당했다. 이번만이 아니다. 이전에도 직업재활시설 장애인 노동자의 이야기를 끄집어내려 할 때마다 비슷한 일이 반복됐다.

직업재활시설은 일반 노동 시장에서 경쟁력이 떨어지는 장애인들에게 취업 기회를 부여해 자활을 도모하는 곳이다. 장애인 보호작업장, 장애인 근로사업장, 직업적응훈련 시설 등이 여기에 속한다. 많은 사람들이 이곳을 일할 '능력'이 없는 장애인을 '보호'해 주는 '좋은 곳'쯤으로 여긴다. 그런데 왜 정작 그곳에서 일하는 노동자들은 한사코 인터뷰를 거절하는 것일까?

코로나 팬데믹이 한창이던 2020년 말 생산 라인 가동을 멈춘 어느 근로사업장의 장애인 노동자 김 씨 역시 인터뷰 요청에 곧장 난색을 표했다.

아무것도 말해 줄 수 없어요. 싸움 부추기지 마요. 당사자가 아무 말도 하고 싶지 않아 한다는 말만 공개하세요.

김 씨가 일하던 공장은 전자 제품, 조명 등을 만들던 곳이다. 그러나 경영진은 코로나 재난을 틈타 생산 품목을 무리하게 마스크로 변경했고, 곧 위기가 찾아왔다. 그 책임은 온전히 장애인 노동자들이 떠안아야 했다. 다수가 해고를 당했고, 이곳에서 10년 넘게 일한 김 씨 역시 순환 무급휴직 상태에 놓였다. 한편 생산 품목 변경을 주도한 경영자 서 씨는 사회적 논란이 되자마자 다른 곳으로 자리를 옮겼다. 그래도 김 씨는 이렇게 말했다.

우리 공장만 한 데도 없어요. 코로나 상황인데 공장이 힘든 건 어쩔 수 없잖아요.

몇 년째 20만 원 월급을 받으며 일해 온 보호작업장 노동자들 역시 코로나 시기 더 열악해진 노동 현실에 대한 취재를 요청하면 비슷한 대답을 건네곤 한다.

난 지금 만족해요. 돈도 벌 수 있고, 여기 직원들도 잘해 주고, 여기서 일하면서 낮에 할 일도 있고. 그렇잖아도 코로나라 공장도 힘든데, 괜히 인터뷰하면 공장이 곤란해질 수 있잖아요. 인터뷰 안 할래요.

그러나 괄호를 친 물음 하나가 이 말들 언저리를 부유하고 있는 것 같은 건 그저 나만의 착각일까?
'장애인인 내가 여기보다 나은 곳에서 일할 수 있을 리가 없잖아요?'
그렇게 인터뷰이 선정에서부터 난항을 겪던 어느 날, 장애인 야학에서 활동하는 박미현 씨에게서 연락이 왔다.

코로나로 힘들어 하는 장애인 노동자라고 하니까, 바로 은호 씨가 떠올랐어요. 은호 씨도 하겠다고 하는데 언제 하면 좋을까요? 근데 은호 씨가 낯선 사람 앞에서 말을 잘하는 사람이 아니에요. 처음 만나는 분이 은호 씨 말을 잘 이해하기 힘든 경우도 있고요. 제가 함께 가서 도움을 드리는 게 좋을 것 같아요.

반가운 마음이 일었지만, 그것도 잠시였다. 난 '어떻게 하면 은호 씨의 노동조건을 잘 알릴 수 있을까'보다는 '은호 씨가 누구인지 드러나지 않게 하려면 어떻게 해야 할까'를 더 고심하기 시작했다.

———[만족스런 삶]———

은호 씨는 다소 어색하지만 환한 표정으로 걸어 들어왔다. 그래도 조금은 경계할 줄 알았는데 다행이다. 하지만 곤란한 일도 있었다. 난 종종 은호 씨가 건네는 말의 맥락을 잘 따라가지 못했다. 은호 씨 역시 내 말을 잘 이해하지 못했다. 서로 단어 하나하나를 조심스레 바꿔 가며 대화를 이어 갔지만, 종종 침묵이 찾아왔다. 밝은 분위기 속에서도 우리 둘은 불쑥불쑥 찾아오는 난감함에 머쓱함을 감출 수 없었다. 나와도, 은호 씨와도 평소 관계를 맺고 있던 미현 씨가 서로의 말을 서로가 이해할 수 있는 언어로 세심히 옮겨 주었지만, 그게 낯선 기운을 일소해 주진 않았다.

그래도 은호 씨는 할 말이 많아 보였다. 자기 신상과 관련된 이야기들은 최대한 감추려 했지만, 농담과 잡담 사이에서 그는 내내 적극적이었다.

은호 씨가 지금 공장에서 일한 지는 4년이 됐다. 보호작업장이 장애인들을 민간 시장으로 이전시키는 것을 목표로 하는 '훈련 기관'이라는 점을 생각해 본다면, 결코 짧은 기간은 아니다. 그러나 장애인 노동자가 한 보호작업장에 이렇게 장기간 남아 있는 건 사실 흔한 일이다. 직장을 옮기더라도 일반 기업으로 가지 못하고 다른 보호작업장으로 가는 경우도 부지기수다. 은호 씨도 그랬다.

여기서 일하기 전에는 복지관이 운영하는 보호작업장에서 7년 동안 세탁일을 했어요. 근데 거기는 일이 참 힘들어요. 일은 힘든데 돈은 얼마 안 줬어요. 그래서 관뒀어요.

무엇보다도 세탁물을 옮길 때 허리가 아팠다. 그곳을 그만둔 것도 허리를 다쳐서다.

허리를 치료하면서 좀 쉬었어요. 근데 계속 그렇게 놀 수는 없잖아요. 일을 해야 바깥에 나가고 사람을 만나고 돈을 벌고 하니까. 근데 그때 일자리를 구하기가 좀 힘들었어요.

그는 엄마 지인의 소개로 지금 보호작업장에 취직하게 됐다.

"4년 간, 일주일에 4일, 월·화·목·금 일했어요. 수요일 빼고. 아침 9시부터 4시까지 일하는 거죠. 점심밥 먹는 시간은 일하는 시간으로 안 쳐주니까 하루 6시간씩이요."

"주로 어떤 일을 하나요?"

"저희 공장에서는 먹을 것들을 만들어서 팔아요. 전 빵이나 그런 것들을 비닐 포장해서 박스에 넣어 옮기는 일을 하고요. 저 말고 다른 사람은 박스를 접거나 화분에 뭔가를 키우거나 해요. 그 옆에 카페에서 일하는 사람들도 있고. 어쨌거나 저는 비닐 포장을 하루 40개씩 채워야 돼요. 비닐 포장 하는 사람들은 모두가 40개 채워야 돼요."

6시간 동안 40개. 사실 어떤 장애인들에게는 채우기 힘든 숫자다. 은호 씨는 자신에게 주어진 할당량을 잘 채우고 있을까?

매일 끝날 때쯤 직원이 평가를 해요. 40개를 채우는지 못 채우는지. 저는 언제나 40개를 다 만들어요. 근데 평가를 해보면 못 채우는 사람이 나오기도 하죠. 그럴 때는 이미 40개를 포장한 사람들이 도와줘서 못 만든 것까지 함께 만들어 줘요. 저도 매일 제 거 다 마치면 동료들 거 도와줘요.

은호 씨는 본인이 "일 잘하는 사람"임을 누차 강조했다. 본인은 엄연히 '근로자'이며, 곁에서 숙련도가 낮은 장애인 '훈련생' 둘이 자신의 노동을 보조한다는 말도 덧붙였다.

저는 월급도 많이 받고 있어요. 40만 원씩 받고 있거든요. 보호작업장에서 일하는 사람들은 근로자와 훈련생으로 나뉘는데, 훈련생들은 저보다 조금 받아요. 저도 처음엔 더 적게 받았는데 지금은 많이 오른 거죠.

임금에 대한 이야기가 나온 김에 은호 씨에게 양해를 구하고, 그의 통장 거래 내역을 확인해 보았다. 그런데 은호 씨의 월급은 사실 몇 년째, 40만 원이 아니라 22만 원이었다(은호 씨가 숫자 계산을 다소 어려워하기 때문에 이런 혼동이 발생한 듯하다). 최저임금에 한참 못 미치는 금액이다. 코로나 재난 상황이라서 그런 게 아니다. 언제나 그랬던 거다.

2021년도 최저임금 기준으로, 은호 씨가 장애인이 아닐 때 받을 수 있는 월급을 계산해 보면 83만7120원이다. 하지만 은호 씨가 그에 한참 못 미치는 22만 원의 월급을 받는 건 불법이 아니다. 최저임금법 제7조에 따르면, "정신장애나 신체장애로 근로 능력이 현저히 낮은 사람"에게는 "고용노동부 장관의 인가"를 받아 최저임금 이상의 금액을 지불하지 않아도 된다. 이렇게 최저임금을 받지 못하는 장애인 노동자 9000여 명의 평균 월급이 2020년 기준으로 37만 원 수준이고+ 보호작업장 노동자 중 월급으로 10만 원을 받는 이들도 부지기수다. 은호 씨는 자신의 임금수준에 대해 어떻게 생각하고 있을까?

> 충분해요. 양말 사고, 옷 사고, 목욕탕 다니고, 또 … 과일 사 먹고, 반찬 사먹고, 헬스 다니고 할 수 있어요. 또 여기서 일하면서 돈도 많이 모았어요. 집 사고, 세탁기 사고, 결혼하고, 밥하고 반찬도 내가 사서 독립할 거예요.

지금까지 대략 얼마나 돈을 모았는지 물었지만, 은호 씨가 자신이 모은 돈의 액수를 정확히 헤아리는 데는 무리가 있어 보였다. 미현 씨는 곁에서 이렇게 덧붙였다.

> 은호 씨가 그 월급으로도 살 수 있는 건, 기초생활수급비를 받고 있기도 하고 어머님이랑 둘이 사는 집이 있기 때문이에요. 그리고 양말하고 옷은 매달 사는 게 아니잖아요. (모두 웃

+ 고용노동부, 한국장애인고용공단 윤준병 의원실 국정감사 제출 자료, 「최근 3년간 최저임금 적용 제외 인가 장애인 현황」, 2021.

음) 은호 씨는 밖에서 돈을 아예 안 쓰려 하죠. 정말로 엄청나게 돈을 아껴요.

은호 씨에게 최저임금에 대해 간략히 설명해 주고, 본인이 최저임금을 받지 못하는 이유가 무엇인지 아느냐고 물었다. 그는 내용이 너무 어렵다고 했다. 사실 최저임금 적용 제외 인가를 받으려면 매년 작업 능력 평가, 친권자 의견서 제출 등의 과정을 거쳐야 하는데, 그는 이에 대해서도 잘 모르고 있었다.

평가 같은 거를 주기적으로 하는 것 같긴 한데, 맨날 얼마만큼 만들었는지 평가를 하다 보니까, 제가 그 평가가 말씀하신 그 평가(작업 능력 평가)인지 잘 모르겠어요. 어쨌거나 일은 참 재미있어요.

──[고립의 의미]──

한 중증 장애인은 코로나가 유행하기 시작한 2020년 초, 내게 이렇게 말한 적이 있다.

코로나 전에도 대부분 집에 처박혀 있었는데 뭘. 장애인이라고 노동도 안 시켜 주잖아. 코로나라고 뭐 다를 게 있겠어? 나 같은 사람이야 피해 볼 게 없지. 어차피 일 안 하는 건 똑같으니까.

이 말은 분명 진실을 포함하고 있다. 대부분의 이들에게 실업은 재난 상황이지만, 역설적이게도 일상이 재난인 이들에게는 전 세계적 재난도 재난으로 다가오지 않는다.

그러나 고용 상태에 있던 은호 씨 같은 이들은 좀 달랐다. 그는 코로나 이야기가 나오자 잠시 표정이 어두워졌다.

"코로나 때문에 많이 힘들었어요. 두 달 정도는 공장에도 못 나오게 하더라고요. 공장도, 학교(평생교육기관)도 못 나가고. 운동도 못 나가고. 집 밖에 나가야 사람을 만나는데."

"그럼 사람을 못 만나는 게 가장 힘들었던 건가요?"

"네, 그렇죠. 그리고 하던 것들을 못 하니까. 일하는 것도 재미있고 학교에서 공부하는 것도 재미있는데 그걸 못 하니까. 헬스장 가서 운동도 해야 하는데 운동도 못 하고."

은호 씨 본인에게 코로나란 곧 '고립'이었다. 미현 씨는 곁에서 이렇게 덧붙였다.

저희 야학도 외부 강사가 야학 방문 직후 확진 판정을 받는 바람에 난리가 난 적이 있죠. 그래도 코로나 터졌다고 아무것도 안 할 수는 없잖아요. 학생들이 비장애인들보다 외부 활동이 여러모로 제한돼 있으니, 학교 안 나오면 혼자 뭘 해야 할지 몰라서 엄청 답답해 하기도 하고. 심심해서 못 견디는 분들도 많고요. 장애인 거주 시설에 오래 계셨다 나온 분들은 더 그렇죠.

그래서 활동가들이 고민해서 찾은 게 온라인으로 모임도 하고 수업도 하자는 거였어요. 근데 그것도 어렵죠. 활동가들 일도 많이 늘어나는데다가 집에 컴퓨터가 없는 학생분들도 많고, 컴퓨터가 있어도 다룰 줄 모르는 분들이 대부분이고. 활동지원사 선생님들이 있어도 나이가 있는 분들은 컴퓨터 잘 못 다루는 분들이 많기도 하고요.

은호 씨도 코로나 전까지는 집에 컴퓨터가 없었다. 코로나가 유행하고 나서야 학교 일정을 따라가기 위해 활동가의 도움으로 '사랑의 PC'+를 신청해서 받았다. 집에 인터넷도 설치했고, 컴퓨터의 기본적인 사용법도 처음 배웠다. 그렇게 온라인 모임과 수업에 참여할 수 있게 됐지만, 그것만으로는 부족했다.

은호 씨는 온라인으로 해도 되는 것들을 굳이 직접 나와서 하려고 하더라고요. 수업도 온라인으로 들으면 답답하다 하고,

+ 지자체가 자치구, 공공 기관, 기업체 등에서 무상으로 기증받은 중고 PC를 정비해 정보 취약 계층에게 무료로 보급하는 PC.

나와서 누구를 만나야 즐겁다고 그래요.

'만남'은 은호 씨에게 정말로 소중한 것이었다. 만남을 갖지 못한다는 사실에 비하면, 휴업수당 따위는 그에게 딱히 중요치 않았다. 그는 공장에 나가지 않아도 월급이 나온다고 막연히 생각하고 있었다.

코로나로 인한 휴업 기간 동안 임금을 지불하지 않은 보호작업장이 종종 보고되었던 터라, 나는 은호 씨의 월급 통장을 코로나 사태가 시작된 2020년부터 다시 면밀히 확인해 보았다.

결과는 예상대로였다. 휴업 기간 중에는 22만 원보다도 더 낮은 임금이 지급되었다. 15~18만 원대의 월급이 지급된 달이 꽤 있었다.

그러나 다행인지 불행인지 은호 씨 가족에게는 기초생활수급비가 생계에 결정적이었기 때문에, 은호 씨의 월급이 몇 만 원 더 깎인다고 해도 큰 타격이 되는 건 아니었다. 은호 씨 어머님이 하던 청소 일도 코로나 상황이라고 끊기지 않았다. 그래서일까? 재난 시기 깎인 월급에 대해 물어도 은호 씨는 계속해서 화제를 '만남'으로 돌렸다.

"공장이 오랫동안 문을 닫은 적도 있어요. 몇 주 내내 못 나간 적도 있어요. 코로나 괜찮아지면 좀 나가다가 다시 심해지면 일주일에 한 번만 나오라 하고. 근데 공장에 안 나가면 할 게 없잖아요. 집에서 TV만 보고 잠만 자고. 그러는 거

재미없어요."

"공장에 코로나 확진자가 나온 적은 없어요?"

"공장에 확진자가 나온 적은 없어요. 이런저런 방역 대책에 맞춰 일을 하기도 하고요. 마스크가 좀 많이 답답하긴 한데. 근데 코로나 확진자가 없어도 코로나가 심해지면 작업장 자체에 일이 끊겨 버리잖아요. 공장에 있는 선생님들이 일 줄어서 공장이 많이 힘들다고 그런 말을 해줬어요. 원래 공장에서 비닐 포장 일 말고도 문화 활동? 여가 활동? 그런 걸 즐기는 프로그램 같은 것들을 하는데, 그런 것도 코로나 되고 나서부터 아예 못 해요."

그 말을 하는 은호 씨가 꽤나 우울해 보여서 나는 분위기를 전환해 보려고 잠시 다른 이야기를 꺼냈다.

돈도 거의 그대로 받는 거면 쉬는 게 좋지 않아요? 하하. 코로나 전에도 쉬는 걸 안 좋아했어요? 공장에서 하는 프로그램 말고 본인이 원하는 이것저것 하면서 노는 거! 그런 거 안 좋아요?

그러나 공장에서 하는 문화·여가 활동 프로그램은 정작 은호 씨가 혼자 있을 때 어떻게 놀아야 하는지를 가르쳐 주지 않았던 것 같다. 미현 씨가 "여행을 가는 건 어떤지" 덧붙여 물었지만, 은호 씨는 살면서 여행을 가본 적이 없었다. 학교에서 가는 당일치기 단체 여행 프로그램에 참가해 본 게 전부였다. 그렇다고 그가 돌아다니는 걸 싫어하는 건 아니다. 그는 퇴근을 하면 집이 걸어갈 수 있는 거리임에도 불구하고 활동지원사와 지하철을 타고 이곳저곳을 돌아다닌다.+ 코로나가 유행하는 와중에도 은호 씨는 이런 나들이를 즐겼다.

저도 돌아다니는 걸 좋아하지만, 공장에서 같이 일하는 발달장애인 동료들도 돌아다니는 걸 좋아해요. 사람 만나는 것도 좋아하고. 그런데 그걸 다 못 하게 하니까. 다들 많이 힘들어해요. 공장에 나와야 사람들을 만날 수 있는 거니까. 그렇다고 코로나 걸린다는데 막 나갈 수도 없고.

은호 씨는 "내가 반찬 사와서 엄마 없어도 혼자 밥 차려 먹고 할 수 있어요!"라고 할 만큼 동료들 가운데서는 자립도가 높은 축에 든다. 활동 지원 서비스도 자신이 "딱 필요한 만큼" 받는다고 했다. 어머니가 그를 집에 혼자 두고 일하러 나가도 크게 상관이 없을 정도였다.
그러나 다른 발달장애인 동료들 모두가 은호 씨와 같은 건 아니다. 그들이 답답해 하는 만큼 가족의 고통 역시 가중되었을 것이다. 미현 씨는 이렇게 덧붙였다.

+ 중증 장애인은 지하철을 이용할 때 동반 1인까지 지하철 요금을 내지 않아도 된다.

장애인이 자가 격리라도 들어가 봐요. 돌봄이 계속 필요한 사람을 혼자 둘 수도 없고. 그럼 가족들이 돌봄을 다 떠안아야 하잖아요. 그럼 가족의 돌봄노동은 전보다 훨씬 가중되죠. 바깥에 나가서 일을 할 수도 없게 되고. 또 만약 가족이 자가 격리 들어가면 장애인을 돌볼 수가 없어지잖아요.

실제로 국가인권위원회가 2020년 12월에 발표한 설문조사 결과에 따르면, 조사에 응한 발달장애인 부모 1174명 중 241명(20.5퍼센트)이 "자녀를 지원하기 위해 부모 중 한쪽이 직장을 그만뒀다"라고 답했다. 한 발달장애인 부모는 내가 코로나에 걸리면 내 자식도 코로나에 걸리는 게 차라리 낫다고 토로했다. 그래야 자기가 돌볼 수 있는 여지가 생긴다는 거다. 어떤 이들에겐 정말로 코로나에 걸리는 게 돌봄 공백이 발생하는 것보다 더 안전하다.

활동 지원 서비스가 필요한 만큼 제공되더라도 여전히 문제는 남는다. 사회적 거리 두기는 강조되는데, 활동지원사는 어떻게 장애인 곁에서 계속 일할 수 있을까? 코로나 확진을 받은 장애인이나 자가 격리에 들어간 장애인들에게 활동지원 서비스는 어떻게 제공돼야 하는 것일까?

국가는 이에 대해 적절한 대안을 내놓지 못했고, 그 덕에 장애인 자립 생활 운동 활동가들은 스스로 대안을 마련해 이 재난을 헤쳐 가야 했다. SNS로 시민들에게 마스크와 손 소독제를 요청해 장애인들에게 배부하고, 자가 격리 중 직접 조리를 할 수 없는 장애인들에게 음식을 만들어 배달하고, 한글을 못 읽거나 문해력이 떨어지는 이들에게 방역 교육을 위한 프로그램을 마련하는 등, 활동가들은 오롯이 자신의 노동만으로 국가가 채우지 못한 공백을 메웠다. 활동지원사 없이 자가 격리에 들어간 장애인을 지원하기 위해 별수 없이 '동행 격리'에 들어간 활동가도 있었다.

장애인 거주 시설에 갇혀 사는 장애인들의 상황은 더 열악했다. 시설에 사는 장애인들에게 코로나는 말 그대로 죽느냐 사느냐의 문제였다. 한국에서 첫 코로나19 사망자는 청도 대남병원 정신병동에서 나왔고, 그 후 장애인 거주 시설들에서 코로나 확진자가 발생하면 이 나라는 곧바로 시설 문을 걸어 잠갔다. "예방적 코호트 격리"라는 그럴싸한 명칭과 함께 시행된 이 조치는 시설 내 장애인 당사자들에게는 학살적 조치였다. "코로나19에 영향을 받은 나라에서 요양 시설 사망자 비율은 전체 사망자 중 42~57퍼센트에 이르렀다"라는 유엔인권최고대표사무소의 지난 발표[+]를 생각해 본다면 더 그러하다.

은호 씨는 거주 시설에 사는 장애인도 아니고 자립도도 높은 장애인이지만, 그 역시 스스로를 코로나 재난의 피해자로 여기고 있었다. 하지만 정부는 무관심했고 그 어떤 대책도

[+] 유엔인권최고대표사무소, 「장애인 권리와 코로나19」(2020.4.29).

마련되지 않았다. 매일 같이 일자리와 자영업자들을 걱정하던 언론도 코로나로 고통받는 장애인 노동자들에게는 무관심했다. 그렇게 직업재활시설의 많은 장애인 노동자들이 재난 기간 동안 언제 끝날지 모르는 고립 상태에 빠져들었다.

코로나가 너무 힘들게 해요. 저는 그래도 좀 나은 편이죠. 동료들이랑 이야기해 보면 정말 많이 힘들어 하는 것 같았어요. 그래서 일 쉬었다가 공장에서 만나면 좋더라고요. 동료들도 다들 공장에 나오는 걸 좋아하는 것 같았어요. 근데 코로나 심하면 뭐 어쩔 수가 없잖아요.

───[진짜 하고 싶은 일]───

장애인 보호작업장은 장애인들이 실제로 노동하는 현장이지만, 좀처럼 노동 현장으로 취급받지 못한다. 장애인 당사자나 장애인 가족들조차 이곳을 일종의 '보호기관'으로 여긴다. 애초에 생계유지에 도움이 될 만한 돈을 벌어 올 수 있을 거란 기대도 없다. 고용노동부, 장애인고용공단, 국회 환경노동위원회 의원이나 담당자들은 이를 빌미로 이들을 최저임금 적용 대상에서 매번 제외했다. UN장애인권리위원회가 2014년, 한국 정부에 "장애인 단체들과 긴밀히 협력해

보호작업장을 지속하지 말 것"을 권장하며 대안 마련을 촉구했지만+ 정부는 여전히 소극적이다.

　코로나 전에도 딱히 해결할 의지가 없던 문제인데, 코로나 재난 상황이라고 더 관심을 기울일 리 없다. 장애인 당사자가 일을 못 나가서 얼마나 힘들어 하건, 그 가족들이 얼마나 힘들어 하건, 그건 정부에 사소한 문제일 뿐이다. 원래도 열악한 노동조건은 그 열악한 조건조차 지속될 수 없다는 사실을 그리 대단치 않게 보이게 만든다. 어차피 적었던 월급인데, 잠깐 안 준다고 뭐가 달라질까? 애초에 경제에 별로 이바지할 수 없는 이들에 대한 고립 따위는, 경제 전체가 무너져 가는 것에 비하면 너무 작은 일일 뿐이다.

　그럼에도 은호 씨는 "현재에 만족한다"라는 말을 수없이 반복했다. 코로나 상황이건 그전이건 그에게는 언제나 보호작업장에서 노동하는 지금이 "제일 좋은" 상태였다. 문득 그는 인터뷰를 마무리하기 직전에 이렇게 선언했다.

　저는 이 보호작업장에서 딱 5년만 더 일할 거예요. 결혼하고 독립할 수 있는 집만 구하면 더는 안 할 거예요.

+ 유엔장애인권리위원회, 「유엔장애인권리협약 이행과 관련한 국가 보고서에 대한 최종 견해」, 2014.

이 말을 듣는 순간 나는 당혹감을 감출 수 없었다.

"왜요? 거기서 일하는 게 가장 즐겁다면서요. 지금 하는 일이 재밌어서 코로나 때문에 일 못 하는 게 힘들다고 아까 그랬잖아요. 일이 그 정도로 즐거운데 왜 계속 일하고 싶지 않은 거예요?"

"아 어려워! 어려워요! 근데 어쨌든 저는 나중에 여기 그만두고 그러면 연극을 하면서 살 거예요. 몇 년 전부터 야학에서 연극 수업을 듣고 있는데, 너무 재미있어요. 그런데 연극하면 돈 못 벌잖아요. 그래서 지금 공장서 열심히 일해서 돈 모아야 돼요."

은호 씨가 좋아하는 연극은 노동이 될 수 없을까? 왜 은호 씨는 연극은 일이 아니라고 생각하는 걸까? 이는 자본에 돈을 벌어다 줄 수 있는 것만이 '온전한 노동'이라 여기는 이 사회의 편견 탓은 아닐까? 진보적 장애인 운동계는 '재활'이나 '생산성 향상'을 요구하지 않고, 장애인 당사자의 권리 옹호 활동, 문화·예술 활동, 장애에 대한 인식 개선을 위한 강사 활동을 노동으로 인정하는 공공 일자리를 만들기 위해 긴 시간 투쟁해 왔다. 그리고 그 성과로 '권리 중심 중증 장애인 맞춤형 공공 일자리'를 서울·경기 등 지자체에서 시행 중이다. 이 일자리에서 일하는 장애인들은 단순히 '보호'의 대상이 아니다. 이들은 세계와 주체적으로 관계 맺는 노동자로 인정받는다. 이들은 연극과 춤, 노래 등을 통해 대중에게 장애인 인권 문제를 알리고 각종 기자회견과 문화제, 문화 행사 등을 꾸린다. 이 공공 일자리가 지금보다 더 확대되고 안정화되어 은호 씨도 자기가 좋아하는 연극을 하면서 세상과 새롭게 관계 맺을 수 있다면 어떨까?

은호 씨와 헤어지면서 나는 다음엔 은호 씨가 겪어 온 일보다, 하고 싶은 일들에 대해 더 들어 봐야겠다고 생각했다. 아마도 은호 씨는 코로나 재난 이전으로 돌아가더라도 그 일상에 만족하지 못할 것이다. 이제는 다른 일상이 필요하다. 지금과 다르게 재난에 대비하고, 다르게 재난을 넘어서는 방법을 준비해야 한다. 일상이 재난인 이들의 조건을 바꾸는 게 그 출발점은 아닐까?

코로나라는 참 좋은 구실

호텔에서의 일

연정

──[챙겨 오지 못한 짐]──

정지선 씨는 4년간 룸어텐던트로 일했다. 주말 파트타임으로 서울 명동에 위치한 C관광호텔에서 객실을 청소하고 관리하는 일이었다. C관광호텔은 외국인 관광객을 주요 고객으로 하는 중소 규모의 호텔로 객실 판매를 위주로 하는 곳이었다. 관광객들을 위한 쇼핑 타운과 음식점들이 밀집해 있는 위치 덕분인지 중국과 동남아시아 등 해외 관광객들에게 제법 인기가 있어 룸 예약률이 보통 80퍼센트를 넘었다.

지선 씨는 인터넷 구인 공고를 보고 일을 시작하게 됐다. 오전 10시부터 오후 2시까지 토·일·월, 주 3일 근무하는 조건이 맘에 들었다. 편의점에서 일하며 고객을 직접 대면하는 게 힘들었던 터라 사람을 직접 대면하지 않아도 된다는 점도 좋았다. 하지만 막상 일을 해보니 생각과는 많이 달랐다.

일단은 육체노동이잖아요. 무거운 베드를 벗기고 씌우고 해야 되니까 처음 하는 분들은 너무 힘들어서 며칠 하다가 그만두는 분들이 꽤 있었어요. 저는 다른 아르바이트 구하기가 어려워서 좀 버텨 보자 하는 마음으로 했는데, 4년이 지났어요.

한 번 출근하면 네 시간 동안 손님이 퇴실한 빈 방 5개와 손님이 묵고 있는 방 8~10개를 포함해 13~15개 방을 청소한다. 상대적으로 시간이 더 걸리는 빈 방들의 경우 한 객실당 30분 내로 청소를 끝내야 정해진 시간 안에 모든 방을 청소할 수 있다.

베드랑 시트를 다 바꾸고, 화장실 청소하고, 바닥 청소를 해요. 그다음에 테이블을 닦고, 쓰레기통 비우고, 욕실 청소를 하죠. 가끔씩 유리창이랑 에어컨도 닦아야 하고요. 마지막으로 방향제를 뿌려요. 벗겨 낸 침구는 포대에 담아서 끌고 가 한 장소에 모아야 해요. 중국 손님이 많은데, 이분들이 다 쇼핑하러 남대문에 오는 손님들이어서 쓰레기가 넘쳐 나요. 화장실에도 엄청 넣어 두고, 룸 바닥에도 산더미처럼 쌓아 놓고 가거든요. 그런 방 걸리면 시간이 많이 걸리니까 엄청 힘들죠. 종료 시각을 맞추려다 보면 쉴 시간이 없어요.

일하다 보면 땀이 많이 나는데, 씻을 곳이 따로 없어 제일 마지막에 남은 방에서 씻고 청소를 하고 나온다. 휴가 개념이 없기 때문에 지선 씨가 빠지는 날은 평일에 근무하는 다른 동료가 지선 씨의 자리를 채워 줘야 한다. 사장은 파트타임 노동자들에게 공용 화장실 청소까지 시켰다.

우린 근골격계 질환을 달고 살아요. 일단 팔목이랑 어깨 손

목이 상하고요. 계속 엎드려서 닦으니까 허리도 망가지죠. 젊은 분들은 하다가 금방 나가요.

일하는 이들의 대부분이 40대 후반에서 50대 초반이었다. 한 명만 더 있으면 조금은 여유롭게 일할 수 있을 텐데, 왜 그 한 명을 채용할 수 없는 건지 지선 씨는 늘 의문이었다. 파트타임 룸어텐던트 몇 명 인건비를 합쳐도 프런트 데스크에서 일하는 정규직 한 명 인건비도 안 되는데 말이다.
 어느 순간 지선 씨는 고참이 되어 있었다. 업무도 익숙해진 터라 이제 여건이 좀 나은 호텔로 옮겨 볼까 고민하던 차에 코로나19가 시작됐다.
 코로나19가 전 세계로 확산되면서 입국 제한과 사회적 거리 두기 조치가 시행되었다. 대면 서비스가 이루어져야 하는 항공과 관광업, 음식점들이 큰 타격을 받았다. 2020년 2월, 지선 씨가 일하던 호텔도 투숙객이 예전의 3분의 1로 뚝 떨어졌다. 하지만 이때만 해도 지선 씨는 크게 걱정하지 않았다.

이렇게 길게 갈 거라고 생각을 못 했기 때문에 처음에는 불안한 마음도 없었어요. 코로나 때문에 관광객들이 안 올 거라는 생각을 정말 못 했어요. 2월에는 '왜 이렇게 청소하는 방이 적지?'라고만 생각한 거죠.

그때는 코로나19 감염에 대한 걱정이 더 컸다. 청소를 하려면 어쩔 수 없이 손님들이 사용한 침구류와 각종 물품을 만져야 하고, 화장실과 객실 공기를 접해야 하기 때문이다. 하지만 코로나19가 급속도로 확산되면서 문제는 달라졌다.

2020년, 국내에 유입된 외국인 관광객 수는 252만 명으로 역대 최대 감소폭(전년 대비 약 85.6퍼센트 감소)을 기록했다.+ 외국인 관광객을 주요 고객으로 했던 관광호텔들은 특히 타격이 클 수밖에 없었다. C관광호텔의 상황도 다르지 않았다.

(3월 초에) 출근하는데 전화가 오더니 앞으로 안 나와도 된다고 하더라고요. 손님이 없는 게 우리 눈에도 보이니까 뭐라 할 순 없었죠. 저는 곧 다시 갈 거라고 생각했기 때문에 짐도 안 챙겨 왔어요.

지선 씨는 경제적으론 힘들었지만 이참에 조금 쉬면서 몸을 돌보다가 연락이 오면 다시 나갈 생각이었다. 아무리 오래 걸려도 서너 달이면 팬데믹도 끝이 날 거라 생각했다.

+ 임종성 국회의원·서비스연맹·관광레저산업노조, 「코로나19 위기 속 관광산업 고용 현황 진단 및 대응 마련 토론회」(2021. 12. 22).

"일 있으면 연락 줄게" 그게 참 무서운 말인 것 같아요. 이러지도 못하고 저러지도 못하게 만들잖아요. 1년인가 지나서 호텔 사장이 어떻게 지내냐고 전화를 한 번 했더라고요. 손님이 좀 늘긴 했는데, 자기가 다 처리할 수 있는 정도라 나중에 다시 연락 준다고 했어요.

무급휴직도 퇴사도 아닌 상태가 이어졌다. 정규직은 코로나19 초기, 정부 고용유지 지원금을 통해 유급휴직을 받고 무급휴직, 연차 등을 쓰면서 고용을 유지했다. 하지만 비정규직, 특히 간접고용 노동자와 일용직 노동자들은 무급휴직에 대한 고려조차 없이 코로나가 유행하기 시작하자마자 가장 먼저 일자리를 잃었고 실업급여도 받을 수 없었다. 경제사회노동위원회의 조사 결과에 따르면, 2019년 3월부터 2020년 9월 사이 호텔업 객실 매출액은 47.7퍼센트 줄어들었고, 같은 기간 호텔 노동자 네 명 중 한 명이 직장을 잃었다.+ 하지만 호텔 정규직도 아니고 외주업체 소속도 아닌 지선 씨의 사례는 이 통계에 없다.

지선 씨는 실업급여도 퇴직금도 받지 못했다. 근무시간

+ 경제사회노동위원회, 「코로나19 확산에 따른 호텔업 고용 변화와 대응 방안」(2020. 12. 21). 문화체육관광부의 「2020 관광산업조사」(2021.12)에 의하면 관광숙박업 종사자 비율은 전년도에 비해 29.3퍼센트 감소한 것으로 나타난다. 이는 1개 관광숙박업소당 9.4명 감소한 꼴이다.

이 월 60시간 미만이고, 4대 보험에 가입돼 있지 않았기 때문이다. C관광호텔은 원하는 경우 4대 보험 가입이 가능하다고 했지만, 대부분이 이를 원하지 않았다. 안 그래도 적은 월급에 보험료 공제를 부담스러워 했고, 다른 일을 병행하는 경우가 많았기 때문이다. 지선 씨도 마찬가지였다. 사장은 이를 이용해 프런트를 제외한 모든 업무에 주 15시간 미만의 파트타임 노동자를 고용했다. 퇴직금도, 주휴 수당도 지급할 필요가 없기 때문이다.

호텔의 연락만 계속 기다리고 있을 수 없던 지선 씨는 여름 휴가철에 용역 회사를 통해 서울의 한 특급 호텔로 객실 청소를 갔다. C관광호텔에서 다시 오라는 연락이 오면 나가야겠다는 생각에 일당을 받고 한 단기 아르바이트였다. 하지만 기다리던 연락은 오지 않았다.

저는 근로계약서는 썼지만 사직한다는 건 안 썼으니까 좀 애매한 것 같아요. 4대 보험을 내다가 그게 정지된 것도 아니고. 퇴사했다고 생각은 하는데, 코로나가 좀 괜찮아져서 관광객이 다시 들어오면 아무래도 일을 했던 사람들한테 먼저 물어보지 않을까요? 근데 언제 연락이 올지 몰라서 다른 일을 찾아보고 있는데 마땅한 게 없어요.

지선 씨는 두고 온 짐이 버려졌을지도 모르겠다고 했다.

──────[중국어 시험]──────

 2021년 12월 9일 아침 8시반, 서울 명동에 위치한 세종호텔+ 앞에서 김혜수 씨가 "정리해고 중단하고 정상 영업 재개하라!"라는 문구가 적힌 피켓을 들고 서있다.
 세종호텔은 1966년에 개관해 객실 333개와 식음료 업장(식당·커피숍 등)·연회장 등의 부대시설을 갖추고 있는 4성급 호텔이다. 1978년에 만들어진 국내 최초의 한식 뷔페 은하수, 정통 일식당 후지야, 그리고 한때 맞선 장소로 유명했던 이탈리아 레스토랑 베르디도 많은 고객의 사랑을 받았던 곳이다. 영업이 잘될 때는 최대 400명까지 근무한 적도 있었다.
 코로나19 초기만 해도 110명 남짓이었던 세종호텔 직원은 현재 36명. 코로나19 이후 네 차례에 걸친 희망퇴직으로 전 직원의 3분의 2가 호텔을 떠났다. 지금도 턱없이 부족한 인원인데, 여기서 또 12명을 내보내겠다고 한다.++ 200,

---

+ 법인명은 세종투자개발로, 세종대학교를 운영하는 학교법인 대양학원이 100퍼센트 지분을 소유한 대양학원의 수익 사업체다.
++ 2021년 11월 5일, 해고 통보를 받은 노동자들은 15명이다. 이들 중에는 육아휴직 중인 사람과 출산을 앞둔 이뿐만 아니라 무기 계약 전환을 2개월 남겨 둔 사람과 정년을 7개월 남겨 둔 이도 있었다. 정년을 7개월 남겨 둔 3명은 해고 통보 이후 희망퇴직으로 세종호텔을 떠났다.
이들 가운데 80퍼센트 이상이 식음료 업장 소속이었고, 모두가

300명이 일해도 바빴던 곳인데, 이제 룸어텐던트·주차장·시설팀 등 간접고용 노동자 20여 명을 포함해 총 50명도 안 되는 인원으로 운영하겠다는 것이다. 조식 서비스마저 폐지해 식사 시간이면 고객들이 로비에 내려와 배달 음식을 받아 가는 진풍경이 펼쳐지고 있다.

2021년 10월 1일, 세종호텔은 일방적으로 식음료 업장(조리팀·식음료팀·컨세션사업팀)과 시설팀을 폐지하고, 해당 팀에서 근무하던 노동자들에게 "경영 악화 및 조직 개편에 따른 담당 직무 폐지"를 사유로 휴업 명령을 내렸다. 컨세션사업팀 연회 운영 파트에서 웨딩 행사와 학회·포럼 등의 행사를 진행하는 일을 하던 혜수 씨도 휴업 명령을 받았다. 그리고 한 달 뒤에 "심각한 경영상 위기"를 사유로 "해고 예고 통지서"를 받았다. '위드 코로나'와 연말 숙박업소 성수기를 앞두고 다른 호텔들은 각종 이벤트와 인력 충원을 준비하고 있을 때였다.

처음엔 고민이 많았어요. 그동안 이렇게 밖에서 피켓을 들고 있는 직원들은 관리자들이 사진을 찍거나 CCTV로 감시하는

민주노총 서비스연맹 관광레저산업노조 세종호텔지부 조합원이었다. 원래 식음료 소속이 아니었으나 코로나19 이후 식음료 업장으로 전환 배치된 이들도 있었다. 오랫동안 객실팀 업무를 담당하던 이들도 세종호텔지부 소속이라는 이유로 정리해고를 통보 받았다.

불이익의 대상이었거든요. 막상 제 앞에 휴업 명령이 떨어지고 해고 문제가 닥치니까 가슴이 쿵쾅쿵쾅 뛰더라고요. 이 호텔에서 제가 어떤 위치에 있었는지 알게 된 거죠. 내가 회사에서 이렇게 쓸모없는 직원이었구나. 그 많은 정규직을 내몰고 노동조합을 없애고…비정규직·외주화를 위해 회사가 써놓은 시나리오를 하나씩 퍼즐 맞추기 해봤어요. 실질적으로 경영을 잘못한 경영진은 전혀 책임을 지지 않고 저희한테만 책임을 전가하는 건 옳지 않다고 생각해요. 직원이 몇 명 되지도 않는데, 모아 놓고 '이렇게 한 번 해보자'라고 한 적이 단 한 번도 없었어요.

노동조합은 교섭이 열릴 때마다 정리해고를 중단하고 고용을 유지하면서 호텔 영업 정상화를 위한 방안들을 찾아보자는 제안을 계속했다.+ 하지만 세종호텔 측은 코로나19로 인한 경영 악화와 매출 감소로 식음료 업장을 폐지하고 정리해고를 감행할 수밖에 없다는 입장을 고수했다.++ 사측

+ 노조에서는 정부에서 지원하는 고용유지 지원금(잔여기간 90일)을 받고, 고용안정협약지원금을 신청하자고 했다. 이때 1인당 40~50만 원 정도 되는 사업주 부담분까지 노동자들이 감당할 의사가 있고, 기존처럼 모든 노동자가 함께 일하고 연장수당을 휴가 등으로 처리하는 방법을 제안하기까지 했다.
++ 세종호텔의 주장에 따르면, 2020년 적자액은 100억 원, 객실 점유율은 13퍼센트였으며, 객실 평균 단가 역시 2019년 대비 2021년, 44퍼센트 감소했다. 하지만 대양학원의 기본재산

은 교섭 차수를 늘려 가며 정리해고 명분 쌓기에 급급했다.

  외국인을 대상으로 하는 여행 가이드가 꿈이었던 혜수 씨는 관광통역학과를 졸업하고 외국어 학원에 다녔다. 그러던 중 구인 공고를 보고 세종호텔에 입사한 것이 1996년. 합격 소식을 듣고 일할 날을 기다리며 설레던 때가 엊그제 같은데, 벌써 26년이 지났다. 세종호텔에 입사한 혜수 씨는 식음료팀에서 레스토랑 예약·안내·주문과 룸서비스 딜리버리 업무 등을 24년간 담당해 왔다. 그리고 최근 2년간은 컨세션 사업팀 연회 운영 파트에서 일했다. 혜수 씨가 입사할 때만 해도 전체 노동자가 300명이었고, 그중 정규직은 90퍼센트가 넘었다.

  그때만 해도 일본인 투숙객이 80~90퍼센트 정도 됐어요. 트레이 들고 손님들한테 가서 주문받고 안내하는 게 너무 재미있었어요. 10~30년 오랜 기간 이용해 온 고객님들이 많은데, 많이 만족스러워 하셨죠. 힘들게 시간 정해서 여기까지 오셔서 숙박하고, 좋은 분들과 만나서 식사도 하시는 거잖아요. 계시는 동안 좀 더 편안하게 있을 수 있는 공간을 만들고 있다는 거에 보람을 많이 느낍니다. 사실 너무 감사하게 일했어요. 좋은 직원들이 저를 많이 도와주었고,

---

보유액은 3000억 원으로 전국 사립대학 법인 중 10위 안에 드는 것으로 알려져 있다.

도울 일이 있으면 저도 기꺼이 최선을 다했다고 생각해요. 지나 보니까 그 친구들 덕분에 제가 이만큼 일할 수 있었던 거죠. 근데 2010년 이후에 구조조정을 계속하면서 직원 수가 많이 줄어서 그만큼 일의 강도가 세졌어요.+ 그러다 보니 전체 직원이 모든 일을 섭렵해야 했죠.

힘든 고객은 없었는지 묻자 혜수 씨는 고객들 덕분에 자신이 이만큼 성장하고 가정도 꾸리게 되었다며 감사하다고 했다. 고객들에게 더 좋은 서비스를 하기 위해 영어와 중국어 등 외국어 공부도 계속했다. 쌍둥이 아이들을 키우면서도 육아휴직 한 번 가지 않았다.

휴업 명령을 내린 후에 호텔 측은 정리해고와 관련한 직원 현황을 파악한다는 이유로 재산세 납부 증명서를 요구했

+ 2005년, 113억 원의 회계 비리와 부정으로 물러났던 주명건 대양학원 전 이사장이 2009년 7월, 다시 세종호텔 회장으로 복귀했다. 2011년 복수 노조 설립이 허용되자 세종호텔은 사측의 입장을 대변하는 (한국노총) 세종연합노조를 설립해 기존 노동조합(민주노총 서비스연맹 세종호텔노조, 현 민주노총 서비스연맹 관광레저산업노조 세종호텔지부)과 체결했던 단체협약의 '비정규직 1년 후 정규직 전환' 조항과 '고용 안정 협약'을 무효화했다. 그리고 2012~16년에 걸쳐 성과 연봉제 대상자를 전 직원으로 확대하는 단체협약을 체결한다. 그때부터 세종호텔 사측은 부당한 전보 명령과 이를 거부한 노조 위원장에 대한 해고, 성과 연봉제를 통한 임금 삭감 등으로 100명에 가까운 정규직을 내보냈다.

다. 그리고 지난 몇 년간 경영이 어렵다는 이유로 한 번도 하지 않던 외국어 능력 평가를 실시했다. 심지어 입사 조건과도 무관하고 그동안 외국어 시험 대상이 아니었던 조리사들에게까지 응시하라고 했다. 영어는 필수, 일본어와 중국어 중에 하나를 선택하는 조건이었다. 혜수 씨가 자신 있는 중국어가 외국어 평가 시험에 나온 것은 처음 있는 일이었다. 하지만 혜수 씨는 시험에 응하지 않았다.

> 제가 어학 배우는 걸 워낙 좋아해요. 외국어는 제 장점 중 하나이기도 하고요. 이게 업무에 필요한 언어 습득을 위한 거면 당연히 봤겠죠. 더 열심히 해서 점수를 잘 받으려고 했을 거예요. 근데 해고자 선정을 위한 거라는 게 너무 화가 났어요. 그래서 볼 수가 없었어요. 재산세 납부 증명서도 마찬가지예요. 그게 직무와 어떤 관련이 있는지 모르겠어요.

1차 희망퇴직 이후 2020년 겨울부터는 인력이 너무 부족해서 전 직원이 거의 한 팀처럼 일을 했다. 혜수 씨가 소속돼 있던 연회 운영 파트는 15명 중에 11명이 나간 상태였다.

> 출장 웨딩 일이라는 게 정말 몸이 녹아내리는 일이에요. 그동안 적은 월급이어도 가족들 생각하면서 견딘 건데, 회사가 이렇게까지 계속 압박하니까 더 이상 희망이 없다고 판단하고 희망퇴직 하셨겠죠. 각자 상황이 다 있는 거라서 뭐라 애

기하기는 조심스러워요. 저는 회사를 그만두는 게 더 두려웠기 때문에 내 아이들이 있는데, 버텨 보자, 이 또한 지나가리라, 생각했어요.

유급휴직 중인 이들은 고용유지 지원금 제도를 통해 평균임금의 70퍼센트를 받고 쉬고 있었다. 그런데 세종호텔은 일이 많아 쉬지 못하는 노동자들에게는 코로나19로 회사가 어렵다면서 주 4일 일하고 평균임금의 80퍼센트만 받겠다는 동의서를 쓰게 했다. 혜수 씨는 어려운 시기에 일할 수 있다는 것에 감사하는 마음으로 기꺼이 사인을 했다. 임금과 휴가비 삭감, 명절 선물·학자금 지원 중단 등의 복리 후생 감축도 이루어졌다.

코로나 유행 초기를 제외하고 사회적 거리 두기 단계 조정에 따라 축소된 하객 인원에 맞춘 예식·연회 행사가 계속됐다. 하객 인원이 줄었다 해도 기존과 동일하게 행사를 세팅해야 하고, 코로나19 방역과 관련된 인력은 오히려 더 필요한 상황이었다. 하지만 코로나 이후 계약직 노동자들과 일용직 노동자들이 해고되고, 연회 운영 파트 정규직 노동자의 3분의 2가 1차 희망퇴직으로 세종호텔을 떠나 인력은 몹시 부족했다. 이를 해결할 수 있는 것은 연장 근무와 노동강도 강화밖에 없었다.

처음 무급휴직 일주일 말고는 쉬어 본 적이 없어요. 금토일에는 하루 9시간에서 15시간까지 일했어요. 코로나가 시작되고 나서는 '이렇게 힘들고 바쁜 영업장 보내 줘서 감사합니다' 했어요. 곧 다시 회복될 거다. 그때까지 같이 고통을 분담하자는 순수한 마음이었죠.

하지만 사측은 예식·연회 예약을 반기지 않았다. '위드 코로나'가 돼서 영업이 정상화되면 정리해고와 외주화의 기회가 언제 다시 올지 알 수 없기 때문이다. '위드 코로나' 전에 식음료 업장을 폐지하고 정리해고, 외주화, 민주 노조 없애기를 강행해야 했던 세종호텔은 다급했다.

(2021년) 봄부터 식음료 업장을 폐쇄한다는 소문이 있었어요. 이미 2, 3년 전부터 2층 은하수 뷔페식당에 외부에서 견적을 보러 왔다더라, 베르디 라운지에 스타벅스나 카페베네가 들어온다더라 하는 소문은 무성했어요. 그러다가 7, 8월부터 본격적으로 작업에 들어간 것 같아요. 웨딩이랑 학회 세미나 예약 잡힌 걸 취소했어요. 오랫동안 정기적으로 이용해 온 고객들을 다른 호텔로 인계한 걸로 알고 있어요. 학회 같은 경우는 기존에 정기적으로 열리던 거 외에는 회사에서 예약을 받지 말라고 해서 저희는 예약이 계속 있는데도 받지 못했어요.

혜수 씨가 일하던 연회 운영 파트가 폐쇄되면서 정기 포럼이나 세미나 등으로 오랫동안 이용해 온 업체·단체 고객들에게 예약을 취소해야 한다는 연락을 했을 때, 고객들도 아쉬워했다.

우리 직원들이 20년차 이상이기 때문에 눈치가 굉장히 빠릅니다. 고객의 사소한 문제까지도 신경 쓰면서 원하시는 서비스를 해드리려고 노력하고 있거든요. 우리 호텔이 객실이랑 레스토랑 런치 타임, 연회장 이용에서 굉장히 가성비 좋은 호텔이었어요.

결혼식과 행사장 이용 취소 안내를 받은 고객들의 항의가 이어졌지만, 호텔 측은 막대한 위약금을 부담하면서까지 예약 취소를 강행했다.

사측은 결국 계획대로 식음료 업장을 폐쇄했다. 이곳에서 근무하던 노동자들은 하루아침에 '잉여 인력'이 됐다.

희망퇴직 위로금, 사실은 아주 큰돈이죠. 그래서 갈등도 했어요. 하지만 한 번쯤은 제 생각대로 행동하는 게 남아 있는 인생에서 살아가는 힘이 되지 않을까 생각했어요. 지금까지 남의 눈치, 직장 상사 눈치 보고 일해 왔어요. 그럴 수밖에 없는 상황이기도 했고요. 퇴사를 해도 제가 정한 시간에 제 의지대로 하고 싶어요. 이번만큼은 제가 선택해 보고 싶었어요.

──[조리사의 숙명]──

 세종호텔 앞에서 피켓을 들고 있는 세종호텔 21년차 조리사 송현석 씨 역시 식음료 업장이 폐쇄되면서 해고를 통보받았다. 현석 씨는 세종호텔 마지막 조리사 세 명 중 한 명으로, 20년 동안 은하수·엘리제·출장 연회 뷔페·베르디에서 일했다.
 1997년에 중식 조리사 자격증을 딴 현석 씨는 전국을 돌아다니며 수타면을 만드는 면장과 주방장을 했다. 그 뒤 2001년에 대학 호텔조리과에 들어가 본격적으로 공부를 하다가 공채로 세종호텔 조리팀에 입사했다.

 처음에 한식뷔페 레스토랑 은하수에서 일했는데, 20년 전에 어떤 음식이 맛있었다, 하시면서 그 음식을 찾는 손님들이 있었어요. 저는 모르는 음식인데도 그런 얘기를 들으면 소름이 돋았어요.
 은하수에서 일할 때 편채말이라고, 소고기를 얇게 포를 뜬 걸 양념에 재서 각종 야채를 넣고 소스를 발라서 말아 가지고 지져 주는 게 있었어요. 손님 앞에서 바로 라이브로 해 드리는 건데, 그 당시만 해도 한식에서 그렇게 하는 데가 없었거든요. 손님들이 그걸 먹기 위해 통행이 어려울 정도로 줄을 서게시고 그랬어요. 신라, 롯데 이런 호텔에서도 저희 호텔 한식을 벤치마킹하러 올 정도였어요. 자부심이 컸죠.

그때는 봄가을로 체육대회를 하고, 야유회도 가고 재미있었어요. 최근에 들어온 직원들은 세종호텔이 그렇게 좋았는지 모를 거예요.

현석 씨가 처음 입사할 때만 해도 조리팀이 전체 직원의 5분의 1에 달하는 60명, 은하수에만 23명이 근무했다. 1, 2년이 지나면 모두가 정규직이 되던 때였다. 하지만 코로나19 직전에 남아 있던 전체 노동자 110명 가운데 조리사는 정규직·무기 계약직·계약직을 다 합쳐 30여 명에 불과했다. 2015년부터 (호봉 체계가 있고 승진이 가능한) 정규직 전환이 사라지고, 2년 근속시 고용만 보장되는 무기 계약직으로 전환됐다. 무기 계약직은 연장 수당 12시간이 포함된 최저임금 연봉 수준의 포괄 임금제로 계약을 했다. 저임금·장시간 노동과 비전 없는 현실에 못 버티고 나가는 노동자가 많았다.

코로나19 초기 유급휴직에 들어갔던 현석 씨는 예식이 증가하자 2020년 9월, 출장 웨딩 뷔페 업무로 복귀했다. 그러다가 연말에 베르디 책임자로 발령이 났다. 베르디에는 계약직 넷이 모두 희망퇴직해 일할 사람이 없었다.

도시락 사업을 활성화시킨다고 거기 가서 한번 해보라는 거예요. 그래서 순진하게 그걸 믿고 열심히 했어요. 이게 조리사의 숙명인가 봐요. 회사하고의 싸움은 싸움인 거고, 제가 하는 음식을 먹겠다고 오는 손님들한테 소홀할 순 없잖아요.

근데 어느 정도 잡힐 만하니까 점심 때 파스타 장사를 하자는 거예요. 근처 직장인들 대상으로 점심시간에 파스타하고 커피, 이렇게 해서 런치 세트를 1만2000원에 판매했는데, 손님들 반응이 너무 좋았어요.

오전에는 점심 파스타를 준비하면서 예약 받은 도시락을 50~100개씩 만들었다. 원래 계약직 넷이 하던 일을 둘이 하려니 일손이 부족해 도시락 포장이며 서빙 업무는 다른 부서 직원들이 와서 도왔다.

손님은 정말 많은데도 가격을 너무 싸게 하니까 매출이 안 좋은 거예요. 샐러드에 빵까지 주자고 하는데, 빵은 못 주겠다고 했어요. 근데 커피를 한 잔 먹고 나가면서 리필을 해달라고 하면 일회용 컵에다가 아이스커피를 또 한 잔씩 줘요. 호텔에서 제대로 된 서비스를 제공하고 제대로 된 가격을 책정해서 판매해야 하는데, 여기 경영진은 그 돈에 누가 와서 먹냐, 하면서 가격을 계속 내리는 거예요. 최근 10년 동안 계속 그랬어요. 그러면서 매출은 나오는데, 인건비가 안된다고 해요.

현석 씨는 처음에만 홍보도 할 겸 이렇게 하고, 나중에 메뉴를 보완해서 가격을 올려 볼 생각으로 점심도 굶어 가며 일했다. 8개월이 지난 2021년 8월 마지막 주 금요일이었다.

점심 영업 끝나고 오후 4시쯤이었어요. 다음 주에 쓸 식재료 주문하고, 월말이라 식자재 재고 조사를 하고 있었거든요. 근데 갑자기 지배인이 오더니 "오늘까지만 영업하겠습니다" 하는 거예요. 맥이 쭉 빠지더라고요. 이 사람들이 처음부터 할 생각이 없었던 거죠. 잠깐 쇼를 한 것 같다는 생각이 들어요. 나름 노력했다는 정당성을 확보하려고 한 게 아니었나.

코로나19 이후 이 호텔에서 가장 먼저 일자리를 잃은 이들은 용역 업체 소속으로 룸어텐던트·건물 청소·출장 연회·조리 기물 운송 업무 등을 하던 간접고용 노동자들과 일용직이다. 그리고 직접고용 계약직이 해고됐다. 세종호텔은 무기계약직 전환 시점인 2년을 앞둔 계약직들에게 무급휴직을 요구했다. 사측의 요구대로 무급휴직에 들어갔던 계약직들은 한 달 후에 해고를 당하거나 계약 연장이 안 돼 호텔을 떠났다. 그다음 표적이 혜수 씨와 현석 씨 같은 정규직이었다.

세종호텔의 본격적인 정리해고 시나리오는 2020년 11월, 40명을 대상으로 한 희망퇴직 공고에서 시작된다. 회사는 고용유지 지원금을 최대 10개월까지 받을 수 있었지만, 7개월만 신청하고 10월에 유급휴직 중이던 직원들을 복귀시켰다. 그리고 한 달이 지나 코로나19로 인한 경영 위기로 구조조정이 불가피하다며 희망퇴직 공고를 낸다.+ 당시 20년 이상 근속자의 희망퇴직 위로금이 8개월치 월급이었는데, 회사는 이것도 늦게 신청하면 1개월치를 깎겠다고 했다.

저는 당시 19년차였는데, 이상하게 20년을 채우고 싶다는 생각이 들더라고요. 그땐 식음료 업장을 폐쇄하는 분위기가 아니었어요. 회사는 코로나가 길어지고 경영 손실이 크다고 1차 희망퇴직 하고 나면 희망퇴직을 더는 안 한다고 했거든요. "이번에 희망퇴직 안 하면 하고 싶어도 못 한다. 다 안 받아 준다." 회사가 그랬어요. 그러니까 사람이 얼마나 불안해요. 혹시라도 나중에 나가게 되면 위로금도 못 받고 나가야 되잖아요. 그래서 49명이나 나갔는데, 2차를 또 받더라고요.

1차 희망퇴직으로 룸어텐던트들 가운데 정규직이 거의 남지 않게 되자 회사는 기다렸다는 듯이 이 업무를 용역 회사에 넘겨 버렸다.++

10개월이 지난 2021년 9월, 두 번째 희망퇴직 공고가 났다. 세종호텔의 이번 타깃은 건물을 보수하거나 전기 등을

+ 고용유지 지원금을 받는 동안과 이후 1개월은 인원을 감축해선 안 된다는 정부 지침이 있었다.
++ 2015년 즈음, 세종호텔은 정규직이 떠난 자리를 계약직 비정규직으로 채우거나 자회사(KHR)를 만들어 주차 관리와 룸어텐던트 업무 일부(333실 중 133실)를 외주화했다. 그 이후 3~8층은 용역 회사 노동자가, 9~15층은 정규직이 룸어텐던트 업무를 해왔다. 2020년 11월, 코로나19 시기를 이용해 세종호텔은 남은 200실마저 외주화한다. 희망퇴직을 신청하지 않았던 룸어텐던트 노동자들은 식음료 업장으로 전환 배치되어 결국 정리해고당했다.

다루는 시설팀을 외주화하는 것이었다. 시설팀 10명 중 8명이 외주화에 반대하기로 결의하고 노조에 가입했다. 이로써 세종호텔지부는 대표 교섭 권한을 가진 다수 노조가 됐다. 하지만 이미 용역 업체 선정이 끝났다는 소문에 희망퇴직 신청 마지막 날 시설팀 전원이 희망퇴직을 신청했다. 결국 시설팀도 용역 업체로 넘어갔다. 경영 위기 운운하던 세종호텔은 희망퇴직 위로금과 용역비에는 지출을 아끼지 않았다.

사측이 계속해서 희망퇴직 공고를 하자, 노동조합에서는 회사에서 생각하고 있는 구조조정 인원이 몇 명인지를 물었다. 회사는 대답하지 않았다. 그리고 11월 5일, 정리해고 통보가 이루어지고 프런트 데스크와 관리직 등 24명의 정규직을 남겨 두고서야 "더 이상의 해고는 없다"라고 했다.

코로나로 인해서 영업이 안 됐던 거는 사실이고, 지금 당장 어려운 거 우리들도 다 이해해요. 그런데 세종호텔은 우리가 납득할 수 있는 그 어떤 자구책도 제시하지 않고, 오로지 정리해고만 목숨 걸고 하고 있는 것 같아요. 세종호텔이 호황일 때가 분명 있었잖아요. 호텔업은 객실업이 주업이긴 하지만 호황기에 저희 식음료 파트 직원들이나 조리사들도 매출에 기여를 했고요. 근데 1, 2년 매출이 떨어졌다고 일방적으로 날짜 통보하고 나가라고 하는 걸 어떻게 받아들이겠어요.

2012년, 주명건 회장이 복귀하고 3년이 지나 은하수는

양·한식 콤비 뷔페 '엘리제'로 이름이 바뀌었다. 세종호텔은 경력직 조리사 대부분을 연회 출장 뷔페 파트로 보내고, 호텔 내부 식당에는 갓 입사한 계약직 노동자들만 남겨 두었다. 현석 씨는 그 무렵부터 외부 출장 연회 파트에서 "조리복 입은 좀비"처럼 일을 했다. 세종호텔은 기존의 서너 배에 달하는 출장 뷔페 계약을 하면서도 인력을 충원하지 않았다.

한 행사장당 정규직 둘에다 일용직 조리사들, 그리고 아르바이트 7, 8명 해서 열 명 정도가 두세 타임 1000인분 이상 되는 하루 행사를 치르는 거예요. 바쁠 때는 주말 예식 뷔페만 한 주에 3000명씩 치르기도 했어요. 가능한 한 일찍 나와서 가능한 한 늦게까지 일하는 수밖에 없는 거죠. 주말에는 보통 새벽 2시에서 4시 사이에 주방에 나와요. 갈비찜, 잡채, 탕수육 이런 따뜻한 음식은 호텔에서 다 만들어서 나가야 하거든요.

호텔 주방에서 새벽 6시까지 음식을 준비해서 7시까지 탑차에 음식과 냉장고, 그릇 같은 기물을 싣고 출장지로 떠난다. 행사가 끝나고 기물을 챙겨 호텔에 다시 도착하는 시간은 밤 9시나 10시. 기물들을 내리고 정리한 후 호텔 객실에서 잠깐 눈을 붙이고 다음날 새벽에 다시 일을 시작한다. 하루 연장 근무만 10시간 이상이다. 그렇게 일주일에 3, 4일 이상을 일한 게 7, 8년이다.

솔직히 저희는 20년 이상 해왔기 때문에 육체적으로 힘든 거는 어느 정도 내성이 생겼어요. 더 큰 거는 정신적인 거예요. 인원이 몇 명이든 간에 어쨌든 정해진 시간 내에 끝내야 되고 오픈을 해야 되잖아요. 조리사는 일단 주어지면 해야 돼요. 고객이 기다리고 있는데 손 놓고 나갈 순 없거든요. 매주 꾸준히 30~40시간씩 연장을 하면 영혼이 이만큼 밖으로 나가 있습니다.

부족한 인원으로 음식을 만들려면 조리 단계를 줄여야 하기 때문에 완제품을 쓰게 된다. 음식의 질이 떨어질 수밖에 없다. 사고의 위험도 있다. 그게 반복되다 보면 언젠가는 고객이 알게 되고 불만이 제기된다. 그 책임은 고스란히 조리사들에게 돌아온다.

출장 연회랑 호텔 내부 연회까지 정말 꾸준히 잘됐거든요. 근데 나중에 계약 연장할 때쯤 되면 호텔 음식이 왜 이러냐면서, 재계약을 할 때 가격을 낮춰서 하는 거예요. 우리가 그렇게 바쁘게 일했는데, 남는 게 없대요.

현석 씨에게 왜 끝까지 싸우기로 했는지 그 이유를 물었다.

이렇게 끝나는 게 부당하다고 생각해서요.

―――[제주칼호텔 이야기]―――

2021년 11월 3일 오전, 서울 중구 서소문동 한진칼 본사 앞. 제주칼호텔+ 10년차 컨시어지 최영훈 씨가 고용 보장 없는 일방적인 매각에 반대한다는 내용의 피켓을 들고 일인 시위를 하고 있다.

뉴스에서 보던 걸 저희가 하게 될 줄은 몰랐어요.

영훈 씨는 중학생 때 드라마 <호텔리어>를 보고 호텔에서 일하고 싶다는 꿈을 가졌다. 그 뒤 관광학과를 졸업하고 제주칼호텔 객실팀 컨시어지 데스크 파트에 입사했다. 컨시어지는 고객이 호텔에 도착해 가장 먼저 만나는 사람이자 가장 마지막에 만나는 사람이다. 영접과 환송, 호텔 내 부대시설과 객실 이용 안내, 교통·관광·쇼핑 안내, 예약 대행, 기타 불편 사항 처리 등 고객이 호텔에 체류하며 필요로 하는 모든 서비스를 총괄적으로 제공하고 처리하는 업무를 한다.

+ 1974년에 개관한 5성급 호텔로 지하 2층, 지상 19층 건물에 객실 280개를 운영 중이다. 건물 등 자산은 칼호텔네트워크(한진칼의 자회사)가 소유하고, 호텔 노동자들은 대한항공 자회사인 항공종합서비스 소속으로 되어 있다. 제주칼호텔 노동자들에게는 한진칼과 한진그룹, 대한항공이 원청인 셈이다.

어느 부서에 넣어야 할지 모르는 일은 거의 저희 쪽으로 온다고 보면 돼요. 밤에 포크나 수건 갖다 주는 것부터 베개 시트 가는 것도 저희가 하거든요. 뷔페 서랍장 두 번째 칸에 뭐가 있는지까지 다 알아야 하고요. 객실 타입도 다 외우고 있어야 해요. 몇 호 룸 타입 트윈, 한라산 방향, 객실에 뭐가 있고 미니바 순서는 어떻게 되는지 다 알아야 손님한테 설명할 수 있잖아요. 저희가 처음에 입사하면 룸 타입마다 들어가서 그걸 다 그려서 외워요.

야간에 호텔에서 소란을 피우는 취객을 달래거나 이들이 남긴 토사물을 치우는 것도 영훈 씨가 하는 일 중 하나다. 한 달에 몇 번은 파출소에서 출동하는 상황이 벌어지는데, 이 과정에서 위협을 느낀 적도 많다.

호텔은 아직까지 '자동화 청정 지역'이다. 그만큼 인적 대면 서비스가 중요하기 때문인데, 정작 호텔에서 일하는 노동자들은 계속해서 줄고 있다. 현재 영훈 씨가 근무하는 컨시어지 데스크에 근무하는 노동자 수는 10년 전 영훈 씨가 입사하던 당시의 절반 이하로 줄어들었고, 프런트 데스크와 서로 도와 가며 업무를 하고 있다. 일이 힘들다 보니 매년 한두 명씩 호텔을 떠나는데, 2019년부터는 호텔 측에서 퇴사자가 있어도 신규 채용을 하지 않고 있다.

현관 옆에 컨시어지 데스크가 마련돼 있지만, 그 안에 머무는 경우는 거의 없다. 고객들이 영훈 씨를 가장 잘 찾을 수 있는 로비에 서서 오가는 이들에게 인사를 하며 도움을 필요로 하는 고객을 기다린다.

몇 년 전에 회사에서 의자를 갖다 놓고 대기할 때는 앉아 있으라고 했는데, 우리가 회의해서 놓지 않기로 했어요. 손님들이 가장 많이 찾는 부서인데, 서서 스탠바이하고 항상 준비돼 있다는 자세를 보여 주는 게 중요하다고 생각했어요.

종일 서서 근무하다 보니 족저근막염이나 발가락으로 가는 신경이 압박을 받아 두꺼워지는 지간신경종 같은 질환이 생기는 경우가 많다.

매일 똑같은 일을 한다고 생각할 수도 있겠지만, 저희한테는 항상 다른 분이 오시는 거잖아요. 그래서 항상 다른 일이 생기고, 틀을 벗어난 상황을 맞이하게 돼요. 그걸 해결해 나가는 재미가 있죠. 같은 서비스와 멘트를 해도 손님들마다 다 반응이 다르거든요. 한번은 만삭인 고객님이 투숙 중에 진통이 시작돼서 앰뷸런스를 불러 병원으로 안내해 드린 적이 있었어요. 나중에 아기를 데리고 다시 오셔서 고맙다고 하시더라고요.

영훈 씨는 환송할 때 고객들이 만족해 하면 보람도 느끼고 이 직업을 잘 선택했다는 생각이 든다. 제주칼호텔 고객들의 주요 불만 사항 중 하나는 낡은 시설에 대한 것이다. 영훈 씨는 이를 보완하기 위해 고객에게 먼저 다가가는 서비스를 한다.

저희 호텔이 1970년대에 지어진 건물이다 보니 지하 주차장에서 연결되는 엘리베이터가 없어요. 지하에서 캐리어를 끌고 올라오시면 얼른 가서 짐 받아 들면서 "오시느라 고생 많으셨습니다. 엘리베이터가 없어서 죄송합니다" 해요. 어떻게 보면 저희 서비스, 소프트웨어로 하드웨어 단점을 커버하는 거죠.

다짜고짜 욕을 하거나 사사건건 불만을 제기하는 고객들도 없지 않다. 데스크 옆에는 '고객 응대 근로자 보호조치'를 안내하는 문구가 붙어 있지만, 실효성은 없다.

어쨌든 비용을 지불한 고객님이기 때문에 조금이라도 더 맞춰 드리고 최상의 서비스를 제공해야 한다는 생각을 갖지 않으면 힘들어서 못 해요. 예전에 30년 다닌 과장님이 그러셨어요. 손님이 욕을 하면 욕이 귀에 들어오잖아요. 그걸 그냥 '내 월급이 들어오고 있구나' 이렇게 생각하래요. 그래야 버틸 수 있다고.

그날 있었던 일을 쌓아 두거나 곱씹으면 절대 할 수 없는 일이다. 영훈 씨는 동료들과 이야기하면서 어느 정도 응어리를 푼다고 했다.

　최근 영훈 씨는 입사하고 처음으로 슬럼프에 빠졌다. 2021년 9월 2일, 이 모든 일이 시작됐다. 갑자기 호텔 안이 술렁였다.

　칼호텔 매각 뉴스를 보신 분들이 연락해서 어떻게 된 거냐, 물은 거죠. 저도 그 얘기 듣고 검색해 보고 알았어요. 처음에는 너무 놀라서 아무 생각도 안 들더라고요. 나만 열심히 하면 오랫동안 잘 다닐 수 있겠구나 했는데….

　제주칼호텔은 전날, 스타로드자산운용을 매각 우선 협상 대상자로 선정하는 업무 협약MOU을 체결했다. 부동산 개발 회사인 스타로드자산운용은 제주칼호텔 건물을 헐고 주상복합 건물을 지을 계획이라고 했다.

　호텔 측은 뒤늦게 매각 사실을 인정하며 전 직원 300명(정규직 150명, 용역 업체 소속 90명, 카지노 60명) 가운데 정규직 30명만 서귀포칼호텔에서 근무할 수 있다고 밝혔다. 직원 90퍼센트에 대한 정리해고를 암시한 것이다. 공식적인 매각 사유는 "코로나19로 인한" 매출 감소와 경영 악화였다.

　코로나 초반에는 객실 점유율이 20~30퍼센트밖에 안 될 때도 있었어요. 처음에는 큰일 났다고 생각했어요. 다들 우왕

좌왕하고 겁이 나서 집 밖에 잘 안 나가던 시기였잖아요.

하지만 제주칼호텔은 해외여행이 차단된 상태에서 차선으로 제주도를 선택하는 국내 여행객들과 고정 투숙하는 승무원, 제주도민 등의 이용으로 어려움을 극복할 수 있었다. 직원들은 연차 소진과 무급휴직, 고용유지 지원금을 통해 유급휴직을 하며 어려운 시기를 견뎠다. 임금은 3년째 동결 중이었고, 휴직 기간에 정상 근무를 한 노동자들은 임금의 20~30퍼센트를 지급 유예하는 데 동참했다.

저희 호텔이 특급 호텔 중에서 접근성이랑 가성비가 좋거든요. 지금 예약률이 70~80퍼센트로 코로나 이전으로 거의 돌아왔어요. 제주도는 요즘 사계절 내내 성수기예요. 이대로 가면 그동안 손실 본 것도 만회하고 정상 운영이 가능하겠다고 생각했어요. 우리가 좀 더 열심히 하면 계속 일할 수 있을 거라는 희망이 있었는데….

호텔 측은 2022년까지 상환해야 할 장기차입금이 2300억 원인데, 2020년 매출액이 전년도에 비해 565억 감소했고, 영업 손실 규모가 630퍼센트에 이른다고 했다. 하지만 장기차입금 중 1050억 원은 칼호텔네트워크가 그랜드하얏트 인천의 객실을 500개 증축하기 위해 2012~13년에 대출받은 것으로, 제주칼호텔과는 무관한 것이었다. 노동조합은 회사 측에 공인된 회계 사무소에서 작성한 제주칼호텔만의 재무제표를 요구했지만 받지 못했다.

우연치 않게 코로나가 시작되기 전에 한진그룹 경영권 싸움이 벌어졌잖아요. 코로나는 구실이죠. 코로나 때문이 아니라 그냥 때마침 코로나가 터졌던 거죠.

한진그룹은 코로나19 확산 이전에 이미 호텔·레저 사업 구조를 개편하겠다는 방침을 확정했다. 일각에서는 2019년 취임 후 경영권 강화를 위해 아시아나항공 인수를 진행하고 있는 한진그룹 조원태 회장이 그 인수 자금을 마련하기 위해 제주칼호텔 매각을 추진하고 있다고 보고 있다.

매각을 해도 고용 승계를 하고 호텔을 잘 운영할 의지가 있는 회사에 매각할 거라고 생각했어요. 대한항공 기내식 사업이랑 기내 면세품 사업, 저희랑 같은 대한항공 자회사 항공종합서비스 칼리무진도 다 고용 승계를 계약 내용에 포함시켜 매각을 했거든요.
    우리 칼호텔 직원 300명 다 제주도민인데, 한진그룹이 이러면 안 된다고 생각해요. 한진그룹은 제주칼호텔 말고도 대한항공 제주-김포 노선부터 제동목장, 정석비행장, 생수까지 제주도 자원과 지원을 통해 대기업으로 성장했거든요.

2022년 설 연휴가 끝난 다음날, 영훈 씨는 총지배인 명의의 문자 한 통을 받았다. 2022년 4월 30일부로 제주칼호텔 영업을 종료한다는 내용이었다. 5월 31일자로 칼호텔 직원들이 소속된 항공종합서비스와 칼호텔네트워크 간에 체결된 도급계약도 종료될 예정이라고 했다. 제주칼호텔은 4월 30일 이후 예약을 받지 않고 있다.
　요즘 근무할 때 고객들이 주스와 과자를 건네며 힘내라고 하는데, 영훈 씨는 고마운 한편 마음이 아프다.

　전에는 정말 진심으로 고객이 잘 쉬다 가셨으면 하는 마음을 갖고 서비스를 했어요. 근데 이 일이 있고나서는 마음에 여유가 없으니 꾸며서 서비스를 한다는 생각이 들 때가 있어요. 직원들도 고용이 안정되고 마음이 편안해야 고객들한테 좀 더 여유롭게 다가갈 수 있잖아요. 요즘 호텔이 많이 대중화되면서 '집 밖의 집'이라고 해서 일상에서 동떨어지지 않은 편안함과 아늑함이 있으면서도 특별한 휴식과 재충전을 추구하는 게 트렌드거든요. 그런 걸 위해 많은 노동자가 기계부속처럼 호텔을 24시간 돌리고 있는 거죠. 원래 호텔의 어원이 '환대'라고 하는데, 정작 고객들을 맞이하는 호텔 안의 노동자들은 호텔로부터 환대는커녕 소모품으로 쓰고 버려지는 현실이 너무 안타깝고 착잡해요.

숨을 참는 시간

연극인의 일

하명희

무대에 조명이 켜지면 객석 뒤에서 빨간 공을 든 세 명의 배우가 공처럼 튀어나온다. 두 명은 간호복을 입고 있고, 한 명은 간호복 위에 의사 가운을 걸치고 있다. 무대는 병원 비품실. 이들은 이곳에서 편의점 도시락을 급하게 먹으며 각자의 이야기를 풀어놓는다.

의사 가운 속에 간호복을 입은 성주는 연극에서 '유령 간호사'로 불린다. 성주는 의료진의 공백을 메우기 위해 불법 의료 행위를 강요받는 PA 간호사+다. 7년차 간호사 윤주는 3교대 근무로 일하며 기본적인 욕구(식욕, 배변욕, 수면욕, 성욕)조차 해결할 수 없는 생활 리듬이 걸음걸이에 배어 있다. 신입 간호사가 쏟아지는 업무를 처리하며 "날아요? 걸어요?"라고 묻자 윤주는 "뛰는 것처럼 걷자, 나는 것처럼 걷자"라며 무대 위를 날 것처럼 걷는다. 메르스 유행 당시 의료진으로 활동했던 경주는 코로나19 전담 간호사로 일하면서 간병인이 병원 직원이 아니라는 이유로 마스크 한 장 지급받

+ 진료 보조인Physician Assistant을 가리킨다. 의료 인력이 부족할 때 의사 업무를 보조하는 역할을 하지만, 관련 제도가 없는 국내에서는 불법이며, 이들이 담당할 수 있는 업무의 기준이 명확하지 않아 법적으로 보호받을 수 없는 사각지대에 놓여 있다.

지 못하고 코로나19로 사망하는 모습을 본다. 경주는 환자를 인간적으로 대하며 일하고 싶지만 그럴 수 없는 노동 현실에 대해 질문한다. 연극은 이들을 통해 '간호 받지 못하는 간호사들의 일'을 이야기한다.

 2021년 9월 초, 이 연극의 극작가이자 연출가, 배우를 겸한 김경희 씨(38)와 조명 감독 나민철 씨(36)를 만났다. 극단 대표이기도 한 김경희 씨는 연극 경력만 17년으로, 극단에 들어가 배우로 활동하다 극작과 연출의 길로 들어섰다. 나민철 씨는 대학 졸업 후 10여 년간 연극 무대에서 조명 디자이너로 일하며 각종 행사의 조명 크루로도 일하고 있었다. 우선 크루란 어떤 역할을 하는 건지 물었다.

 한 공연장에서 길면 사나흘, 짧으면 하루 일을 하고 일당을 받는 거예요. 건설 현장처럼 팀 단위로 움직이며 일하기 때문에 '조명 크루'라고 하는데, 쉽게 말해 공연계에서 일당을 받는 일꾼이죠.

 이들은 조명을 설치하고 다루는 숙련노동자지만 일용직이므로 보통 계약서 같은 건 쓰지 않는다.

 조명은 저처럼 디자이너가 있고 그 디자이너랑 함께 작업해 왔던 사람들이 크루로 붙는 거거든요. 크루 개인이 회사랑 면대면으로 만나서 계약서를 작성해 달라고 요구하기는 정말 어려워요. 거의 없다고 봐야죠.

규모가 큰 공연장이나 재단 같은 곳은 의무적으로 계약서를 쓰기도 하지만, 대학로 공연장이나 이벤트 행사장 같이 소규모로 일하는 곳들은 거의 구두 계약으로만 일한다. 문제는 임금 체불처럼 계약을 어기는 상황이 발생할 때다.

2019년엔가, 제가 일을 해준 업체가 망해서 대표가 파산 신청을 했거든요. 그래서 노동부에 전화를 해봤죠. 이런 상황인데 밀린 임금을 받을 수 있겠느냐 물었더니, 일단 저는 근로자가 아니래요. 프리랜서라서 소속된 직장이 없지 않냐, 게다가 계약서도 없는데 무슨 수로 도와주냐, 그래요. 그때 느꼈죠. 지금껏 내가 '예술 노동자'라고 생각했는데 정말 사각지대에 있었구나. 법적으로는 노동부에서 말하는 '근로자'가 아니니 사회적 존재 자체가 없는 거구나.

예술인들이 처한 이런 문제들을 해결하고자 정부는 고용보험법을 개정해 2020년 12월 10일부터 예술인 고용보험 제도가 시행되기 시작했다. 이제 예술인들은 실업급여와 출산 전후 휴가 급여 등의 혜택을 받을 수 있다. 작품 제작 과정에 단기로 참여하거나 불규칙한 수입으로 안정적 생활을 하기 어려운 예술인들이 환영할 만한 제도다. 그러나 이 제도를 활용하기 위해서는 고용보험용 문화·예술 용역 계약서를 작성해야 한다. 또 월평균 50만 원 이상의 소득 제한과 9개월의 고용보험 가입 기간을 산정하는 것도 문제다. 물론 단기 계약 예술인들을 위해 노무일이 월 11일 이상이면 한 달로 간주하기는 하지만 서류 절차가 복잡하고 실업을 증빙해야 하는 어려움이 있다. 이 때문에 제도 입안 과정에서 '예술인을 배제한 예술인 고용보험'이라는 비판이 제기됐다. 실제 예술 현장에서 이 제도는 어떻게 적용되고 있을까.

제도 시행 이후에는 재단이나 국립극단, 또는 지원 사업에 선정되었을 경우 무조건 문화·예술 용역 계약서를 작성하고 고용보험료를 떼고 임금이 정산됐다. 하지만 예전엔 원천징수로 3.3퍼센트 떼던 걸 제도 시행 이후에는 고용보험료가 포함돼 8.8퍼센트를 떼니까 당장 생활비가 급하거나 실업을 증빙하기 어려운 예술인들은 이 제도를 반기지 않는다. 나민철 씨는 일당을 받는 크루들의 실업 증빙도 문제지만 월별 소득 제한도 걸림돌이 된다고 했다.

소득이 한 달에 50만 원 이상이어야 실업급여를 신청할 수 있어요. 근데 프리랜서들, 크루들은 회당 일당으로 지급되기 때문에 이게 쉽지 않거든요. 신청하고 싶어도 현실적이지가 않죠.

──[공연 예술가들의 노동 생태계]──

김경희 씨는 코로나19로 인한 공연 취소와 연기에 지쳐 2020년 한 해 동안 공연을 쉬고 다른 일을 했다.

먹고살아야 하니까. 연극만으로는 생활이 안 되거든요. 아이가 이번에 초등학교에 입학했는데, 제가 아이를 혼자 키우고 있어서 생활비를 벌어야 해요. 지인이 소개해 줘서 월 170만 원 받고 방송 취재 작가 일을 했어요. 그 일이 없었으면 올해도 정말 힘들었을 거예요.

김경희 씨는 "운 좋게" 연극할 때보다 오히려 돈을 더 벌었다. 하지만 극단 대표로서 마음은 편치 않다. 2020년에 극단 배우와 스태프들이 연극으로 번 수입은 없었기 때문이다. 극단 배우들은 어떻게 1년을 버텼을까?

극단의 원 멤버들이 다들 비슷한 시기에 육아에 전념하면서 계속 공연을 못 했어요. 남자 배우들은 영화를 하거나 생업에 전념하느라 미리 많이 빠졌고, 남아 있는 분들도 '투 잡'을 기본으로 하고 있고요. 우리 극단의 막내 배우는 다른 공연의 무대감독 일도 하고 있거든요. 그분은 우리 극단 계획이 잡히면 그 시간에는 다른 공연의 무대감독 일은 못 하는 거죠. 같은 업계에서 투 잡을 하는 경우는 그래서 시간 조율이 중요해요.

다른 팀에 가서 배우로 참여하거나 하면 육아를 위해 시간을 배려해 달라고 말하기가 쉽지 않다. 연습할 때는 배려를 해주기도 하지만 공연을 앞두고는 불가능하다. 그래서 경희 씨는 2021년, 극단 멤버의 아이들과 배우들이 함께하는 공연을 기획했다.

아이들을 어린이집이나 학교에 보내면 오전 10시부터 오후 2시까지 연습 시간이 맞춰지더라고요. 육아와 연습을 함께 할 수 있는 방법이 없을까 고민하다가 2021년 봄에는 배우와 극단 멤버의 아이들이 출연해서 공연을 같이 했어요.

김경희 씨는 아이들이 나온다고 해서 아동극은 아니라고 짧게 소개했지만, 나민철 씨는 "묶여 있는 놀이기구 사이에서 아이들이 함께 놀고, 함께 뛰면서 '긴 줄넘기'를 통해 어른들이 만들어 놓은 질서를 깨는 공연"이었다고 평했다. 김경희 씨는 봄 공연에 이어 여름 공연을 준비했다. 연습 기간 중 사회적 거리 두기가 4단계로 격상되면서 학교 돌봄 교실도 못 가게 돼 여름방학 내내 연습실에 아이를 데리고 왔다. 애도 힘들고 어른들도 힘든 시간이었다. 그러다 2021년 9월 2일부터 열흘간 잡혀 있던 연극 공연이 취소되는 일이 벌어졌다. 이들을 만나 인터뷰한 날, 원래대로라면 공연이 진행되고 있어야 했다.

창작자 가족 중 한 명이 의심 증상이 있다고 연락이 와서 공연을 취소했어요. 정확하게는 공연 시작 15분 전에요. 관객들한테는 10분 전에 통보가 된 거고. 이제 객석을 열어도 될까요, 하고 우리 피디한테 물어봤는데, 관객이 아직 많이 안 오셨으니 5분만 더 있다가 입장을 하자고 해서, 관객 입장 지연을 알리기 위해 극장 안으로 들어갔죠. 그때 코로나 의심 증상이 있는 가족한테 전화가 온 거예요. 관객 입장 5분 전에요.

극단 대표인 김경희 씨는 그 5분 동안 결정을 내려야 했다. 지난 두 달간 육아를 병행하며 간신히 시간을 쪼개 연습에 임했던 배우와 스태프들, 극본을 쓰고 돌려보며 호흡을 맞추던 순간들을 돌아볼 여유는 없었다. 경희 씨에게는 연극을 보러 온 관객들과 앞으로 공연을 할 수 있는 무대를 안전하게 지키는 것이 더 중요했다.

관객을 로비에서 돌려보내고 그길로 다 같이 보건소에 가서 코로나 검사를 받았어요. 전부 음성이 나와서 안심을 했죠. 그 가족분은 직업 특성상 만나는 사람이 많다 보니 혹시 공연에 피해가 될까 봐 집에서 마스크 쓰고 생활하고 밥도 따로 드시고 잠도 따로 자면서 조심하셨다고 해요. 그렇게 생활하신 덕분에 저희도 전부 음성이 나올 수 있었고요.

그는 "관객이 극장에 들어오지 않은 상태에서 마무리된 게 정말 다행"이라고 몇 번을 강조했다. 이렇게 연극이 중단된 게 정말 다행인 걸까. 정말 다행이라 생각하는 걸까. 나는 재차 물었다.

다행인 거 맞아요. 만약에 그 가족분이 연락을 안 하셨으면 저희는 공연을 했을 거고, 관객 중 누군가가 양성이라도 나오면 연극계·공연계 전체가 위험하다고 낙인찍히지 않았을까요. 2020년에는 불특정 다수가 함께 있는 극장에 들어온다는 것 자체가 위험하다는 인식이 많았어요. 코로나 초반에 공공 극장은 문을 닫았고 발표되는 확진자 수에 따라 공연이 취소되는 사례도 많았고요. …… 하지만 저희가 공연을 앞두고는 이렇게 가족들까지 초긴장 상태로 방역 수칙을 지키거든요. 극장이 진짜 위험한 시설인지, 얼마나 위험한지 묻고 싶어요. 그렇다면 회사는, 음식점은, 지하철은요?

과연 극장은 위험한 곳일까. 공연 스태프들은 극장에 들어가 일하려면 선제 검사를 받아야 한다. 나민철 씨는 현재 두 편의 연극에 크루로 참여하고 있는데, 두 곳의 무대 조명을 설치하면서 일주일에 한 번씩 PCR 검사를 하고 있다.

이렇게 자주 하게 될 줄은 몰랐어요. 코피 나요, 진짜. 선제 검사는 의심 증상 있는 분들이 받는 건데, 일을 하려면 극장이나 단체들에서 증빙 자료를 요청하더라고요. 홍보 자료에 스태프들이 선제 검사를 마쳤다는 문구가 들어가기도 해요.

코로나 시기에 이들이 가장 힘든 건 무엇일까. 김경희 씨는 공연 예술을 대하는 사람들의 인식에 대해 이야기했다.

우린 이게 생업인데, 이런 시기에 굳이 공연을 해야겠니, 하는 그런 시선이 힘들어요. 식당 주인한테 지금 이런 상황인데 굳이 식당 문을 열어야겠니, 그러진 않잖아요.

극단 대표로서 책임져야 할 일도 더 생겼다. 과거에는 계약서에 "재난 상황에서는 상호 협의한다"라는 항목만 있었다. 그러나 코로나19 이후 공연 예술계 계약서에는 세부 항목을 넣는 게 중요해졌다.

코로나 상황에서 극장 방역이나 환기가 되는 연습실을 구하거나 창작자 안전을 신경 쓰는 일도 번거롭기는 해요. 하지만 가장 힘들었던 부분은 계약서 조항을 끊임없이 쪼개서 고민해야 하는 거였어요. 공연이 취소되는 시점에 따라, 창작자의 직군마다, 조건을 다 다르게 해야 하거든요. 공연은 연습 중에 취소될 수도 있고, 극장이 이미 대관된 상태에서 무대를 설치하는 도중에 취소될 수도 있고, 공연 도중에 취소될 수도 있잖아요.

또 공공 지원금을 받았을 경우 공연을 못 하면 인건비를 어떻게 지급할 것이냐를 두고 공공 기관과 매번 협의해야 하는 상황이 벌어져요. 공연을 못 했더라도 창작자들이 준비하고 연습한 기간의 인건비를 받으려면 계약서에 그 항목들을 다 세세히 챙겨 넣어야 해요.

———[예술가들의 일 년 살이]———

코로나19 초기 공연 예술가들은 스스로 매뉴얼을 만들어 동료들과 공유하며 극장 안전을 위해 노력했습니다. 그러면서 국가에서 지원받을 수 있는 고리들을 만들었는데, 대표적인 것이 방역 도우미 지원 사업이다. 이는 국가에서 극장에 방역 인력을 고용할 비용을 지원해 주는 사업이다. 또한 서울시에서는 극장 임대료 지원 사업을 확대해 공연장을 지원하고 있다. 이는 공모를 통해 극장주에게 극장 임대료를 지원하는 방식이다. 이외에 한국문화예술위원회에서는 2015년 메르스 사태 이후 극단에 공연장 대관료를 지원하는 사업을 확대 진행하고 있다.

100석 규모의 소극장들은 하루 대관료가 평균 50~80만 원 선이다. 극단에서 제일 부담이 큰 것 가운데 하나가 대관료여서 이 또한 지원을 받지 않으면 공연이 힘들다. 물론 이런 지원을 받는 작품으로 선정되기도 어렵지만, 사회적 거리 두기 때문에 100석 규모의 공연장에서도 50석의 수익만 보장되다 보니 연일 매진이라 해도 구조적으로 적자일 수밖에 없다.

한국문화예술위원회가 2020년 예술인들을 대상으로 실시한 「코로나19 대응 예술 현장의 위기 인식 실태 조사」[+]를 보면, 코로나19 장기화로 인한 예술인들의 예술 활동 피해 양상은 "작품을 통한 관객과 예술인들과의 소통 단절"이 75퍼센트, "창작 발표 공간의 폐쇄"가 59퍼센트, 그로 인한 "창작 활동 의욕 저하"가 57퍼센트로 나타났다. 경제적 피해 양상은 "이벤트, 예술 행사 취소와 연기"가 72퍼센트, "겸업 활동 중단"이 42퍼센트이고, 이에 대한 대응은 "정부 지원금 신청"이 61퍼센트로 가장 높다. 예술인들은 지난 2년간 어떻게 생활했을까?

일단 적금 들었던 거 다 깼고요. 많은 돈은 아니지만, 지원금 몇 백 모아 놓은 걸로 허리띠 졸라매고 살았어요. 그래도 이렇게라도 도움을 받아서 다행이죠.

나민철 씨는 2020년에 격년제로 지원할 수 있는 창작

[+] 한국문화예술위원회, 「코로나19 대응 예술 현장의 위기 인식 실태 조사(예술인)」(2020. 2. 22), 31~34쪽 참고.

지원금 300만 원과 특수고용 프리랜서 지원금 50만 원을 3회에 걸쳐 받았다. 김경희 씨는 창작 지원금을 1회, 극단 대표로서 소상공인 지원을 3회(첫 회 50만 원, 두 번째와 세 번째는 각 100만 원씩) 받았다.

저는 그래도 무대 디자이너 경력이 쌓여서 공연이 취소, 연기되기는 했어도 계속 일은 있는 편이었거든요. 근데 음향 작업하는 분들은 콘서트 등이 다 취소되니까 아예 전멸이에요. 음향 기기를 빌려주는 업체들도 장비들이 다 고가여서 장비 구입 대출금 갚다가 파산한 곳도 많다고 들었어요.

나민철 씨는 오히려 소규모 연극 공연들은 큰 타격을 입지 않은 것 같다고 했다. 김경희 씨는 "원래도 수입이 적기 때문에?"라고 맞장구치며 서글픈 농담을 던졌다.

문화체육관광부에서 3년에 한 번씩 펴내는 「2018 예술인 실태 조사」(조사 기준 시점은 2017년)에 따르면, 예술인들이 본업인 예술 활동을 통해 얻는 연간 수입은 평균 1281만 원. 이 가운데 연수입이 500만 원 미만인 경우는 56.2퍼센트에 달했다.+ 이런 괴리는 해당 조사가 고수입 예술인들을 포함하고 있기 때문이다. 그러나 「2021 예술인 실태 조사」(조사 기준

+ 문화체육관광부, 「2018 예술인 실태 조사」(2019. 4), 28쪽 참고.

시점은 2020년) 내용을 살펴보면, 2020년에 예술인이 예술 활동으로 벌어들인 개인 평균 수입은 755만 원+이다. 그마저도 2017년에 비해 2020년 연수입이 절반으로 줄어든데다 "수입이 없는 경우가 41.3퍼센트"라고 하니 코로나 시기 예술인들의 생활을 짐작하게 한다. 지원금을 모아 놓고 "허리띠 졸라매고 살았다"는 말이 단순한 수사가 아님을 알 수 있는 부분이다.

──[숨을 참는 시간]──

코로나19 이후 공연 예술계는 관객을 만나는 방식을 다각도로 고민하고 있다. 대표적인 것이 온라인 공연인데, 이런 방식을 공연 예술계 종사자들은 어떻게 생각하고 있을까? 김경희 씨는 자신은 "온라인 공연을 안 하려는 사람"이라고 했다. 그럼에도 불구하고 이번 공연이 취소되고 나서는 고민이 많았다. 공연 기간에 간호사들이 "희생정신만으로는 못 버티겠다. 충분한 인력 확충과 간호사들의 처우를 개선하라"라며 총파업을 예고한 상황이었기 때문이다.

+「코로나에… 예술인 수입·활동 모두 감소」, 『세계일보』(2021. 12. 31).

우리가 할 수 있는 건 연극이니까, 연극을 통해 간호사들에게 힘을 실어 주고 싶었거든요. 이것 봐라, 간호사들의 근무 환경이 이렇다, 이게 현실이다, 라고 보여 주고 싶었어요.+

하지만 온라인을 통해서 연극을 상연하려면 예산이 더 필요하다. 영상 작업을 하려면 촬영팀이 붙어서 최소한 카메라가 세 대는 돌아가야 하기 때문이다. 결국 경희 씨는 온라인 공연을 포기했다.

사람들의 만남을 제한하는 이런 시절에 공연 예술은 무엇을 할 수 있을까? 김경희 씨는 그럼에도 불구하고 사람을 만나서 공유하는 것이 중요하다고 말한다.

어떤 관객이 공연을 굉장히 지루하고 재미없게 보면 공연 분위기도 엄청 달라져요. 반면에 누군가가 공연에 공감하면 그 에너지가 옆으로 앞으로 전달되거든요. 무대와 객석에서 일어나는 시너지나 상호작용도 있지만 관객들 사이에 일어나는 변화도 무시할 수 없어요. 그게 무대에 있는 배우들에게도 전달돼요. 이렇게 무형의 환대가 공유되는 경험은 살면서

+ 이 연극은 2021년 9월 2일부터 10일간 공연될 예정이었으나 극단 가족의 코로나19 확진으로 공연이 취소되었다가 9월 18일부터 3일간 공연되었다. 이후 보건의료 종사자들을 대상으로 11월 9일부터 4일간, 12월 8일부터 3일간 공연이 있었다.

매번 느낄 수 있는 게 아니에요. 거기서 예술의 존재 이유를 찾을 수 있지 않을까요.

우리가 특정 시간에 특정 공간을 함께 점유하고 그 시간 동안 모르는 누군가와 무언가를 공유하는 것, 그것이 연극에서 발생하는 환대라고 그는 말한다. 그럴 때 관객은 '고객'이 아니라 '손님', 그야말로 두려우면서도 신비한 손님으로 다가온다. 관객과 배우 사이에 일어나는 이런 경험, 그것이 공연 예술가들이 코로나 시절에도 공연을 멈출 수 없는 이유다.
나민철 씨 역시 무대 디자이너로서 온라인 공연에 회의적이다.

관객과 소통이 안 되는 건 배우나 연출도 마찬가지겠지만, 카메라는 사람 눈에 비해 받아들이는 시각 정보가 훨씬 제한적이어서 영상화된 걸 보면 무대 조명과는 느낌이 확연히 달라요.

공연 예술에서 조명은 빛으로 관객의 시선을 유도한다. 나민철 씨는 "무대 위에 빛으로 그림을 그린다"라고 했다.

한줄기 빛으로 내가 특정 지점을 비춰 주면 관객들의 포커스가 거기로 가잖아요. 저는 영화에서 편집의 역할을 연극에서는 조명이 한다는 게 굉장히 매력적이었어요.

「코로나19가 문화·예술 분야에 미친 영향 및 정책 대응 방안 연구」+를 보면 코로나19 이후 문화·예술 정책의 방향과 과제를 디지털 전환을 위한 인프라 구축과 온라인 콘텐츠 개발에서 찾고 있음을 알 수 있다. 그러나 관객(혹은 독자)과 만나는 방식을 '디지털 접근성'에서만 찾을 수 있을까? 김경희 씨는 이렇게 말한다.

같은 연극이어도 매 회마다 다른데, 어떤 때는 조명이 배우를 비추는 것만이 아니라 배우가 조명을 따라가기도 해요. 연극은 현장에서 즉흥적으로 생겨나는 호흡이 있어요. 그 호흡이 연습을 뛰어넘는 '합'이라고도 할 수 있을 텐데, 그럴 때 숨이 참아져요. 저는 공연을 하면서 숨을 참을 때 저한테 찾아오는 그 정적이 정말 좋거든요.

김경희 씨는 공연을 할 때마다 생기는 '숨을 참는 시간'의 호흡으로 다음 작품을 시작하는 힘을 얻는 것 같았다. 연극은 배우의 대사만으로 이루어지지 않는다. 배우가 긴박한 순간에 혼자 내뱉는 한숨이나 그 한숨을 따라 이동하는 조명, 객석에 앉은 관객과 배우의 교감, 그리고 배우가 캐릭터와 하나가 되면서 만들어 낸 또 다른 삶, 그 모든 것이 합쳐져

+「코로나19가 문화예술분야에 미친 영향 및 정책대응방안 연구」, 한국문화관광연구원(2020. 12. 18), 325쪽 참고.

연극이 된다. 조명이 비틀거리는 배우를 비출 때, 관객인 나는 '숨을 참는 시간'을 경험한다. 연극은 단순히 보는 예술이 아니라 그 시간과 공간을 관객과 배우가 공유함으로써 서로가 서로의 구체적 감각을 일깨우는 예술이다.

    2021년 8월 31일, 예술인권리보장법(정식 명칭은 '예술인의 지위와 권리의 보장에 관한 법률')이 국회를 통과했다. 그러나 코로나 위기 이후 먹고살기 힘든데 "모여서 노는 일"이 왜 필요하냐는 목소리는 그 어느 때보다 커졌다. 나민철 씨는 그래도 자신은 "하고 싶은 일을 하면서 살고 있어서 행복하다" 했다. 김경희 씨는 "대체 연극이 뭐길래 이걸 하면 행복할까?" 되물으면서도 "다른 일을 하면 몸이 아프고 병이 온다"라고 했다. 사람은 일만 하면서 살 수 없다. 어떤 형태로든 쉬고 즐기고 나누어야 한다. 그것을 문화·예술인들이 자기 일을 통해 코로나 최전선에서 지키고 있다는 걸, 이 시절이 지나가면 우리는 우화로 남겨야 할지도 모른다.

현장
분석

재난은 모두에게 똑같지 않다

코로나가 알려 준 우리의 노동 현실

정슬기

"코로나 이전으로 돌아가고 싶다."

코로나19가 유행하기 시작한 이후 흔히들 이렇게 이야기한다. 그런데 코로나19 이전으로 돌아가는 것이 바람직한 걸까? 그것이 과연 정상을 회복하는 것일까?

재난은 약자에게 유난히 가혹하다. 2005년, 미국 플로리다 주를 허리케인 카트리나가 휩쓸고 지나갔을 때 유독 사망률이 높았던 집단은 흑인과 노인이었다. 1995년, 739명의 목숨을 앗아 간 시카고 폭염에서도 빈곤율이 높은 잉글우드나 풀러 파크 같은 지역의 사망률이 가장 높았다. 코로나19도 예외가 아니었다. 코로나 팬데믹으로 많은 이들이 경제적 위기에 봉착했으나 그 타격은 모두에게 동일하지 않았다. 한국 사회에서 코로나19는 유독 비정규직, 특수고용직, 비사무직, 여성, 영세 자영업자에게 큰 피해를 입혔다. 그런데 지난 2년간 이들이 겪은 고통이 모두 코로나 때문일까? 사실 한국의 분절된 노동시장은 팬데믹 이전부터 이들의 숨통을 조여 오고 있었다.

산업화가 본격화된 1960년대부터 한국의 노동자는 열악한 노동조건에서 기본적인 노동권도 보장받지 못한 채 권위주의 개발 국가가 제시한 목표를 달성하기 위해 헌신했다. 30년 가까이 지속된 이런 권위주의적 노동 통제는 1987년

민주화 운동을 거치면서 해체되기 시작했고, 노동자는 비로소 기본적인 노동권을 되찾기 시작했다.

아이러니하게도 한국에서 노동권은 탈산업화와 함께 회복되기 시작했다. 1980년대 말부터 노동시장은 대기업 남성 노동자들을 중심으로 한 핵심 노동자와 중소기업·여성·임시직 노동자로 구성된 주변 노동자로 나뉘기 시작했다.+ 1990년대 들어 재벌 대기업은 '신경영 전략'이라는 미명 아래 숙련노동에 기초한 성장 방식 대신 최첨단 자동화 설비에 의존하는 성장 방식을 선택했다.++ 대기업은 자동화 설비에 투자한 막대한 비용을 상쇄하기 위해 핵심 부문을 제외하고 이전 가능한 모든 생산과정을 외주화했다. 동시에 자동화로 인해 작업이 단순화되면서 숙련노동의 필요는 감소했고, 이와 같은 탈숙련화로 정규직을 비정규직으로 대체할 가능성은 증가했다. 결국 이윤 극대화라는 목표 아래 차곡차곡 진행돼 온 대기업의 전략은, 좋은 일자리와 나쁜 일자리로 나누어진 '균열된 일터'라는 결과를 낳았다.+++

이런 현실 속에서 맞닥뜨린 코로나19는 한국 노동 현실

+ 윤홍식, 『이상한 성공: 한국은 왜 불평등한 복지국가가 되었을까?』, 한겨레출판, 2021, 167-69쪽.
++ 요코타 노부토, 『한국 노동시장의 해부: 도시 하층과 비정규직 노동의 역사』, 그린비, 2020, 120-22쪽.
+++ 데이비드 와일, 『균열 일터: 당신을 위한 회사는 없다』, 송연수 옮김, 황소자리, 2015.

의 아픈 구석구석을 더욱 선명하게 비춰 주었다. 재난 상황에서 한국 사회가 그나마 보호하는 대상은 상대적으로 안정적 고용과 임금을 보장받는 이들에 국한되었고, 불안정한 고용 상태에 있는 이들은 보호받지 못한 채 안전망 밖으로 밀려났다. 앞의 열한 편의 르포들은 이렇게 밀려난 이들의 일과 삶에 대한 일종의 질적 리포트라 할 수 있다. 이 장에서는 팬데믹 2년간 한국의 노동 실태를 양적인 자료를 통해 들여다보고자 한다.

코로나19 발생 직후인 2020년 3월, 직장갑질119는 성인 직장인을 대상으로 직장 생활 변화에 대한 설문 조사를 시작했다. 코로나19에 대한 전반적 인식, 직장 생활 변화, 경제적 상황 변화를 이해하는 것이 주된 목적이었다. 설문 조사는 2020년 3월 1차 조사를 시작으로 2021년 9월까지 7회에 걸쳐 정기적으로 이루어졌으며, 여론조사 전문 기관을 통해 매회 성인 직장인 1000명을 대상으로 실시했다.+

+ 표본 설계는 경제활동인구 조사 취업자 인구 비율을 기준으로 한 비례배분 방식으로 이루어졌다. 1차(2020년 3월)부터 4차(2020년 12월)까지는 전국의 만 19~55세 직장인을 대상으로 했는데, 5차(2021년 3월)부터는 고령 노동인구의 증가와 통계청 경제활동인구 조사 취업자 인구 비율에 따라 만 19~65세로 조사 대상을 확대했다.

───[고용 지위에 따른 직장 생활 변화]───

　고용 지위는 노동시장 분절 구조를 보여 주는 가장 중요한 지표다. 이 장에서는 정규직과 비정규직으로 구분해 살펴볼 것이다. 정규직은 고용 형태 가운데 상용직을 의미하며, 비정규직은 임시직, 일용직, 시간제 아르바이트, 파견 용역이나 하청, 그리고 프리랜서 및 특수고용 노동자를 모두 포함한다. 먼저 노동시간 감소를 경험한 비율을 비교하고, 이어서 소득 감소와 실직 경험 비율을 정규직과 비정규직으로 나누어 살펴보자.

　코로나19로 인한 노동시간 변화는 2차 조사인 2020년 6월부터 조사에 포함했다. 노동시간이 감소했다고 응답한 비율은 23.2~28.6퍼센트였다. 하지만 이를 정규직과 비정규직으로 나누어 살펴보면 그 차이는 확연하다. 우선 정규직의 경우 노동시간 감소 경험은 13.7~17.8퍼센트 사이에 머무른 반면, 비정규직은 36.5~44.8퍼센트 사이였다. <그림 1-1>의 점선은 정규직 대비 비정규직의 노동시간 감소 비율을 보여 주는데, 비정규직은 정규직에 비해 노동시간 감소를 경험한 비율이 2.4~3.1배 높다. 노동시간이 감소한다는 것은 대부분의 경우 소득에 직접적인 영향을 미친다. 그렇다면 소득 감소 경험을 살펴보자.

　코로나19가 시작되고 두 달도 채 안 된 2020년 4월에 실시한 1차 실태 조사에서는 47.5퍼센트가 소득이 감소했다

그림 1-1. 정규직 대 비정규직 노동시간 감소 경험 비율

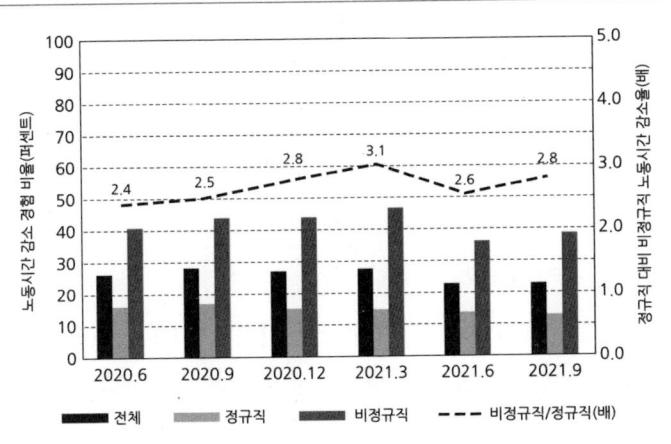

그림 1-2. 정규직 대 비정규직 소득 감소 경험 비율

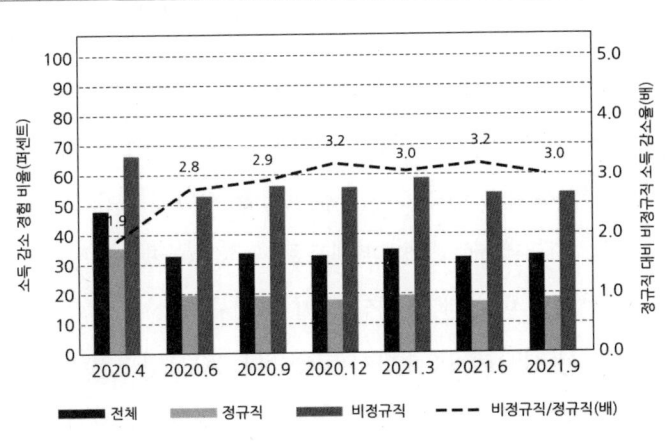

고 보고했다. 2차 실태 조사부터 그 비율이 다소 떨어지긴 했지만 여전히 3명 가운데 1명은 소득이 감소했음을 알 수 있다(<그림 1-2>). 이를 정규직과 비정규직으로 나누어 비교해 보면 차이가 더 뚜렷하다. 소득 감소를 경험한 정규직은 2020년 4월을 제외하고 17~19.3퍼센트인 데 비해, 비정규직은 7차에 걸쳐 모두 50퍼센트 이상이었고(52.8~66.3퍼센트), 이는 정규직에 비해 약 3배가량 높은 수치다(<그림 1-2> 점선 참조). 정규직과 비정규직은 코로나19 이전에도 소득 격차가 있었을 텐데 2년간 팬데믹을 겪으면서 그 격차가 더욱 커졌음을 의미한다.

다음으로 코로나19로 인한 실직 경험을 보면 <그림 1-3>과 같다. 코로나19가 시작되고 1년간(2020년 4월~2021년 1월) 실직 경험을 보고한 비율은 고용상의 지위와 관계없이 전체적으로 상승했다. 하지만 비정규직의 실직 경험은 특히나 참담한 수준이다. 2020년 4월 8.5퍼센트에서 시작한 비정규직의 실직 경험은 6월, 9월, 1월을 지나면서 각각 26.3퍼센트, 31.3퍼센트, 36.8퍼센트로 수직 상승했다. 같은 기간 점선으로 나타낸 정규직 대비 비정규직의 실직 경험은 2.4배에서 시작해 8.8배까지 치솟는다. 2021년 3월부터 조사 대상자가 55세에서 65세로 확대되면서 그전까지의 수치와 절대 비교는 불가하지만(그런 이유로 점선을 연결하지 않았다), 2021년에도 비정규직의 실직 경험 비율은 30퍼센트대로 지속된다. 정규직 대비 비정규직의 실직 경험 비율은

그림 1-3. 정규직 대 비정규직 실직 경험 비율

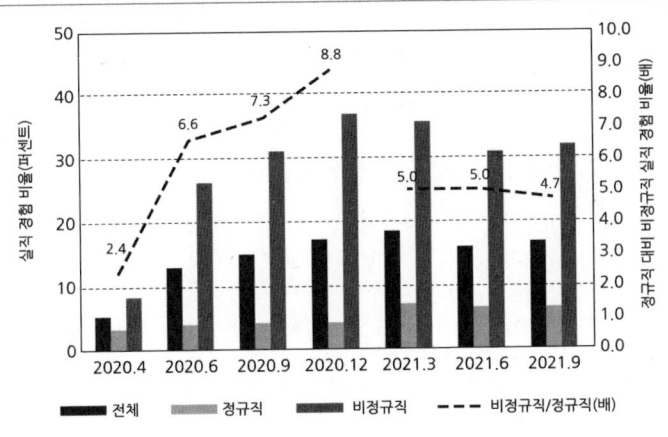

2021년 3월 조사부터 5배 정도였는데, 2021년 1월 조사의 8.8배에서 감소한 것은 3월 조사부터 대상자의 연령이 높아지면서 정규직의 실직 경험이 기존 4퍼센트에서 6~7퍼센트대로 증가했기 때문이라고 해석할 수 있다.

이처럼 비정규직의 실직 경험이 유난히 높은 것은 또 다른 문제로 연결된다. 이들 가운데 실업급여를 받은 이는 얼마나 될까? 조사 결과를 보면 실직 경험이 있는 비정규직 가운데 실업급여를 받은 이들은 2년 내내 20퍼센트 정도에 그쳤는데, 실업급여를 받지 못한 가장 큰 이유는 고용보험에 가입돼 있지 않기 때문이었다. 예컨대 2021년 6월 조사에서 실업급여를 받지 못한 노동자의 거의 절반(43퍼센트)은 고용보험 미가입을 이유로 들었다. 가장 절박한 사람들이 고용보험 밖에 있는 셈이다. 코로나19를 겪으며 비정규직의 노동시간은 더 줄어들었고, 소득은 더 감소했으며, 더 많이 직장을 잃었다. 하지만 이들은 실업급여를 포함한 공적 보호의 테두리 밖에 있었고, 이 같은 상황은 2년에 걸쳐 지속됐다.

──[직장 규모별 직장 생활 변화]──

분절된 노동시장 구조를 대변하는 또 하나의 주요 지표는 직장 규모다. 이 절에서는 직장 규모를 공공 기관, 300인 이상, 5인 미만으로 나누어 비교할 것이다. 앞서 고용 지위에 따른 직장 생활 변화와 동일하게 노동시간 감소, 소득 감소, 실직 경험 비율을 직장 규모별로 살펴보자.

먼저 2020년 6월부터 2021년 9월까지 노동시간 감소 경험 비율을 직장 규모별로 나누어 비교한 결과는 <그림 1-4>와 같다. 공공 기관 종사자들이 노동시간 감소를 경험한 비율은 12.2~22.7퍼센트 사이로 보고되었다. 그다음으로 감소 경험 비율이 낮은 집단은 300인 이상 사업장의 노동자들이었고 그 비율은 17.5~25.6퍼센트였다. 노동시간 감소 경험이 가장 높은 이들은 5인 미만 사업장 종사자들이었다. 이들 가운데 최소 35.3퍼센트, 최대 44.9퍼센트가 노동시간 감

그림 1-4. 직장 규모별 노동시간 감소 경험 비율

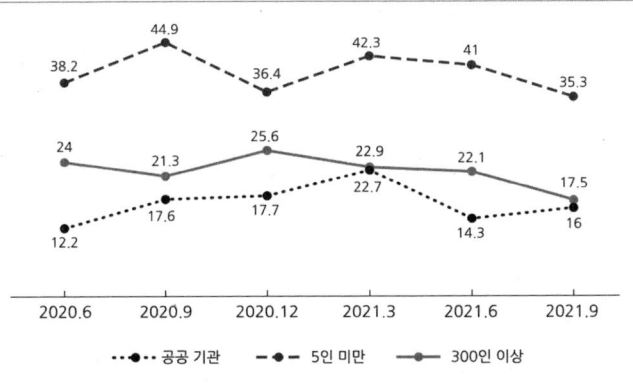

그림 1-5. 직장 규모별 소득 감소 경험 비율

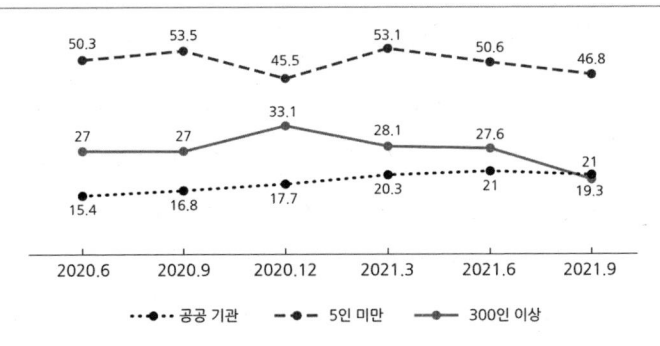

소를 경험했다. 5인 미만의 경우 300인 이상 규모에 비해 노동시간 감소 경험 비율이 1.4~2.1배가량 높았다. 앞의 조사에서처럼 노동시간 감소는 소득 감소로 이어진다.

그림 1-6. 직장 규모별 실직 경험 비율

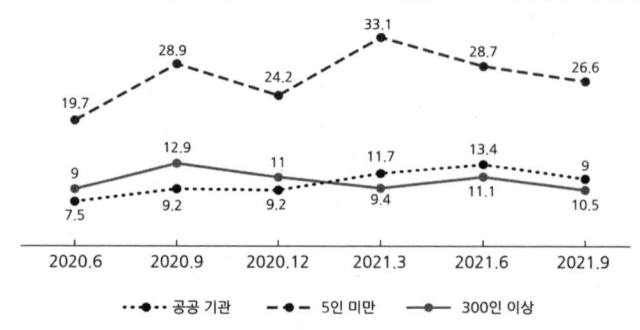

직장 규모별로 소득이 감소한 비율을 비교해 보면 노동 시간 감소와 유사한 패턴이 보인다. 공공 기관 종사자 가운데 15.4~21퍼센트가 소득 감소를 경험한 반면, 5인 미만의 경우 둘 중 한 명(45.5~53.5퍼센트)꼴로 소득이 감소했다. 이들의 소득 감소 경험 비율을 300인 이상 규모와 비교하면 많게는 2.4배가량 차이가 났다(<그림 1-5>).

소득 감소보다 더욱 심각한 실직 경험을 직장 규모별로 비교해도 유사한 양상을 보인다. <그림 1-6>을 보면 공공 기관과 300인 이상 사업장 종사자의 실직 경험 비율은 전체적으로 비슷하다. 하지만 5인 미만 사업장의 실직 경험 비율은 뚜렷하게 높다. 2020년 6월 19.7퍼센트로 시작해서 2021년 3월 조사에서는 33.1퍼센트까지 직장을 잃었는데, 이는 300인 이상에 비해 3.5배 높은 비율이다.

종합해 보면, 5인 미만 사업장에서 일하는 이들은 공공 기관이나 300인 이상 사업장에 비해 노동시간이 더 줄었고 그에 따라 소득 또한 감소했으며, 더 많이 직장을 잃었다. 5인 미만 사업장 종사자 절반은 고용보험에 가입돼 있지 않기 때문에(2021년 9월 기준 48.6퍼센트) 이들이 겪은 소득 감소, 실직의 결과는 더욱 가혹할 수밖에 없다. 또한 팬데믹으로 인해 비자발적 휴직도 증가했는데, 5인 미만 사업장의 휴직 경험 비율은 다른 규모 사업장(2021년 9월 기준 27.7퍼센트)에 비해 더 높았다. 근로기준법 제46조에 따르면 비자발적 휴직의 경우 휴업수당으로 평균임금의 70퍼센트 이상을 지급해야 한다. 하지만 2021년 9월 기준으로 팬데믹 기간 동안 휴업수당을 받았다는 응답은 직장 규모와 관계없이 27퍼센트 정도에 불과했고, 그중 비정규직(18퍼센트), 서비스직(19.7퍼센트), 5인 미만(16.7퍼센트), 저임금 노동자(15.6퍼센트)는 휴업수당을 받은 비율이 20퍼센트를 넘지 못했다.

───[임금수준별 직장 생활 변화]───

임금수준은 노동시장의 중층적 분절 구조의 핵심인 고용 지위 및 직장 규모와 맞물려 있다. 여기서는 150만 원 미만과 500만 원 이상을 각각 저임금, 고임금으로 정의하고 두 집단의 소득 감소와 실직 경험을 비교했다. <그림 1-7>과 <그림 1-8>은 앞서 설명한 고용 지위와 직장 규모에 따른 소득 감소 및 실직 경험 추이를 다른 방식으로 재확인해 준다. 지난 2년간 저임금 노동자는 고임금 노동자에 비해 적게는 2.4배에서 많게는 4.5배까지 높은 비율로 소득 감소를 경험했다. 실직 경험 비율의 차이는 소득 감소 비율의 차이보다 더 심각한데, 많게는 고임금 노동자의 10배가 넘는 저임금 노동자들이 직장을 잃었다.

더 큰 문제는 소득이 감소하고 직장을 잃어도 이들을 위한 안전망이 없다는 것이다. 실제로 같은 실태 조사에서 정부의 코로나19 감염 위기 대응을 묻는 질문에는 "잘하고 있다"는 응답이 70퍼센트에 가까웠지만, 코로나19로 인한 일자리 위기 대응과 관련해서는 "잘못하고 있다"는 응답이 더 높았다. 특히 비정규직(59.5퍼센트), 생산직(60.8퍼센트), 5인 미만 사업장(57.8퍼센트)에서 부정 평가가 높았는데, 이는 일자리 위기 대응에 대한 실망과 절망이 투영된 결과일 것이다.

──────[성별에 따른 직장 생활 변화]──────

재난 상황이 발생하면 그간 존재했던 일상의 격차는 확대되며 약자들은 보호의 우선순위에서 더 멀어진다. 주로 비

그림 1-7. 임금수준별 소득 감소 경험 비율

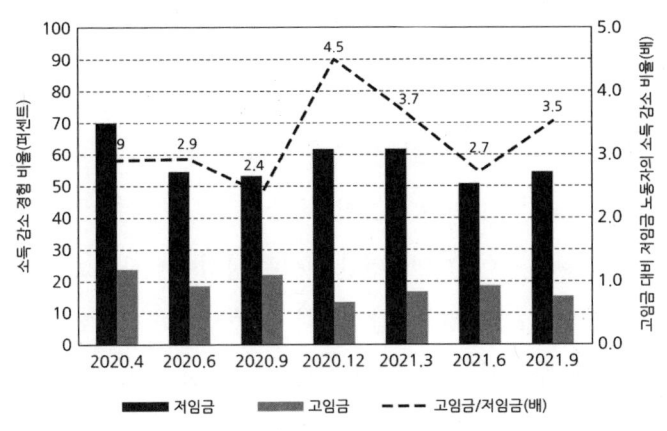

그림 1-8. 임금수준별 실직 경험 비율

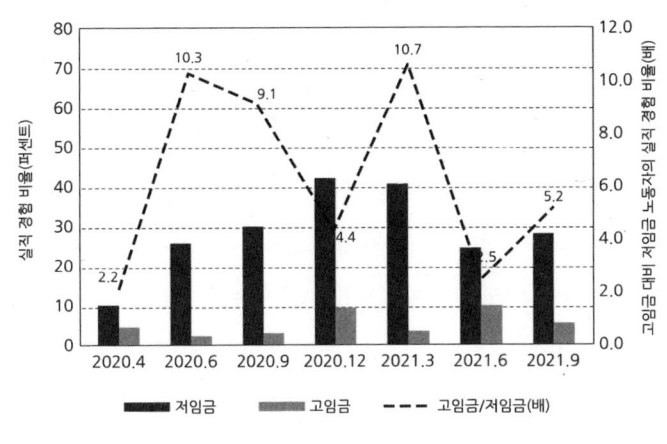

정규직, 저임금, 특수고용직이 이런 약자에 해당하는데, 여기에서 한 겹 더 소외되는 이들이 바로 여성이다.

비정규직, 저임금, 특수고용직에서 여성이 차지하는 비율은 상대적으로 높다. 코로나19를 겪는 동안 여성 노동자가 경험한 노동시간 감소와 소득 감소 및 실직 경험 비율을 남성과 비교해 본 결과는 <그림 1-9>, <그림 1-10>, <그림 1-11>과 같다. 지난 2년간 여성은 남성에 비해 노동시간이 더 줄었고, 소득은 더 감소했다. 노동시간이 감소한 남성의 비율은 꾸준히 20퍼센트대였던 것에 비해 여성은 평균적으로 30퍼센트대(27.2~37퍼센트)였다. 이는 자연스럽게 소득 감소로 연결돼 노동시간 감소와 비슷한 추이를 보인다. 즉, 여성 노동자는 2년간 남성에 비해 지속적으로 소득 감소를 더 많이 경험했다.

그런데 여기서 노동시간 감소는 공적 영역, 즉 임금 노동시장에서의 감소를 의미한다. 하지만 대부분 무급으로 이루어지는 돌봄노동을 상당 부분 책임지는 여성들에게 팬데믹은 더 혹독한 결과를 가져왔다. 여성은 전 세계적으로 무급 노동의 75퍼센트를 담당하는데(여성의 경우 1일 평균 3~6시간, 남성의 경우 30분~2시간이다),+ 코로나19로 많은 업무와 학

+ 캐럴라인 페레스, 『보이지 않는 여자들: 편향된 데이터는 어떻게 세계의 절반을 지우는가』, 황가한 옮김, 웅진지식하우스, 2020, 102쪽.

그림 1-9. 여성과 남성의 노동시간 감소 경험 비율

단위: 퍼센트

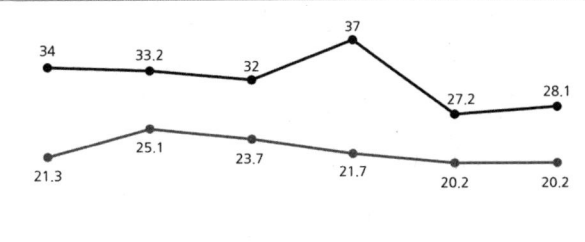

그림 1-10. 여성과 남성의 소득 감소 경험 비율

단위: 퍼센트

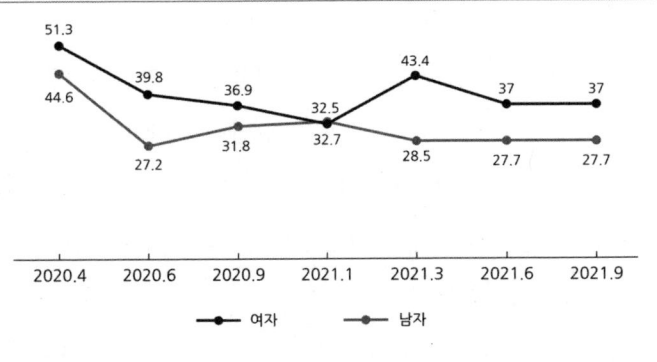

교교육이 재택 혹은 비대면으로 전환되면서 여성들은 직장에서의 노동시간 감소와 소득 감소뿐만 아니라 무급 노동시간의 증가를 겪을 수밖에 없었다.

그림 1-11. 여성과 남성의 실직 경험 비율

단위: 퍼센트

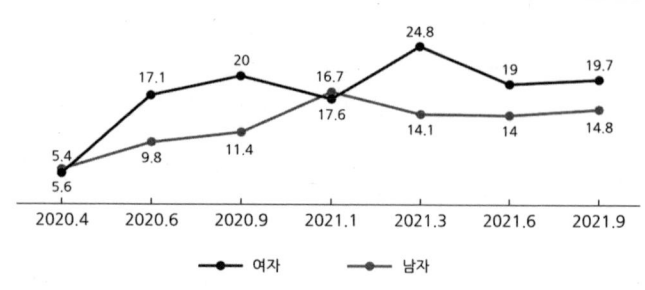

다음으로 실직 경험을 비교해 보면 소득 감소 및 노동시간 감소와 비슷한 곡선이 나타난다(<그림 1-11>). 남여 모두 시간이 경과할수록 실직 경험 비율이 상승했다. 하지만 여성은 남성에 비해 전반적으로 더 많이 직장을 잃었는데, 2021년 3월 조사에서는 그 비율이 24.8퍼센트에 달했다. 여성은 비자발적 휴직도 지속적으로 높았다(예컨대 2021년 6월 조사에서 여성은 24.4퍼센트, 남성은 18.0퍼센트가 비자발적 휴직을 경험했다). 심지어 근로기준법에 근거해 보장받아야 하는 휴업수당을 받지 못한 경험도 여성이 더 많았다(남성 44.7퍼센트, 여성 61.5퍼센트). 즉, 여성들은 더 많은 휴직을 강요받았지만 그에 따른 휴업수당은 제대로 받지 못했다.

정리해 보면 여성의 노동시간과 소득은 남성에 비해 더 줄었고, 더 많은 여성이 직장을 잃었다. 고용 지위와 임금수준에 따른 성별 차이를 따로 분석하지는 않았지만, 앞에서 살펴본 비정규직, 영세 사업장 종사자, 저임금 노동자가 겪는 어려움을 고려해 볼 때 비정규직·저임금 여성 노동자들은 코로나19로 인한 고통을 이중으로 겪고 있음을 충분히 유추해 볼 수 있다.

──[코로나19와 정신 건강]──

한국 사회의 정신 건강 문제는 계속 증가하는 추세이며 그 중심에는 우울과 불안이 있다. 일반적으로 우리는 우울이나 불안의 원인을 생물학적 요인이나 마음과 같은 개인의 특성에서 찾는다. 하지만 개인적 차원으로만 정신 건강을 설명할 때 우리는 중요한 부분을 놓치게 된다. 우울과 불안을 감정 조절 실패나 호르몬 이상으로 접근하면 그 대처는 주로 약물 치료나 감정 조절, 마음 관리 등과 같은 개입에서 그칠 수밖에 없다. 그런데 정신 건강을 비롯한 개인의 건강 문제를 사회적 차원에서 접근하는 건강 형평성 연구자들은 그 원인을 개인뿐만 아니라 사회적 조건과 상황에서 찾으려고 한다. 이들처럼 우울과 불안을 가중하는 사회적 구조와 원인을 이해하면, 정신 건강 문제를 해결하는 데 사회적 조건과 구조를 변화시키는 노력 또한 필요하다는 것을 인식하게 된다.

코로나19라는 사회적 상황은 모든 이의 마음을 불안하게 하고 우울감을 증폭시켰지만, 불안과 우울의 수준은 고용 지위와 임금수준에 따라 차이가 있었다. 이번 실태 조사에서 참여자들은 코로나19 사태로 얼마나 불안감·우울감을 느끼고 있는가에 각각 1~4점까지 리커트 척도로 응답했고, 여기에서 "심각하다"와 "매우 심각하다"를 합산해 불안·우울의 심각성을 측정했다.

정규직과 비정규직의 불안과 우울 추이를 보여 주는 <그림 1-12>를 살펴보자. 코로나19가 시작되면서 2020년 한 해 동안 모든 이의 불안과 우울 정도는 계속 심각해졌다. 불안을 느끼는 비율은 우울을 느끼는 비율에 비해 전반적으로 높았다. 먼저 불안을 보자. 심각한 불안을 느낀다는 정규직은 2020년 4월 23.8퍼센트에서 12월에는 49.5퍼센트까지 상승했다. 이에 비해 비정규직은 29퍼센트로 시작해 12월에는 53.5퍼센트가 심각한 불안을 토로했다. 우울도 비슷한 추이를 보였다. 흐린 점선으로 표시된 비정규직의 우울감 추이를 보면 정규직에 비해 지속적으로 높았다. 심각한 우울을 보고하는 정규직이 10.3퍼센트에서 22퍼센트까지 상승한 것에 비해 비정규직은 16퍼센트에서 31.3퍼센트까지 상승했다.

2021년 조사부터 참여 인원의 연령대가 기존 55세에서 65세로 확대됨에 따라 절대 비교가 적절하지 않아 <그림 1-12>에 2021년 추이를 따로 보고했다. 2021년이 되면서

그림 1-12. 정규직 대 비정규직의 불안과 우울

단위: 퍼센트

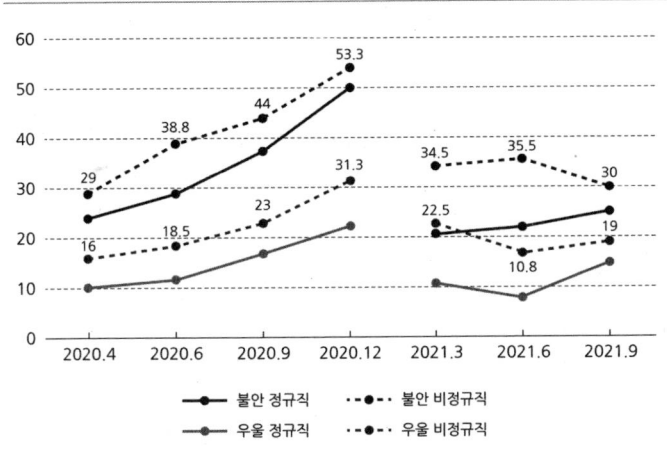

전체적으로 심각한 불안과 우울이 안정화되는 경향을 보이지만 비정규직의 불안과 우울이 정규직에 비해 지속적으로 높은 것에는 변함이 없다. 즉, 노동시장에서 비정규직 지위를 가진 이들은 더 심각한 불안과 우울을 겪는다.

임금수준에 따라 불안과 우울감을 호소하는 비율을 보면 정규직, 비정규직 간 차이에 비해 그 격차가 더욱 두드러진다. 저임금 노동자의 경우 심각한 불안을 보고하는 비율이 29.3퍼센트에서 시작해 57퍼센트까지 급상승했는데, 이는 고임금 노동자에 비해 많게는 2.7배 높았다. 2021년에도 저임금 노동자 세 명 가운데 한 명 정도가 심각한 불안감을 보

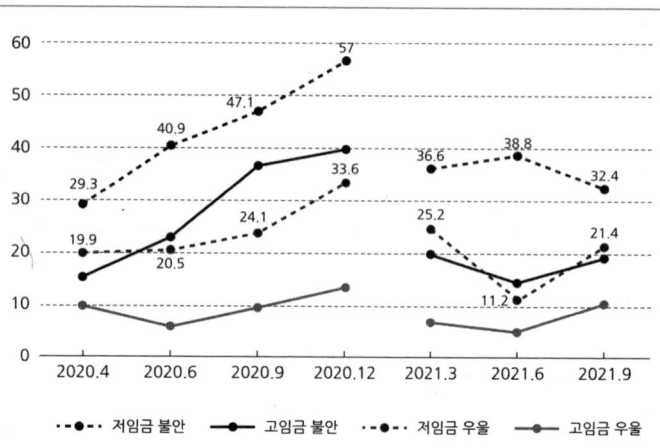

그림 1-13. 임금수준에 따른 불안과 우울의 차이

고했다. 이와는 대조적으로 2021년 고임금 노동자의 불안감은 평균 19.3퍼센트 정도로 낮아진다. 이런 차이는 우울도 마찬가지다. 고임금 노동자의 심각한 우울은 10퍼센트대 안팎으로 안정적인 반면, 저임금 노동자의 우울 경험은 33.6퍼센트까지 올라가며, 2021년 3월에는 고임금 집단의 3.7배에 달한다. 이처럼 고용 지위와 임금수준에 따라 불안과 우울의 정도가 달라지는 것은 사회경제적 조건이 정신 건강에 중요한 영향을 미치고 있음을 의미한다.

다음으로 성별에 따른 불안과 우울을 살펴보자. 일반적으로 여성은 남성에 비해 우울증을 경험하는 비율이 높다.

그림 1-14. 성별에 따른 불안과 우울의 차이

단위: 퍼센트

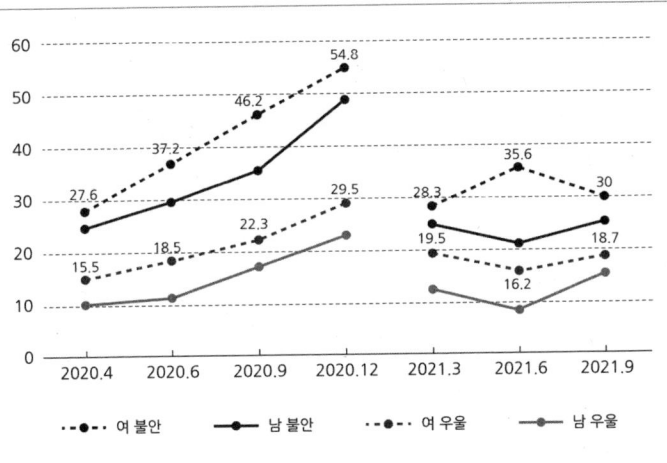

 2018년 국민건강보험공단 자료에 따르면 우리나라에서 우울증으로 치료받는 여성은 약 45만 명으로 남성(약 22만 명)의 2배 이상이며 불안 장애를 가지고 있는 여성 역시 남성보다 많다. 이처럼 한쪽 성만 유달리 우울과 불안이 높은 것은 정신건강과 삶의 질에 구조적인 불평등이 존재함을 의미한다.+

 코로나19는 이미 성별에 따라 불평등하게 나타나고 있는 우울과 불안을 더욱 가시화했다. 이는 <그림 1-14>에

+ 이민아, 『여자라서 우울하다고? 우울은 왜 성불평등하게 찾아오는가』, 개마고원, 2021, 8쪽.

서 잘 드러난다. 코로나가 시작되는 시점부터 우울과 불안은 증가 추이에 있지만 남성에 비해 여성의 불안과 우울은 일관되게 높았다. 2020년 12월을 보면 여성 노동자의 절반(54.8퍼센트)은 심각한 불안을, 세 명 가운데 한 명(29.5퍼센트)은 심각한 우울감을 경험했다. 이 조사가 직장인 대상임을 고려할 때 여성의 높은 불안과 우울은 남성에 비해 높은 소득 감소, 노동시간 감소, 실직 경험과 무관하지 않다는 점을 짐작할 수 있다.

　정신 건강 문제는 현대인들이 흔히 겪는 어려움이지만, 그 기저에는 사회적 조건과 구조가 함께 영향을 미치는 경우가 많다. 코로나19 시대를 살며 많은 이들은 불안에 떨었고 우울감을 느꼈다. 이번 실태 조사를 통해 우리는 불안과 우울 역시 노동조건에 따라 다르다는 것을 확인했다. 비정규직일수록, 저임금일수록, 여성일수록 더 불안했고 더 우울했다. 불안과 우울을 가중하는 사회적 환경을 바꾸려는 노력이 병행되지 않는다면 약물 치료나 심리 상담 같은 개인적 개입은 그 효과가 제한적일 수밖에 없을 것이다.

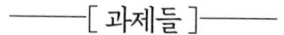

[과제들]

이 글의 목적은 코로나 팬데믹 2년간 노동자들이 겪은

한국 노동의 현실을 들여다보는 것이었다. 코로나19로 모든 이들이 어려움을 겪고 있다고 알려져 있지만 실제로 그 어려움은 어떤 일을 하는지, 어떤 집단에 속했는지에 따라 매우 달랐다. 사실 새로운 발견이라 할 것도 없다. 코로나19는 이미 우리가 알고 있는 불평등한 노동 현실을 가시화하고 더 심화시켰을 뿐이다. 팬데믹은 중층적으로 분열된 노동시장이, 불안정한 고용 상태에 있는 노동자들의 삶을 어떻게 위협하는지를 고스란히 보여 주었다. 공적 사회보장제도 밖으로 밀려난 저임금·소규모 사업장, 비정규직·여성 노동자들에게 코로나19는 더 치명적이었다. 노동시간과 소득은 고임금 대규모 사업장의 정규직 남성 노동자들보다 더 줄어들었고, 일자리를 잃는 경우도 다반사였다. 하지만 그들을 위한 사회보장제도는 존재하지 않았다. 공적 보호가 가장 절실한 사람들이 공적 보호로부터 배제되었다.

    불안정 고용 상태에 있는 노동자가 점점 더 늘어나고 있는 상황에서 기존의 안정적 고용 관계에 기반한 사회보장제도가 보호할 수 있는 사람은 점점 더 줄어들 것이다. 전통적 고용 관계에 기초한 노동정책과 사회보장 정책을 유지하는 한 점점 더 많은 사람들이 안전망 밖으로 밀려날 것이다. 그렇다면 어떻게 해야 할까? 점점 더 유연해지고 있는 노동 형태에 대응해 노동자들을 보호하는 새로운 사회보장제도를 만들어야 할까? 현재 논의되고 있는 '소득 기반 전 국민 고용보험'이 그 대안 가운데 하나가 될 수 있다. 그러나 전 국민 고용보험이 도입된다고 비정규직·특수고용직 등과 같은 불안정한 고용이 줄어드는 것도 사라지는 것도 아니다. 결국 답은 기업 규모와 고용 지위에 따라 중층적으로 분절된 노동시장을 변화시키는 데 있다. 대기업과 중소기업의 임금과 생산성 격차를 줄이고, 디지털 기술 변화에 맞춰 노동과 고용 관계를 새롭게 정의하고, 동일노동 동일임금을 실현해야 한다. 어려운 일이지만, 한국 사회가 불평등한 노동 현실을 개혁하고자 한다면, 불안정 고용으로 고통받는 사람들의 어려움을 덜고자 한다면, 반드시 풀어야 할 과제다.

코로나19와 노동법의 과제

정의롭고 안전한 일터를 위하여

이다혜

이 글은 필자의 논문, 「코로나19와 노동법의 과제: 포스트 코로나 시대, 정의롭고 안전한 노동을 위한 법제도적 방향」, 『법과 사회』 제66호, 2021에 기반을 둔 것임을 밝힙니다.

코로나는 우리의 노동 현실에 어떤 영향을 미쳤을까? 국제노동기구는 코로나가 노동자들에게 미친 영향이 1930년대 세계 대공황 이후 가장 심각하다고 진단했다.+ 이 장에서는 코로나가 우리 사회의 노동 현실에 미친 영향과 그로 인해 부상한 문제들을 살펴본 뒤, 향후 우리의 노동법 및 제도가 지향해야 할 방향을 제시하고자 한다.

──[가시화된 것: 불평등과 위험]──

코로나로 인해 가시화된 것은 무엇인가? 코로나를 계기로 우리 사회가 회피하고 간과해 온 고질적 문제들이 이제는 외면할 수 없을 정도로 표면화됐다. 가시화된 것은 크게 두 가지다. 첫째는 경제적 양극화다. 이는 이미 우리 사회에서 심각한 문제였는데, 코로나를 계기로 감염 위험과 그로 인한 피해가 각자의 노동 현실에 따라 차등적으로 발현되면서 그

+ ILO, "COVID-19 and the world of work: Updated estimates and analysis"(7th edition), January 25, 2021, p. 20.

심각성을 다시금 환기하게 되었다. 둘째는 노동에서 '위험'의 재발견이다. 일터에서 노동자의 생명과 건강뿐만 아니라 고용 기회가 얼마나 취약해질 수 있는가가 코로나를 계기로 다시금 부각됐다.

① 불평등

미국 노동부 장관을 지냈던 로버트 라이시 교수는 2020년 4월 『가디언』 칼럼에서 코로나로 인해 불평등이 더욱 심화되어 "노동 4계급"이 출현했다고 진단했다. 비대면 재택근무가 가능해 코로나에 별다른 영향을 받지 않는 사무직 및 전문직 근로자the remote, 모두의 생존과 관련된 물류·배달·마트 업무 등을 수행하는 필수 노동자the essential, 코로나로 인해 소득 상실 또는 실업을 겪은 비정규직 등 불안정 노동자the unpaid, 노숙자나 미등록 외국인·난민 등 공공 영역에서 완전히 배제되고 잊힌 사람들the forgotten이 그들이다.+

라이시의 이 같은 구분은 전에 없던 새로운 현상에 대한 진단이라기보다는, 이미 심각했으나 우리가 외면해 왔던 불평등이 코로나를 계기로 이름 붙일 수 있을 만큼 가시화된 것임을 잘 보여 준다.

+ Robert Reich, "Covid-19 pandemic shines a light on a new kind of class divide and its inequalities", *The Guardian*(2020.4.26).

국제노동기구는 백신 접종이 시작된 후 세계적으로 조금씩 경기회복세가 관찰되고 있지만, '불균등한 회복'으로 인해 불평등의 심화가 우려된다고 전망한다. 전 지구적 차원에서 보았을 때 선진국보다 개발도상국이, 전문직보다 단순 노무직이, 정규직보다 비정규직이, 남성보다 여성이 코로나로 인해 더 큰 타격을 입었으며 회복도 더 느리다.

코로나로 인해 요식·숙박·문화·예술업 등에서는 고용이 급격히 감소했지만 IT·금융·보험 관련 직종의 고용은 오히려 증가했다. 이는 사회적 거리 두기와 재택근무에 따른 온라인 인프라의 수요 증대 및 주식 투자 열풍에 기인한 것이다. 이에 따라 비교적 쉽게 비대면 노동으로 전환할 수 있는 전문직 근로자, 경영진, 고급 기술자 등은 상대적으로 고용 손실이 적었던 반면, 저숙련 근로자의 고용 손실은 훨씬 심각했다. 이런 차이는 결국 직종 간 불평등, 선진국과 개발도상국 간의 불평등, 젠더 불평등, 세대 간 불평등으로 이어진다. 국제노동기구는 특히 저소득층, 여성, 청년, 비정규직 등 노동에서의 취약 집단에 대한 각별한 고려가 필요하다는 점을 여러 차례 강조했다.

한국의 고용 감소도 글로벌 불평등과 비슷한 형태로 전개된다. 직장갑질119의 「코로나와 직장 생활 변화 설문 조사」(2020) 결과를 보면 실직 및 무급휴직, 소득 감소를 겪었는지 여부에 대해 "그렇다"라고 답한 비율은 비정규직이 정규직보다 훨씬 높았다. 비정규직 중에서도 특히 간접고용,

특수고용직, 프리랜서 등 비전형 노동자가 받은 타격이 큰 것으로 파악된다. 특수고용직과 프리랜서는 일감의 건수에 연동해 소득을 얻으므로, 일감의 감소로 인한 소득 손실이 훨씬 심각하다.

② 생명과 건강의 위험

팬데믹 상황에서 일하는 것이 건강과 생명에 위협이 되는 직종들이 있다. 보건의료계 종사자, 각종 대면 서비스 노동자, 그리고 필수 노동자가 그들이다. 보건의료계 노동자들은 환자들을 대면하며 바이러스에 노출되고 최소한의 휴게시간조차 없이 과도한 노동에 투입되며 생명과 건강을 잃었다.+ 우리나라는 외국에 비해 확진자 숫자가 비교적 적음을 내세우며 성공적인 "K-방역"이라 자평해 왔지만, 보건의료계 노동자들의 희생을 강요하며 달성한 노동 집약적 방역이 과연 바람직한 것이었는지 다시 생각할 필요가 있다.

대면 서비스를 제공하는 상점, PC방 등 불특정 다수의 고객을 계속 접촉하거나, 밀폐된 좁은 공간에서 여러 사람이 함께 일하는 직종에서도 코로나의 위험은 증폭된다. 코로나 확진율이 가장 높은 직종은 바로 콜센터 상담원이었다.++

+ 김수련 외, 『포스트 코로나 사회: 팬데믹의 경험과 달라진 세계』, 글항아리, 2020.
++ 홍종우·최소현·박정임, 「우리나라 COVID-19 확진자 직업

2020년 4월, 근로복지공단은 구로구 콜센터 근로자가 코로나에 감염된 사안을 업무상 재해로 인정했다.

택배·배달과 같은 필수 노동자들도 코로나 속에서 희생이 컸던 직종이다. 음식이나 생필품의 온라인 주문 수요가 폭증하며 과로를 감당하지 못해 건강을 잃는 경우가 많았다. 2020년 한 해에만 택배 노동자 15명이 과로로 사망했다. 이들은 타인들의 사회적 거리 두기를 위해 본인의 안전과 건강을 희생해야 했다.

③ 고용의 위험

일터에서 코로나에 직접 감염되는 경우는 아니지만, 사회적 거리 두기와 경기 침체로 인해 일자리와 소득이 위협받는 상황에 대해서도 주목해야 한다.

국제노동기구는 코로나 이후 2021년 1월 기준, 세계적으로 2억5500만 개의 일자리가 감소했다고 추산했다. 이 가운데 직접적 실업으로 인해 감소한 일자리가 1억1400만 개이며, 나머지는 총 노동시간의 감소로 인해 줄어든 일거리의 양이다. 이는 20세기 이후 인류가 겪은 가장 대규모 실업이다. 한국노동연구원에 따르면, 한국의 경우 2020년 12월 기준 전년 동월 대비 감소한 취업자 수가 102만 명, 증가한 일

분포와 노동자 보호 방안」, 『한국산업보건학회지』 제30권 3호, 2020, 260쪽.

시 휴직자 수가 99만 명이다.+ 이는 1997년 IMF 외환 위기 이후 최대의 고용 감소다.++

    코로나로 인해 고용이 감소했다는 것은 사용자가 근로자를 해고했거나 휴업을 단행했음을 의미한다. 근로기준법에 따르면 사용자는 근로자를 정당한 이유 없이 해고할 수 없다. 해고가 합법적이려면 그 사유와 절차가 모두 정당해야 하며 어느 하나라도 법적 요건을 갖추지 못하면 부당해고가 된다. 기업이 코로나로 큰 타격을 받은 것은 사실이나 이로 인해 사용자가 노동법 준수 의무에서 면제되는 것은 아니다. 코로나로 인한 해고 및 무급휴직을 두고 발생한 쟁점은 세 가지로 나눠 살펴볼 수 있다.

    첫째, 코로나로 인한 매출 감소가 원인이 된 경영 해고가 있다. 경영 해고를 합법적으로 실시하려면 근로기준법 24조의 "긴박한 경영상의 필요"를 비롯한 4대 요건을 모두 충족해야 한다. 코로나로 인한 매출 감소가 곧 법적으로 긴박한 경영상의 필요와 동일시되는 것은 아니다. 일례로 아시아나항공 하청 노동자들의 경우 무급휴직에 동의하지 않았다는 이유로 정리해고됐는데, 2020년 12월 중앙노동위원회는

+ 한국노동연구원 동향 분석실, 「2020년 노동시장 평가 및 2021년 전망」, 『월간 노동 리뷰』 제189호, 2020, 41쪽.
++ 김유선, 「코로나 위기와 9월 고용 동향」, 『한국노동사회연구소 이슈 페이퍼』, 2020, 3쪽.

이를 부당해고로 판정했다.+

둘째, 코로나 확진을 받은 노동자에게 해고, 징계 등 불리한 처분을 하는 경우가 있다. 일례로, 회사가 코로나 확진자에게 인사상 불이익을 주거나 완치돼 복귀한 후에도 함께 일하기 꺼려진다는 이유로 그만두라고 종용하는 일이 있었다.++ 그러나 일하다 질병에 걸렸다는 사실이 정당한 해고 사유가 되는 것은 아니다. 판례에 따르면, 근로자가 질병 및 신체적 장애로 직무를 감당하지 못하는 경우 그 질병의 경위, 귀책사유의 유무, 치료 기간 및 치료 종결 후 노동 능력 상실 정도 등 여러 사정을 종합적으로 고려해 합리적으로 판단해야 한다.+++

셋째, 코로나를 원인으로 하는 무급휴직 문제가 있다. 직장이 휴업에 들어가면 근로자는 월급을 받지 못하거나 그 액수가 감소하므로 생계에 큰 타격을 입게 된다. 코로나 발생 직후 어린이집 및 학원 교사들을 상대로 무급휴직이 강요된 사례가 다수 있었다. 이외에도 사용자가 일방적으로 근로자들에게 무급휴직을 통보하며 이의를 제기하지 않겠다는 내용의 동의서에 서명할 것을 강요하고, 근로자가 거부할 경

+「부당해고 판정 아시아나항공 하청 노동자들 복직 이행하라」, 『연합뉴스』(2020.12.23).
++「코로나 확진됐다고 퇴사 종용…치료 후에도 차별과의 싸움」, <KBS뉴스>(2020.11.20).
+++ 대법원 1996. 12. 6. 선고 95다45934 판결 등.

우 권고사직으로 이어지는 경우도 많았다. 이런 경로로 직장을 잃는다면 근로자의 의사에 반할 뿐만 아니라 근로기준법을 위반한 부당해고가 된다.

고용노동부에 따르면, 감염병 확산 예방, 매출 감소 등을 이유로 사용자가 자체적인 판단 아래 휴업을 실시하는 경우 근로기준법 제46조에 따라 평균임금 70퍼센트 이상의 휴업수당을 지급해야 한다. 또 코로나에 따른 매출 감소를 이유로 권고사직을 강요해서는 안 되며, 이를 원인으로 해고한다면 부당해고 신청이 가능하다.+

─── [해체: 흔들리는 것] ───

현재의 재난 상황에서 단순히 기존의 법을 준수하는 것만으로는 문제를 해결할 수 없다. 현행법의 전제를 재검토해 변화하는 상황에 맞게 재구성할 필요가 있다.

① 고용보험 제도의 한계
대부분의 사람들은 근로소득에 의존해 생계를 유지한

+ 고용노동부, 「코로나 관련 노동관계법 주요 Q&A」(2020.3.9).

다. 법과 제도는 소득의 전제로 고용을 상정하고 있다. 헌법 제32조에 따르면 "모든 국민은 근로의 권리를" 갖지만, 실제 일자리가 없거나 실업 상태에 놓이면 소득이 끊겨 당장 생계를 유지하기 어려워진다.

실업 기간의 소득 보장은 고용보험에 의존한다. 이번 코로나 실업 사태에 대응해 시행된 고용정책은 크게 두 가지로, 하나는 고용유지 지원금 예산을 확충해 기업이 받을 수 있는 지원 수준과 업종을 늘린 것이고, 다른 하나는 실직한 경우 고용보험법상 실업급여를 지급한 것이다. 그러나 정규 근로자에 비해 실업 및 소득 감소 피해가 훨씬 컸던 비정규직, 특수 형태 근로 종사자, 영세 사업장 근로자, 프리랜서, 플랫폼 노동자 등은 고용보험법상 혜택을 제대로 누리지 못했다. 코로나를 계기로 현행 고용보험 제도의 한계가 더 이상 방치하기 어려운 시급한 문제로 부상하게 된 것이다.

고용보험에서 사각지대가 발생한 원인은 두 가지로 볼 수 있다. 첫째, 당연히 법 적용을 받아야 할 사람인데도 고용보험에 가입하지 않은 경우다. 고용보험법 제8조는 "근로자를 사용하는 모든 사업"에 적용한다고 규정하고 있으나, 실제로 영세 사업장 근로자, 일용직 근로자 등은 가입돼 있지 않은 경우가 많다. 둘째, 근로기준법상 근로자에 해당하지 않아 고용보험 가입 대상이 아닌 경우다. 노무 제공을 통해 소득을 얻고 생계를 유지하지만 근로기준법상 법적 근로자 개념에 포함되지 못해 고용보험의 혜택을 누릴 수 없는 사람

들이 많다.+

정부는 사각지대에 놓인 실업자들을 위한 긴급 대책으로 "코로나 지역 대응 등 특별 지원 사업"을 시행해, 특수고용직·프리랜서임을 증명하는 계약서 또는 무급휴직 증빙서류를 제출하고 요건을 충족한 경우 최대 월 50만 원씩 2개월간 지원금을 지급했다. 그러나 이런 방식은 그 액수가 부족할 뿐만 아니라 어디까지나 임시 처방에 불과하며, 고용보험의 적용 범위를 확대하는 근본적인 대책이 필요하다.

② 젠더 차별과 '돌봄 재난'의 문제

우리 사회에서 젠더 불평등과 돌봄 인프라 부족은 오래도록 고질적인 문제였는데, 코로나를 계기로 그 심각성이 재조명되었다. 코로나는 여성에게 훨씬 심각한 고용상의 손해를 가져다주었으며, 사회구조와 법제도 속에서 여전히 돌봄노동을 여성이 전담하고 있기 때문에 다양한 방식으로 차별적 결과를 초래했다.

여성이 노동에서 겪는 불평등은 세 가지 양상 — ① 노동시장에서의 기회 및 근로조건에서 겪는 불평등, ② 유급 돌봄노동자가 겪는 불평등, ③ 가정에서 이루어지는 무급 돌봄노동에서의 불평등 — 으로 전개된다.++ 코로나 위기 속에

+ 장지연, 「코로나 대응 고용지원 정책의 현황과 개선 과제」, 『고용노동브리프』제96호, 2020, 4쪽.

서 여성이 겪은 노동에서의 차별은 다음과 같다.

첫째, 코로나로 인한 노동시장에서의 불이익이 있다. 코로나 발생 직후 8개월간 취업자가 74만 명 감소했는데, 그중 남성은 27만 명이지만 여성은 거의 두 배에 달하는 47만 명이다.+ 주로 어린 자녀를 양육하는 30, 40대 여성이 자녀 돌봄을 비롯한 가사노동을 위해 기존의 커리어를 포기하고 가정에 남은 경우가 많다. 또 20대 여성 노동자들도 노동시장 진입이 더 어려워졌다.++

둘째, 코로나 속 여성 유급 돌봄노동자, 즉 돌봄노동을 직업으로 수행하는 사람들이 겪는 어려움이 있다. 우리나라에서 여성이 절대 다수인 유급 돌봄노동자, 즉 여성 요양보호사, 의료 종사자, 간병인, 아이 돌보미, 어린이집 교사 등이 고용 및 근로조건에서 타격이 컸다. 요양보호사의 경우, 감염을 우려한 고객들이 요양보호사 방문을 중단하는 경우가 많아 실업 또는 소득 감소로 직결됐다. 어린이집 교사들의 경우 코로나 초기 보육 시설들이 폐쇄되면서 무급휴직을

++ 이다혜, 「4차 산업혁명과 여성의 노동: 디지털 전환이 돌봄노동에 미치는 영향을 중심으로」, 『법과 사회』 제60호, 2019, 372-75쪽.
+ 김유선, 같은 글, 7쪽.
++ 배진경, 「성평등 노동과 '돌봄 뉴딜'을 위한 제언」, 『코로나의 여성 노동 위기 현황과 정책 과제』, 여성가족부·여성정책연구원 공동주최 토론회 발표 자료, 2020, 28쪽.

강요당했고, 심지어 아동 수 감소에 따른 매출 감소에 대응한다는 명목으로 원장이 교사의 급여를 돌려받는 '페이백' 관행까지 보고된 바 있다.+

셋째, 가정에서 무급 돌봄노동의 불평등이 있다. 코로나로 인해 공공 기관에서 수행되던 돌봄이 전면 정지되면서 '돌봄 재난'care crisis이라는 표현이 전혀 과장이 아닐 만큼 많은 부모들이 가정에서의 돌봄노동에 어려움을 겪었다. 그리고 그 어려움은 부부 중 주로 여성에게 불평등하게 전담되었다. 어린이집이 폐쇄되고 정규 교육과정이 비대면으로 전환됨에 따라 가정에서의 돌봄노동이 폭증했으며, 이에 따라 일하던 여성이 직장을 포기하는 경우는 물론, 전업주부였던 여성도 곤란을 겪고 있다.

코로나 이후 가정에서의 돌봄노동 시간 변화에 대한 연구에 따르면, 전업주부 여성의 돌봄노동 시간은 코로나 이전 하루 평균 9시간6분에서 코로나 이후 12시간48분으로 폭증했다.++ 반면 남성은, 외벌이 남성이든 맞벌이 남성이든 큰 차이 없이, 돌봄노동에 하루 평균 3시간 내외를 사용하는 것으로 파악되었다.+++

+ 김진석, 「COVID19 이후의 뉴노멀, 사회정책의 방향: 사회서비스를 중심으로」, 『비판과 대안을 위한 사회복지학회 학술대회 발표논문집』, 2020, 229쪽; 배진경, 같은 글, 36쪽.
++ 은기수, 「코로나19 팬데믹과 자녀 돌봄의 변화」, 『월간 노동리뷰』 제188호, 2020, 40-41쪽.

일터에서의 임금노동이든 가정에서의 돌봄노동이든, 하루에 12시간 이상 일하는 것은 누구에게나 감당하기 어려운 과도한 일이다. 이와 관련해 긴급 돌봄 서비스 등이 시행되었으나 돌봄노동의 불평등은 해소되지 못했으며 관련 법제도는 미비한 상태다.

───[재구성: 변화하고 새로워져야 하는 것]───

법이 규범력을 잃는 데에는 두 가지 원인이 있다. 첫째, 실정법이 제대로 준수되지 못해서 발생하는 문제가 있다. 코로나 상황에서는 기존의 노동법 및 사회보장법을 준수하고 확인하는 것이 필요하다. 국제노동기구는 코로나에 대한 대응책으로 기존의 국제 노동 기준 원칙을 흔들림 없이 고수하고, 사용자는 산업 안전 보건 규칙을 준수하며, 정부는 일터의 노동자를 우선적으로 보호하며 일자리와 소득에 대한 지원을 단행할 것을 권고하며 문제 해결을 위해 노동조합을 비롯한 각

+++ 가정에서의 무급 돌봄노동에 남성이 사용하는 일평균 시간을 코로나19 이전과 이후에 비교했을 때, 맞벌이 가정 남성의 경우 3시간8분에서 3시간54분으로 증가했고, 외벌이 가정 남성은 3시간1분에서 3시간30분으로, 여성에 비하면 미미한 변화다. 은기수, 같은 글, 41쪽.

주체들 간의 사회적 대화가 중요하다는 점을 강조했다.+

둘째, 법의 내용이 변화하는 현실에 조응하지 못하기 때문에 발생하는 문제도 있다. 코로나를 계기로 기존의 법이 흔들리고 해체되는 영역에서는 향후 법제도의 방향을 새롭게 재구성할 필요가 있다. 여기서는 이 같은 재구성이 어떤 방향으로 이루어져야 할지 살펴보자.

① 보호 범위의 확장
: 고용보험 개선 및 근로자 개념의 확장

코로나 상황에서 실업 및 소득 감소를 겪은 사람들이 많음에도 불구하고 고용보험 적용 대상이 지나치게 협소해 제대로 보호를 받지 못하고 있다는 점은 앞서 논의했다. 코로나 이전에도 이미 특수 형태 근로 종사자들이 고용보험의 혜택을 받지 못하는 문제는 계속 지적되었다. 이제는 디지털 전환으로 플랫폼 노동, 인공지능 등이 도입되면서 근로자와 자영업자, 임금노동과 독립노동의 구분이 점점 더 어려워지고 있다.++ 그러므로 노무를 제공하며 생계를 유지하는 이들에게 고용 형태와 관계없이 고용보험 수급권을 인정할 필요

+ ILO, "A Policy framework for tackling the economic and social impact of the COVID-19 crisis"(2020.5.18).
++ 이다혜, 「근로자 개념의 재검토: 4차 산업혁명, 플랫폼 노동의 부상에 따른 '종속노동'의 재조명」, 『노동법연구』 제49호, 2020, 3-5쪽.

가 있다. 고용노동부는 2020년 '전국민 고용보험 로드맵'을 발표하며 2025년까지 고용 형태를 불문하고 모든 취업자에게 보편적 안전망을 제공하겠다는 내용을 밝힌 바 있다. 또 코로나 이후 법 개정으로 고용보험법 제2조에 피보험자로 "노무 제공자" 개념을 추가했다.

그러나 더 근본적으로는 노동법 적용 대상이 대폭 확대돼야 한다. 현재 노동법에서 근로자를 판단하는 핵심 기준은 '사용 종속 관계'의 유무다. 이는 특정 사용자나 기업으로부터 지휘·감독을 받고, 복무규율을 적용받으며, 시간 및 공간에 구속된 형태로 일하는 사람을 주로 법령상의 근로자로 여겨 보호하는 방식이다. 지금까지는 정해진 시간과 장소에서 다수의 근로자가 동질적인 업무를 수행하며 직장 규율에 복무하는 것을 전형적인 모습으로 여겼다. 현재의 노동법이 20세기 초 제조업 중심 경제에서 형성된 근로자상에 기초해 있기 때문이다.

문제는 현행법 및 판례가 해석하는 종속된 근로자의 범위가 지나치게 좁다는 것이다.+ 현재 노동법에서의 근로자 개념은 산업구조가 제조업에서 서비스업으로 이동하고, 비정규직과 아웃소싱을 활용하는 '균열 일터'fissured workplace 현상에 이어 4차 산업혁명까지 전개되는 지금의 노동 구조

+ 대법원 2006. 12. 7. 선고 2004다29736 판결 등.

와 잘 맞지 않는다.+ 코로나로 인해 가장 큰 타격을 받은 사람들은 근로자로 인정받지 못하는 특수 형태 근로 종사자, 프리랜서, 영세 자영업자 등이었다. 이들은, 예컨대 택배 노동자처럼 장시간 노동을 수행하면서도 근로기준법상 연장근로 제한 및 휴게·휴일 등의 적용을 받지 못해 과로로 건강을 잃고, 일터에서 감염되거나 사고가 발생해도 산업재해로 인정받기가 까다롭다. 소득에 있어서도 고정급이 없고 건별로 수입을 얻으므로 경제가 위축되면 최저 생계비조차 확보하기 어려우며 고용보험 급여 수급조차 어렵다. 가장 보호받아야 할 사람들이 정작 근로자 개념의 협소함에 부딪혀 근로시간, 고용보험, 산업재해보상보험 등 필요한 법의 보호를 받지 못하는 상황은 모순적이다.

그러므로 노동법 및 4대 보험의 근간이 되는 근로자 개념을 미국 캘리포니아 주 AB5 법안의 사례처럼 확대하고 단순화하는 것이 바람직하다. 캘리포니아 주는 누가 근로자인지를 판단하는 방식을 대폭 간소화해 변화하는 노동 형태를 포섭하고, 근로자성 소송에서 입증 책임을 수월하게 하는 'ABC 테스트' 법리++를 도입했다. 이처럼 계속 진행 중인 산

+ 데이비드 와일, 『균열 일터: 당신을 위한 회사는 없다』, 송연수 옮김, 황소자리, 2015 참조.
++ 기본적으로 모든 노무 제공자를 일단 근로자로 추정하고 세 가지 요소 — ⓐ 해당 노무 제공자가 업무를 수행함에 있어, 자신을 채용한 자로부터의 지배와 감독으로부터 자유로울 것,

업구조 변화와 코로나 같은 재난에 대응해 보호가 필요한 근로자 개념을 더욱 넓히고 유연하게 만드는 것이 꼭 필요하다.

② 돌봄노동의 재정비와 정의로운 분배

철학자 슬라보예 지젝은 저서 『팬데믹 패닉』에서 "코로나 사태에서 맞는 첫 노동절은 돌봄노동자들에게 바쳐야 옳다"라고 했다.+ 코로나를 계기로 겪게 된 돌봄의 위기 앞에서, 돌봄을 평등하게 재분배하고 공공 인프라를 통해 사회화하는 것이 절실하다는 점은 아무리 강조해도 지나치지 않다. 코로나뿐만 아니라 앞으로 기후변화로 인해 또 어떤 비상사태가 발생할지 모른다. 위기가 닥칠 때마다 아동, 노인, 환자, 장애인 등 돌봄이 필요한 사람들을 가정 내 여성들의 개인적 희생이나 저임금·불안정 노동에만 떠맡길 것인가?

현재 가정에서의 무급 돌봄노동에 대해서는 대가가 주

ⓑ 해당 노무 제공자가 수행하는 업무가 해당 기업의 통상적 영업 경로에서 벗어나 있을 것, ⓒ 해당 노무 제공자가 그 기업을 위해 수행하는 업무와 동종의 분야에서 본인이 독립적으로 운영하는 별개의 영업, 직업 또는 사업을 영위하는 자일 것 — 를 모두 만족시킬 때에만 자영인으로 보아 법 적용을 제외하는 방식이다. AB5 법안을 무력화하는 최근 시도에 대해서는 「우버·리프트, 운전기사 노동자로 본 AB5 법 적용 빠져나갔다」, 『경향신문』(2020.11.4)을 참조할 것.
+ 슬라보예 지젝, 『팬데믹 패닉: 코로나는 세계를 어떻게 뒤흔들었는가』, 강우성 옮김, 북하우스, 2020, 185쪽.

어지지 않을뿐더러 제도적 지원이 턱없이 부족한 상태다. 돌봄노동을 직업으로 행하는 요양보호사나 돌보미들은 열악한 근로조건에서 저임금 노동에 시달리고 있다. 돌봄을 필요로 하면서도 이를 하찮은 일로 치부하거나 돌봄노동을 기꺼이 도맡는 사람들을 차별하고 배제하는 사회는 지속 불가능하다. 누구나 생애 주기 속에서 질병이나 노화에 따라 돌봄의 필요를 경험하기에 돌봄노동을 규율하는 법제도의 정비는 (여성만을 위한 것이 아닌) 모든 인간의 필수 과제다.

돌봄노동은 여전히 노동법의 시야에서 벗어나 있다. 근로기준법 제11조는 명시적으로 가사 노동자를 적용 대상에서 제외하고 있다. 오랜 논의 끝에 '가사 근로자의 고용 개선 등에 관한 법률안'이 국회를 통과하고 (2022년 6월 16일부터) 시행될 예정이지만, 유급 돌봄노동자들에게 제한된 보호를 제공하는 특별법이라 전반적인 해결책이 되기에는 부족하다. 돌봄노동에 대한 근본적인 관점의 재정립과 사회화가 필요하다.

현재의 남녀고용평등법의 목표는 '여성 고용률 향상'과 '모성보호'에만 국한돼 있는데(제1조), 돌봄의 보편화 및 사회화를 기본 방향으로 한다면 '남성의 돌봄 향상'과 '부성보호' 또한 촉진되는 돌봄 제도가 필요하다.+ 돌봄은 모두

+ 이철수·이다혜, 『영혼 있는 노동: 한국의 노동법과 일의 미래』, 스리체어스, 2019.

의 의무이자 권리이므로, 부모 모두에게 보편적이며 세분화된 유급 돌봄 휴가를 제공하는 북유럽의 입법례를 적극 참고해야 한다.

③ 비대면 노동의 규율

코로나로 인해 '비대면 노동' 내지 재택근무가 급속히 확산되며 그 중요성과 법적 규율의 필요성이 부각되고 있다. 국제노동기구는 코로나19 이전까지는 전 세계적으로 전체 노동력의 7.9퍼센트가 상시적 재택근무를 한 것으로 추산했으며, 향후 모든 일자리의 6분의 1, 선진국에서는 4분의 1까지 재택근무가 가능할 것으로 전망했다.+ 조사에 따르면, 한국 역시 코로나19 이후 주로 사무직 위주로 재택근무의 활용도가 높아지고 있다.

근로자가 사용자와 분리된 공간에서 업무를 수행하는 재택근무는 코로나19와 같은 위기 상황에서 기술혁신에 힘입어 더욱 확산될 것으로 전망된다. 재택근무의 양면성은 노동법의 기존 전제 및 규율 방식에 새로운 도전을 제기한다. 근로자가 사업장에 출근해 사용자와 같은 공간에서 대면으로 지휘·감독을 받는 전형적인 업무 방식이 해체되면, 보다 자율적으로 일할 수 있는 가능성이 열리는 한편, 근로자의

+ Janine Berg, 「재택근무: 전 세계적 가능성 평가」, 『국제노동브리프』 Vol. 18, No. 11, 2020.

즉각적인 반응을 요구하는 사용자의 디지털 감시가 강화될 수도 있다.+

따라서 비대면 노동의 법적 성격을 규명하고 노동권 보호에 부합하는 방향으로 법제도를 재구성할 필요가 있다. 비대면 노동의 규율 방향에 대해서는 다음과 같은 측면을 생각해 볼 수 있다.

첫째, 비대면 노동을 하나의 법적 권리로 볼 수 있을까? 현재까지는 비대면 노동 실시에 대한 강행 규정이 없고 기업 자율에 맡겨져 있다. 하지만 코로나와 같은 감염병 사태가 심각한 상황에서 출퇴근을 위해 대중교통을 이용하고, 직장 동료 및 고객과 접촉하는 것은 근로자 입장에서는 매일 감염을 각오하는 위험으로 다가온다. 헌법 제32조 1항은 모든 국민이 근로의 권리를 갖는다고 천명하고 있으며, 헌법재판소는 근로권에는 '일할 기회'는 물론 '일할 환경'에 대한 권리도 포함된다고 해석한다.++

그렇다면 바이러스 감염 현황이 심각한 상태에서 근로자가 건강을 유지하면서도 계속 근로소득을 얻을 수 있도록 비대면 노동을 요청하는 것은 '안전하게 일할 수 있는 근로권'의 성격을 갖는다. 만일 이런 권리가 부정된다면, 근로자

+ 이다혜, 「재택근무에 대한 법적 규율: ILO 및 EU 국제 기준에 비추어 본 국내 정책의 검토」, 『노동법학』 제79호, 2021.
++ 헌법재판소 2007. 8. 30. 선고 2004헌마670 결정.

는 감염을 피하기 위해 근로 자체를 포기할 수도 있다. 근로자 다수가 근로를 통한 생계유지와 바이러스 감염 가운데 택일해야만 하는 상황에 방치된다면 헌법상 근로권이 제대로 구현되고 있다고 보기 어렵다.

둘째, 한편으로는 비대면 노동이 근로자에게 불리하게 작용하지 않도록 주의를 기울일 필요도 있다. 감염 예방을 위해 재택근무를 실시하는 것이 일반적으로는 근로자의 건강권과 근로권을 보호하는 효과를 갖지만, 상황에 따라서는 대면 근로에서는 겪지 않는 다른 종류의 어려움이 생길 수 있다. 예컨대 가정에서 노인, 아동, 환자 등을 돌보는 근로자의 경우 본인의 의사에 반해 가정에서 재택근무를 하게 된다면 직장 업무와 돌봄노동을 동시에 수행해야 하므로 이중의 부담이 된다. 또한 가정에서 업무를 수행하면 근로시간과 휴식시간의 경계가 모호해지고, 일과 삶 양립에 부정적인 영향을 받을 수 있다는 점을 유의해야 한다.＋

④ 대안적·보편적 소득 보장의 필요성: 기본소득

코로나 이후 지급된 긴급재난지원금을 계기로 고용과 연계되지 않은 대안적 소득 보장 방식, 즉 기본소득basic income에 대한 논의가 촉진되고 있다. 코로나 이후 수차례 긴급재

＋ 독일 연방노동사회부, 「노동 4.0 백서」, 『국제노동브리프』 Vol.15, No.4, 2017, 27쪽.

난지원금이 지급되었는데, 특히 2020년 5월 1차 재난지원금은 소득·재산과 무관하게 주민등록을 기준으로 전 국민에게 가족 구성원 숫자에 비례해 보편적으로 지급되었다. 이는 정치적 논란을 불러오기도 했지만, 다소나마 소득 보전 및 경기 부양 효과를 거둔 것으로 평가된다.+

　앞서 논의한 바와 같이 고용보험 범위를 지속적으로 정비하며 확대할 필요가 있지만, 장기적이고 근본적으로는 고용 상태에 연계되지 않은 보다 광범위하며 보편적 소득 보장 제도를 구상할 필요가 있다. 이런 맥락에서 최근 지속적으로 논의되고 있는 것이 바로 기본소득이다. 기본소득은 국가가 모든 개인에게 자산 조사 및 근로 요건 없이 주기적으로 지급하는 현금을 말하며, 보편성·무조건성·개별성·정기성·현금성을 주요 개념 요소로 한다.++

　기본소득은 실업난, 고용에서의 불평등, 양극화 등 경제·사회적 난점을 해소할 수 있는 대안으로 주목받고 있다. 기본소득을 반대하는 입장에서는 기존 사회보장에 소요되던 예산을 기본소득으로 대체하면서 위험한 결과를 가져온다고 우려하지만, 사실 이런 우려에는 논리적 연관성이 없

+ 홍민기,「코로나와 긴급재난지원금이 소비지출에 미친 영향」,『월간 노동리뷰』제189호, 2020, 26-27쪽.
++ 김교성·백승호·서정희·이승윤,『기본소득이 온다: 분배에 대한 새로운 상상』, 사회평론아카데미, 2017 참조.

다. 기존의 복지 제도를 유지하고 기본소득을 도입하기 위해 예산을 편성하거나 필요시 증세를 단행하는 것은 해당 공동체의 정치적 결정에 달려 있기 때문이다.

기존 사회보장제도 유지나 기본소득 시행은 표면적으로는 예산이 결부된 경제적 문제처럼 보이지만, 더 근본적으로는 민주주의의 문제다. 기본소득 도입론은 결코 사회보장 폐지 혹은 축소론과 같지 않으며, 질병·노령·장애·실업 등 생애 주기에서 누구나 겪는 사회적 위험에 대비한 기존의 사회보장제도는 당연히 지속적으로 발전시켜야 할 것이다.

기본소득의 목표는 노동법·사회보장법과 마찬가지로 헌법상 기본권에 해당하는 생존권을 보장하는 것이다. 노동법과 사회보장법을 상호보완적으로 운영하며 장기적 관점에서 기본소득을 점진적으로 도입해 볼 수 있다. 2020년부터 기본소득 관련 입법안도 발의되기 시작해 이에 대한 면밀한 분석과 구체적 논의가 필요하다. 코로나, 생태 위기 등의 재난 상황과 4차 산업혁명의 산업구조 변화를 함께 고려할 때 기본소득은 분배 정의 구현을 위한 하나의 실험으로서 가치를 가질 수 있다.+

+ 이철수·이다혜, 『영혼 있는 노동: 한국의 노동법과 일의 미래』, 스리체어스, 2019; 이다혜, 「기본소득에 대한 노동법적 고찰: 근로권의 재구성을 위한 시론적 검토」, 『서울대학교 법학』 제60권 1호, 2019 참조.

코로나19 고용정책 국제 비교

이병희

위기는 취약 계층에게 먼저 닥친다. 그러나 어떻게 대응하느냐에 따라 그 충격의 강도나 회복의 격차가 달라진다. 1997년 외환 위기 당시에는 노동시장 약자에게 위험을 전가하는 방식으로 위기 극복에 성공했지만, 균형 있는 성장에 실패하고 저성장과 양극화 문제에 시달렸다. 과연 코로나19에 따라 발생한 고용 위기에는 다르게 대응하고 있을까?

다른 나라에 비해 방역에 성공한 우리는 거의 정상적인 경제활동을 허용해 왔다. 그러나 코로나19가 노동시장에 미친 부정적인 영향은 심각했다. 코로나 고용 위기 동안 경제 성장률이 감소한 규모에 비해 취업자가 감소한 규모와 일시 휴직자가 증가한 규모를 합하면 훨씬 컸다. 더구나 코로나 고용 충격은 노동시장 지위에 따라 차별적으로 발생했다. 비정규직, 특수 형태 근로 종사자와 프리랜서, 영세 자영업자를 비롯한 노동시장 취약 계층에게 실업과 소득 감소의 충격이 집중되었다.

일자리를 유지하고 실업자의 소득을 지원하는 것 역시 방역 정책이다. 생계가 위협받으면 사회적 거리 두기가 어렵기 때문이다. 다른 나라에서도 방역 조치와 함께 고용정책을 중요하게 추진한 이유다. 이 글에서는 다른 나라의 고용정책과 비교해 한국이 추진한 정책의 성과와 한계를 평가하고자 한다. 특히 고용 충격이 집중된 노동시장 취약 계층과 관련된 정책들을 중심으로 살펴본다.

───[일자리 유지]───

근로시간 단축이나 휴업·휴직을 통해 고용을 유지하는 것은 노동자의 숙련과 기업의 경쟁력을 유지할 수 있을 뿐만 아니라 대량 실업이 발생한 후 실업자에게 현금을 지원하는 것보다 경제적이다. 나아가 경기가 회복될 경우 빠르고 강한 회복을 가능하게 하는 원동력이기도 하다. 일반적인 상황에서는 고용유지 지원 제도가 효율적인 부문으로의 노동력 이동을 저해하고 외부자의 고용 기회를 줄일 수도 있지만, 코로나 고용 위기는 경제 전체에 발생한 위기이기 때문에 이를 우려할 필요는 없을 것이다.

2008년 금융 위기 동안 대량 실업을 경험했던 유럽은 코로나 위기 동안에는 고용유지를 최우선 정책으로 추진했다. 단축 근로, 비자발적 휴직, 임금 하락 등 지원 요건은 다르지만, 고용유지 지원 제도 참여율은 코로나19가 확산된 직후인 2020년 4~5월에 OECD 회원국 전체 근로자의 20퍼센트가 참여할 정도로 높았다. 코로나 고용 위기 동안 이미 고용유지 지원 제도를 가지고 있는 나라에서는 지원 요건을 완

그림 2-1. 고용유지 지원 제도 참여율(2020 4-5월)

단위: 근로자 대비 퍼센트

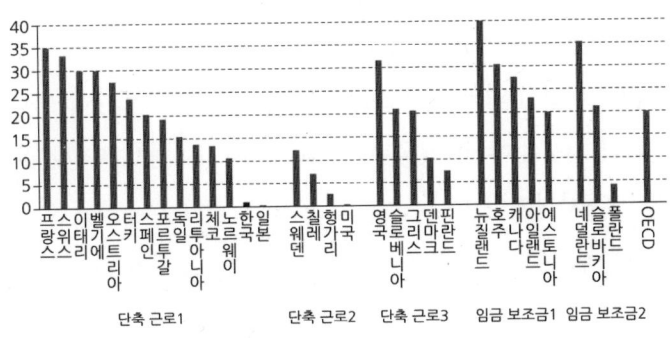

주: 단축 근로1은 무제한 근로시간 단축 가능, 단축 근로2는 비자발적 휴직, 단축 근로3은 일정한 범위 내의 근로시간 단축, 임금 보조금1은 임금 감소, 임금 보조금2는 임금과 매출 감소가 동시에 발생할 때 지원.
자료: OECD, *Employment Outlook*, 2021.

화해 지원 규모를 확대했으며, 영국처럼 새롭게 도입한 나라도 있다. 이에 비해 한국은 국경을 봉쇄하고 외출을 제한하는 식의 강력한 봉쇄 정책을 실시하지 않았던 점을 감안해도 고용유지 지원 제도 참여율이 낮다.

외국이 추진했던 고용유지 지원 제도의 특징은 다음과 같이 요약할 수 있다.

첫째, 대부분의 나라에서 고용유지에 필요한 비용을 최대한 지원했다. 독일의 단축 근로제Kurzarbeit는 기업이 지불해야 할 휴업수당을 정부가 모두 보전해 줬을 뿐만 아니라 임금 손실에 대한 사회보험료도 전액 지원함으로써 사업주의 부담을 사실상 없앴다. 프랑스의 단축 근로제Activité Partielle

또한 임금 손실이 최저임금의 4.5배 미만이면 기업이 지불해야 하는 휴업수당을 전부 지원함으로써 사업주의 부담이 전혀 없도록 했다. 고용유지 제도Coronavirus Job Retention Scheme를 새롭게 도입한 영국 또한 3주 이상 일을 못 한 근로자에게 사업주가 지불해야 할 임금뿐만 아니라 사회보험료 부담분까지 모두 지원했다.+

둘째, 위기의 영향을 크게 받는 간접고용 근로자의 고용을 유지하는 조치를 새롭게 실시했다. 프랑스는 코로나가 발생한 후 파견 근로자가 일하는 기업에서 단축 근로가 시행되면 파견 업체가 단축 근로 지원금을 신청할 수 있도록 개편했다. 독일 또한 일반 근로자와 동일한 방식으로 파견 근로자도 단축 근로 수당을 받을 수 있도록 했다. 영국에서도 파견 계약이든, 영시간 계약이든, 계약 형태와 관계없이 임금이 원천징수되는 비자발적 휴직 근로자는 모두 고용유지 지원금을 받도록 했다.++

우리나라도 이전의 위기 대응과는 다르게 고용 조정이 아닌 일자리 유지를 우선 과제로 설정했다. 휴업·휴직 수당에 대한 정부 지원금을 높이고 특별 고용지원 업종을 지정해

+ 오상봉, 「코로나19 대응 고용유지 지원금 개편 방안」, 『고용노동브리프』 제99호, 2020.
++ 이병희, 「코로나19 대응 고용정책 모색」, 『고용노동브리프』 제95호, 2020.

지원을 늘리며, 무급휴직에 대해서도 지원하는 등 수시로 지원 정책을 확대했다. 그 결과, 2020년 한 해 동안 2조2779억 원을 지원해 77만 명의 고용을 유지하는 성과를 거두었다.

그러나 이런 혜택을 받을 수 있는 사람들은 고용보험 가입 사업장의 정규직에 한정되었다. 특수 형태 근로 종사자나 프리랜서처럼 고용보험에 가입돼 있지 않은 사람들은 배제됐다. 또한 외국과 달리 사업주가 휴업·휴직 수당의 일부와 사회보험료를 부담해야 하기 때문에, 사업주가 고용유지 지원 제도 이용을 기피하는 경우도 적지 않았다. 한편 파견·용역·사내 하도급 등 위기마다 피해가 가장 컸던 간접고용 근로자는 이번에도 계약 종료·해지가 빈발했다. 뒤늦었지만 2021년 1월부터 원청 근로자가 고용유지 지원금을 받으면, 이 기업에서 일하는 파견·용역 근로자를 고용한 사업체도 고용유지 지원금을 신청할 수 있게 되었다. 그러나 휴업수당의 사업주 부담분이나 사회보험료 부담 때문에 파견·용역 업체가 이를 활용할 유인은 높지 않아 보인다.

─── [실업자 소득 지원] ───

실업보험이나 실업 부조가 있는 나라에서도 코로나 고용 위기 동안 실업자의 소득을 지원하는 데 한계가 있었다.

많은 나라에서 실업자 소득 지원 제도가 임금 근로자 중심으로 운영되고 있었기 때문이다. 이런 한계를 극복하기 위해 실업급여를 받을 수 있는 자격을 완화하거나 아예 재난 실업 부조를 한시적으로 도입해 모든 실업자를 보호하는 정책들을 추진한 나라가 많았다.

미국은 실업급여를 수급하지 못하는 특수 형태 근로 종사자, 플랫폼 노동자, 시간제 노동자, 자영업자 등 모든 실직자에게 정액 급여를 최대 39주간 지원하는 재난 실업 부조 Pandemic Unemployment Assistance program를 한시적으로 도입했다. 캐나다는 4개월간 월 2000캐나다달러를 제공하는 긴급 실업급여Canada Emergency Response Benefit를 한시적으로 도입했다. 특수 형태 근로 종사자, 자영업자 등 고용보험 가입과 관계없이 실직, 질병, 격리, 환자 돌봄, 자녀 돌봄을 이유로 일을 할 수 없게 되면 긴급 실업급여를 받을 수 있게 했다. 아일랜드는 실직한 근로자와 자영업자 모두에게 6주간 정액의 재난 실업수당Pandemic Unemployment Payment을 한시적으로 지급했다. 스페인은 임시 고용 조정 지원 제도ERTE를 활용해 사회보장세를 납부하지 못하는 모든 실업자에게 실업급여를 지원했다.

우리나라는 2020년 한 해 동안 178만 명에게 실업급여를 12.2조 원 지급했다. 이는 1995년 고용보험제도 도입 이후 가장 큰 규모다. 그러나 실업급여를 받을 수 있는 고용보험 가입자는 취업자의 절반에 그쳤다. 실직 위험이 높은 취

표 2-1. OECD 주요국의 실업급여 운영 사례

	수급 대상 확대	수급 기간 연장	급여액 인상	수급 대상 확대 관련 주요 내용
오스트레일리아	o		o	구직자 수당 수급 요건 판정에서 배우자 소득 조사를 완화하고 재산 조사를 유예
오스트리아			o	
벨기에	o			전직을 위해 이직했으나 채용이 취소된 근로자에게 실업급여를 예외적으로 지급
캐나다	o			코로나 동안 소득을 상실한 취업자에게 최대 24주간 주 500달러의 실업급여를 한시적으로 도입
콜롬비아	o		o	지난 3년간 실업급여를 받은 적이 없는 실업자에게 3개월간 지원
덴마크		o		
핀란드	o		o	프리랜서를 포함한 자영업자에게 실업급여를 한시적으로 확대
프랑스	o	o		전직을 위해 이직했으나 채용이 취소된 근로자에게 실업급여를 예외적으로 지급
독일		o		
그리스		o		
아일랜드	o			모든 실업자에게 최대 12주까지 주 350유로를 지급하는 팬데믹 실업수당 도입
이스라엘	o			비자발적인 무급휴직자에게 실업급여 지급
이탈리아		o		
라트비아	o			실업급여 종료자에게 한시적 실업 부조 도입
룩셈부르크		o		
뉴질랜드	o		o	자영을 포함한 실직자에게 최대 12주간 코로나 소득 보전 수당을 도입
노르웨이	o	o		실업급여 수급을 위한 최저 소득 요건을 완화
포르투갈		o		
슬로바키아		o		
슬로베니아	o			코로나 때문에 실직하거나 계약이 종료된 기간제 근로자를 대상으로 임시 실업급여 도입
스페인	o	o		수습 기간 중 해고되거나 채용이 취소된 전직자에게 실업급여 지급
스웨덴	o		o	최소 실업보험 가입 기간을 3개월로 단축
스위스	o	o		12개월의 근로경력을 지난 2년이 아닌 4년 내 충족하면 수급자격 인정
영국			o	
미국	o	o	o	비근로자에게 실업 부조

자료 : OECD, *Employment Outlook*, 2020.

표 2-2. 고용보험 사각지대(2020년 8월 기준)

비임금 근로자	취업자			
	임금 근로자			
	고용보험 적용 제외[1]	고용보험 미가입	공무원 등[2]	고용보험 가입
663만9000명 (24.5퍼센트)	197만 명 (7.3퍼센트)	324만7000명 (12.0퍼센트)	143만6000명 (5.3퍼센트)	1379만3000명 (50.9퍼센트)
	법적 사각지대	실질적 사각지대		

주
1) 5인 미만 농림·어업, 가사 서비스업, 65세 이상, 평소 주당 근로시간이 15시간 미만으로 3개월 미만 일하고 일용직이 아닌 근로자, 특수 형태 근로 종사자.
2) 공무원, 사립학교 교직원, 별정 우체국 직원 등 특수 직역 연금 가입자.
자료 : 통계청, 「경제활동인구 근로 형태별 부가 조사」(2020.8).

약 계층일수록 고용보험에 가입 대상이 아니거나 가입하지 못했기 때문이다.

이런 문제를 인식해 정부는 코로나19 확산으로 소득이나 매출이 감소한 일정 소득 이하의 특수 형태 근로 종사자·프리랜서 등 취약 계층에게 긴급 고용 안정 지원금을 지급했다. 지원은 코로나가 재확산될 때마다 이루어져, 2021년 말까지 네 차례에 걸쳐 103만 명이 최대 250만 원을 지원받았다. 고용보험 사각지대에 있는 취약 계층에 대한 소득 지원은 처음 실시한 정책이라는 점에서 긍정적으로 평가할 만하다. 그러나 지원 대상의 적절성, 지원 수준의 충분성, 지원 시기의 시의성 모든 측면에서 한계가 컸다. 예를 들어 1차 긴급 고용 안정 지원금으로 자영업자를 포함해 114만 명을 지원할 수 있는 예산을 편성했지만, 실제로는 176만 명이 신청했다. 소득이나 매출 감소를 파악하지 못해 위기 집단을 제대로 예측하지 못했기 때문이다. 신청자가 직접 제출한 증빙 서류를 일일이 확인하고 보완하느라 지급이 지연되는 상황도 벌어졌다.

위기에 체계적으로 대응하기 위해서는 보편적인 고용 안전망이 필요하다. 2020년 7월에 합의된 코로나19 위기 극복을 위한 노사정 협약에는 다음과 같은 내용이 담겨 있다.

노사정은 고용 충격이 취약 계층에게 집중되어 사회적 불평등을 심화시키는 것이 더 이상 반복되어서는 안 된다는 데 공감하고, 코로나19를 계기로 사회 안전망을 촘촘하게 마련해 실직과 생계 위협에서 국민의 삶을 지켜야 한다는 데 인식을 같이했다.

이런 사회적 공감대의 확산이 2020년, 전 국민 고용보험 추진을 발표하고 2021년, 국민 취업 지원 제도를 도입할 수 있는 기반이 되었다.

───[자영업자 현금 지원]───

핵심적인 방역 조치인 사회적 거리 두기는 자영업자, 특히 도소매업과 음식·숙박업 등 대면 활동이 불가피한 업종의 자영업자에게 심각한 타격을 주었다. 대부분의 선진국들은 자영업자가 경영을 지속할 수 있도록 다양한 지원 정책을 실시했다. 대출·공과금과 사회보험료의 감면 또는 납부 연기, 부가가치세 인하 등 위기 때마다 전통적으로 시행하는 조치뿐만 아니라 매출 감소를 겪은 자영업자에 현금을 직접 지원했다. 자영업자에 대한 현금 지원은 대부분 코로나 위기 대응으로 새롭게 도입한 것이다.

　미국은 코로나19로 피해를 본 중소기업에 월평균 급여 총액의 2.5배에 해당하는 금액을 대출하고, 대출금의 60퍼센트 이상을 직원 인건비로 사용하는 등의 조건을 충족하면 대출금의 전부 또는 일부를 상환 면제하는 파격적인 급여 보호 프로그램paycheck protection program을 도입했다. 독일은 매출이 40퍼센트 이상 감소한 중소기업(2020년 9월부터는 30퍼센트 이상 감소로 완화)에 임대료·인건비 등 고정비용의 일정 비율을 지원했다. 매출 감소 비율에 따라 지원액에 차등을 두었는데, 2020년 9~12월에는 매출이 70퍼센트 이상 감소하면 고정비용의 90퍼센트까지 지원했다. 프랑스 또한 2020년 3월 연대 기금을 조성해 강제 휴업하거나 매출이 50퍼센트 이상 감소한 소상공인에게 월 1500유로를 한도로 지원했다. 7월부터는 강제 휴업을 당한 소상공인에게 휴업 기간 동안 월 1만 유로 이내에서 매출 감소액 전부를 파격적으로 지원했다. 영국은 코로나로 인해 영업을 못 한 자영업자를 지원하는 자영업자 긴급 소득 지원 제도를 신설해 연 이익이 5만

파운드 이하인 자영업자에게 월 2500파운드 이내에서 이익의 80퍼센트를 지원했다.+

    우리나라도 1차 긴급 고용 안정 지원금을 포함해 2021년 말까지 다섯 차례에 걸쳐 소상공인 지원금을 지급했다. 1차 긴급 고용 안정 지원금은 매출이 25퍼센트 이상 감소하고 가구 소득이 중위 100퍼센트 또는 연매출이 1억5000만 원 이하인 소상공인에게 150만 원을 지원했다. 2차 새희망 자금은 집합 금지 업종, 영업 제한 업종, 연 매출 4억 원 이하의 매출이 감소한 소상공인을 대상으로 각각 200만 원, 150만 원, 100만 원을 지급했다. 3차 버팀목 자금은 동일한 지원 대상에게 임대료를 감안해 상향한 지원 금액을 각각 300만 원, 200만 원, 100만 원 지급했다.

    4차 버팀목 플러스는 일반 업종의 매출액 한도를 4억 원에서 10억 원으로 상향해 지원 대상을 확대하고, 집합 금지 조치가 6주 이상인 사업체에는 500만 원을, 6주 미만인 사업체에는 400만 원을, 영업 제한 사업체는 300만 원, 집합 금지나 영업 제한을 받지 않은 일반 업종은 매출 감소 유형과 경영 위기 업종으로 구분해 매출 감소율에 따라 100~300만 원을 지원했다. 5차 희망 회복 자금은 집합 금지 업종·영업 제한 업종·매출 감소가 큰 경영 위기 업종들을 대상으로 매

+ 오상봉, 「코로나19 대응 자영업 현금 지원 국제 비교」, 『노동리뷰』 2021년 2월호, 59-71쪽.

출 규모·매출 감소 비율에 따라 지원금을 40~2000만 원으로 차등해 지원했다.

2021년 10월에는 집합 금지, 영업 제한을 당한 소기업을 대상으로 손실(영업 이익 손실과 인건비·임차료 지출)의 80퍼센트를 지원하는 소상공인 손실 보상 제도를 도입했다. 뒤늦게나마 입법을 통해 예측 가능한 보상 제도가 마련되고, 일정 구간별 정액이 아니라 손실 규모에 따라 보상하게 된 점은 긍정적으로 평가된다. 그러나 지원 대상을 집합이 금지된 업종이나 영업시간이 제한된 업종으로 한정해, 사회적 거리두기에 따라 매출이 감소한 자영업자는 제외하고 있다. 또한 위기 기간 동안 임대료를 규제하지 않아서 자영업자에 대한 지원이 건물주에게 돌아간다는 비판도 적지 않았다. 재난 위기뿐만 아니라 비자발적 폐업이나 휴업 위험이 닥칠 때 사회적으로 보호할 수 있는 안전망이 필요하다.

──────[보편적인 고용 안전망으로]──────

코로나 위기는 우리 노동시장 구조와 고용 안전망의 취약성을 드러냈다. 배달이나 청소 등 코로나 위기 동안 일할 수 있었던 저임금 근로자는 감염 위험에 노출되고, 위험에 노출되지 않는 노동시장 취약 계층은 실업이나 소득 감소 위험에 놓였다. 공동의 이익에 기여하는 노동에 제대로 보상하고 사회적 위험을 함께 해결하는 사회를 모색하지 못한다면, 우리는 코로나 대유행 이전으로 돌아가게 될 것이다. 이 사회가 각자도생으로 전락하지 않도록 모두가 사회적 위험으로부터 보호받을 수 있는 고용 안전망을 마련해야 한다.+

① 전 국민 고용보험

2020년 12월에는 예술인, 2021년 7월에는 특수 형태 근로 종사자 12개 직종, 2022년 1월에는 플랫폼 종사자 2개 직종에 고용보험이 적용됐다. 그러나 근로자 중심의 고용보험에서 일하는 모든 국민의 고용보험으로 확대하기 위해서는 남은 과제가 많다.

고용보험은 특수 형태 근로 종사자 가운데 전속성이 높은 직종을 하나씩 추가하는 방식으로 확대되고 있다. 2021년 개정된 고용보험법에서 '노무 제공자' 용어를 도입한 것은 독립 자영업자를 제외하고 모든 종속 노동자를 포괄하기 위해서였다. 2021년 7월부터 노무를 제공하는 인적 용역자의 소득을 매달 파악할 수 있게 되었으므로, 노무 제공자의 범위 역시 세법상의 인적 용역자(보건의료 용역 제외)로 확대할 필요가 있다. 그동안 노동비용을 줄이려는 사업주는 사회

+ 이병희, 「보편적 고용보험의 쟁점과 과제」, 『노동리뷰』 6월호, 2020, 57-71쪽.

보험료 부담을 지지 않기 위해 근로계약을 기피해 왔다. 노동법과 사회보험의 보호를 받지 못하는 이런 근로 형태의 확산을 막기 위해서는 타인의 노무를 사용해 이익을 얻는 사업주에게 사회보험 책임을 부여할 필요가 있다. 3자 계약, 팀 단위 계약, 도급계약 등의 매우 다양한 계약 형태를 가진 예술인 프리랜서에게 고용보험을 적용한 경험을 활용하면, 일반 프리랜서에게 고용보험을 적용하는 것도 어렵지 않을 것이다. 한편 플랫폼 사업자에게도 업무 배정·근로시간 관리 등 노동과정 개입, 별점·등급 등을 이용한 성과 평가, 서비스 가격 결정에 대한 개입 정도에 따라 고용보험 책임을 부여할 필요가 있다.

2020년 말에 발표된 전 국민 고용보험 로드맵에서 자영업자에 대한 고용보험은 사회적 대화를 통해 수립하겠다는 추진 방안 이외에 구체적인 계획이 제시되지 않았다. 위험 공유에 기반한 사회보험의 연대 원리가 구현되기 위해서는 소득에 따른 기여와 필요에 대한 충족이 이루어져야 한다. 이를 위해서는 소득 변동, 휴·폐업 등 자영업자의 실태와 요구를 반영해 고용보험 적용 방식과 급여 제도를 마련해야 할 것이다.

② 국민 취업 지원 제도

2021년, 국민 취업 지원 제도의 시행에 따라 고용보험 사각지대에 있는 취업 취약 계층에 대한 제도적 대응이 가능해졌다. 긴급 고용 안정 지원금(특수 형태 근로 종사자·프리랜서 대상)과 소상공인 지원금은 일자리를 유지하고 실업 상태에 처한 이들의 소득을 지원하기 위해 실시한 임시적인 조치였다. 반면, 국민 취업 지원 제도는 실업급여 수급권이 없는 취약 구직자가 일정한 요건을 갖추면 누구나 지원받을 수 있는 제도라는 점에서 차이가 있다. 특히 소득·재산 조사를 통해 지원이 필요한 취약 구직자를 체계적으로 판정해 시의성 있게 지원할 수 있게 되었다는 점에서 제도적인 발전이라고 평가할 만하다.

2021년 12월 말 현재 42.3만 명에게 취업 지원 서비스를 제공하고 있으며, 그중 34.1만 명에게는 구직 촉진 수당을 지원하고 있다. 코로나 고용 위기의 충격이 취약 계층에게 컸다는 점을 고려하면 이들을 위한 2차 고용 안전망의 역할을 확대할 필요가 있다. 이를 위해서는 고용 위기 동안 구직 촉진 수당을 받을 수 있는 자격을 완화하거나 수급 기간을 연장하고 회복기에 조정하는 방식의 유연한 대응이 필요하다. 한편 고용 회복기엔 구직 지원과 직업훈련 등 적극적인 노동시장 정책을 강화해 탄력적이고 통합적인 고용 회복을 모색해야 할 것이다.

전 국민 고용보험의 추진에 따라 고용보험이 확대되더라도 2차 고용 안전망은 여전히 필요하다. 고용보험의 보호를 받지 못하는 구직자가 상당하기 때문이다. 구체적으로 취업 취약성이 높아서 상담자의 지원이 필요한 저소득층에 대한 실업 부조, 다양한 구직 활동을 인정할 필요가 있는 청년층에 대한 실업 부조, 노동시장 통합을 위해 종합적인 지원이 필요한 장기 구직자에 대한 실업 부조로 특화해 운영할 필요가 있다.

③ 상병수당과 병가 제도의 제도화

코로나19 재난은 우리가 외면해 온 문제들을 드러냈다. 우리가 안전한 언택트 생활을 누릴 수 있었던 데에는 택배 노동자, 콜센터·물류센터 노동자 등 위험을 무릅쓰고 컨택트 노동을 하는 사람들의 노력이 있었다. 그러나 이들 가운데 상당수는 노동법과 사회적 보호를 받지 못하고 있다. 물류센터와 콜센터의 집단감염 사태는, 쉴 권리에 대한 법적인 보장과 휴직 동안의 소득 보장이 없다면 아파도 쉴 수 없어 방역 수칙이 지켜지기 어려운 현실을 잘 보여 준다.

대부분의 나라는 사업주가 제공하는 유급 병가와 사회보험에서 지원하는 상병수당으로 감염병 위기에 대응하고 있다. 그러나 우리나라는 병가가 법적으로 보장되지 않고 상병수당이 시행되지 않고 있으며, 그나마도 일부 안정된 일자리 종사자(공무원이나 대기업·공공 부문)가 단체협약이나 취업규칙으로 유급 병가를 사용할 수 있을 뿐이다. 2020년 도입되어 코로나 위기 동안 활용도가 크게 늘어난 가족 돌봄 휴직·휴가 제도는 가족이 아플 때 사용할 수 있지만, 정작 본인이 아플 때에는 근로시간 단축만 가능하다. 연차휴가를 사용해서 쉬거나 치료받을 수도 있지만, 근로기준법이 적용되지 않는 5인 미만 사업장 근로자나 특수 형태 근로 종사자·프리랜서 등은 그런 권리조차 없다.

코로나19 위기 동안 고용보험 확대와 상병수당 도입에 대한 요구가 분출했다. 상병수당과 질병 휴가·휴직 제도의 도입은 감염병 위기에 대한 예방적인 대응책일 뿐만 아니라 아파도 일하는 프리젠티즘presenteeism 문화가 초래한 비효율을 억제하고 일-생활 균형을 보편적으로 실현하는 계기가 될 것이다.

정부는 2022년부터 한국형 상병수당 시범 사업을 실시할 계획인데, 정착을 위해서는 아프면 쉴 수 있는 권리의 보장이 필수적이다. 질병 휴가·휴직의 권리가 법적으로 보장되지 않으면 상병수당을 제대로 활용할 수 없기 때문이다. 질병 휴가·휴직 권리를 보장하고, 병가 기간 중에 해고를 제한하며, 복귀했을 때 불이익을 받지 않도록 하는 방안들이 우선적으로 논의되어야 할 것이다.

포스트 코로나,
노동과 복지의 방향

제도의 지체와 사회적 실천의 상상력

김종진

코로나19로 우리 사회에는 이전과는 전혀 다른 사회적 관계와 삶의 형태, 기업 조직 운영 등이 나타나고 있다. 무엇보다 코로나19는 경제활동, 공공 행정, 보건 의료, 학교교육 등에서 모두 새로운 방식을 채택하게 했다.

특히 코로나19로 인한 고용 충격은 노동 생활 세계에 다양하게 나타나고 있다. 첫째로 고용이 파괴돼 소득 손실이 가중됐고, 둘째로 학업과 교육 훈련과 같은 학습이 중단됐으며, 셋째로 노동시장에 진입하거나 일자리를 옮기려는 사람까지 방해받았다. 코로나19로 모든 일상이 바뀐 것이다. 이대로라면 1998년 IMF 경제 위기 이후 'IMF 세대'가 출현한 것처럼, 학업도, 일자리도, 삶도 모두 통째로 잃어버린 '코로나 세대'가 출현할지 모른다.

이와 관련해 코로나 시기 노동 생활 세계에서는 어떤 변화들이 나타나고 있는지 살펴보고, 이에 어떻게 대응할 것인지 모색해 보고자 한다.

──[기술 발전과 고용 환경 다변화 문제]──

　코로나19 시기 동안 전 세계적으로 수백만 명이 일자리를 잃었고, 실업자는 물론 비경제활동인구 규모도 최고치를 기록했다.+ 게다가 기계화·자동화 등 기술 발전 과정에서 일자리 대체나 일자리 상실 위험성 등의 불확실성도 높아질 것으로 예상된다. 국제노동기구는 이와 같은 실업 문제를 해소하기 위해서는 2030년까지 3억3400만 개의 일자리가 필요할 것으로 추정하고 있다.
　이전과 달리 특히 최근 몇 년 사이 급속하게 노동시장 불평등이나 격차들이 확인되고 있는데, 이는 계약 및 고용 관계 변화에서도 확인된다. 지난 30년간 진행된 세계화나 산업구조 변화 그리고 기업의 경영전략 등에 의해 전통적으로 표준화된 고용계약과 고용 관계를 벗어난 계약과 고용 형태가 등장하고 있다. 이런 이유로 현재 한국 사회에서는 특수

+ 국제노동기구 추정치에 따르면 전 세계 인구 대비 고용률은 2019년 57.6퍼센트에서 2020년 54.9퍼센트로 감소했다. 특히 여성과 청년층, 중·저숙련 노동자층에서 그 영향이 심각했는데, 2019년 전체 고용의 38.9퍼센트였던 여성의 고용 감소율은 2020년 47.6퍼센트나 되었다. 청년층에 미친 영향은 그 쏠림 현상이 더욱 극명해서, 2019년 전체 고용의 13퍼센트였던 청년의 고용 감소율은 2020년 34.2퍼센트였다(ILO, ILO Monitor: COVID-19 and the world of work. Eighth edition Updated estimates and analysis, 27 October 2021).

그림 3-1. 노동시장 일터 균열과 고용 다변화 모형

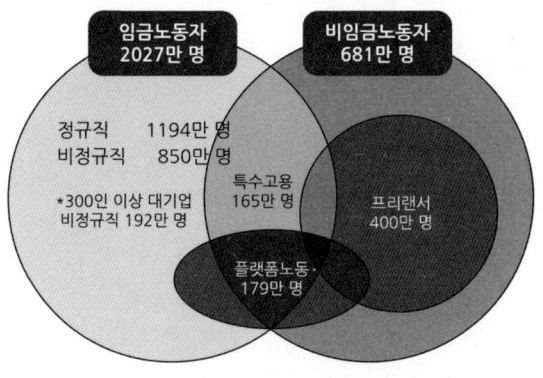

자료 : 김종진, 『미래의 노동 : 제도와 노동은 어떻게 대응하나?』, 한국노동사회연구소, 2021.

고용 노동자(165만 명), 플랫폼 노동자(179만 명), 예술인 및 프리랜서(400만 명)가 전체 노동시장에서 차지하는 비중이 비정규직(850만 명)과 비슷한 상황이다.

문제는 고용보험 미가입자나 적용 제외 대상자 규모가 임금노동자 영역에서 꾸준히 증가하고 있다는 점이다. 주로 65세 이상 고령 노동자(352퍼센트), 초단시간 노동자(145퍼센트), 파견 용역 노동자(51퍼센트), 5인 미만 사업장 노동자(34퍼센트)의 비율이 증가하고 있다. 2018년 기준 한국의 자영업자 비중은 24.6퍼센트로 유럽연합 28개국 평균(15.3퍼센트)에 비해 9.3퍼센트포인트 높다. 2020년 기준 국세청 소득원천징수 귀속 사업 소득자인 개인 사업자 규모는 668만 명으로, 2014년(400만 명)에 비해 268만 명이나 증가했다. 주요 사업 소득자는 물류 배송, 대리 운전 같은 직업군도 있지만, 헬스 트레이너, 가수, 연극배우 같은 비임금 노동자 집단이 다수였다.

한국 노동시장의 구조적 문제와 불평등은 세 가지 특징을 지닌다. 첫째, 지난 10년 사이 초단시간 노동자나 시간제 비정규직 등 고용의 질이 낮은 비정규직 고용이 더 증가했다. 비정규직 규모는 정체 혹은 감소 추세를 보였지만, 코로나19 시기를 거치며 기간제 계약직과 시간제 비정규직이 증가했다. 특히 300인 이상 대기업의 비정규직 활용이 많아지고 있고, 여성 비정규직 비율(45퍼센트)이 남성(29.4퍼센트)보다 15.6퍼센트나 많은 것도 특징이다.

둘째, 노동시장의 젠더 불평등 문제도 심각하다. 여성 고용율(51.6퍼센트)은 남성(70.7퍼센트)에 비해 낮고, 15시간 미만 초단시간 노동자의 비율은 여성(7.5퍼센트, 68만9000명)이 남성(2.1퍼센트, 24만3000명)보다 3배 이상 많다. 이런 상황에서 노동시장에서의 임금 불평등은 OECD 회원국들과 비교해 격차가 좁혀지지 않고 있다. 한국의 임금 불평등은 OECD 회원국 중 네 번째로 심각한데, 성별 임금격차는 남성이 100일 때 여성이 63.4로 가장 높은 국가 중 하나다.+

+ 노동시장에서 청년층(19~34세)의 성별 임금 불평등도 확인된다. 20·30대 남성 비정규직의 임금이 100일 때 20대

셋째, 일터에서의 노동자 산재 사망 사고는 아직도 후진국 수준이다. 그간의 제도 개선에도 불구하고 질병판정위원회의 보수적 태도 때문에 현재 산재 신고·승인율은 53퍼센트 내외에 불과하다. 치명적 사고로 불리는 중대 재해율은 4.6명(10만 명당 사망자)으로 OECD 회원국 가운데 가장 높은 수준이다. 특히 300인 이상 대기업 하청 노동자의 산재 사망이 전체의 39퍼센트를 차지한다. 최근에는 감정 노동이나 일터 괴롭힘, 트라우마와 혐오 문제까지 포함한 정신 건강 영역에서의 노동 안전 문제가 쟁점이 되고 있다.

───[코로나19 경험과 일하는 방식의 변화]───

코로나19는 일상의 모습도 바꾸었다. 주위를 둘러보면

여성 비정규직의 임금은 86.3이었고, 30대 여성은 87이었다. 프리랜서와 플랫폼 노동도 마찬가지다. 20·30대 남성 플랫폼 노동자가 100일 때 여성은 70.6에 불과했다. 기존의 직종 분리 현상과 격차가 청년층에도 그대로 투영된 것이다. 플랫폼 노동자의 56.8퍼센트가 청년이라는 점을 고려하면 간과할 문제는 아니다. OECD 회원국 평균(12.9)보다 3배 가까운 성별 임금격차(34.6)의 그림자일지도 모른다(김종진, 「다층적 생애주기 노동시장의 교차성」, 2021년 성평등 포럼, 여성가족부, 2021).

'대면 업무'가 '비대면 업무'로, 특히 재택근무 혹은 원격 근무 형태로 바뀐 곳들이 많다. 사실 이런 현상을 나타내는 신조어인 '언택트'라는 용어는 2017년부터 '비대면 기술'을 뜻하는 용어로 사용되었다. 그러다 코로나19 시기의 '사회적 거리 두기' 혹은 '물리적 봉쇄' 등과 맞물려 '비대면 접촉'을 뜻하는 용어로 널리 사용되고 있다. 코로나19 시기 비대면 노동이나 업무 방식은 산업과 일터에서 다양한 방식으로 활용되고 있다.

첫째, 사회적 혹은 물리적 거리 두기 현상이다. 고객이나 이용자가 비대면 서비스 제공 방식을 선호해 온라인 주문 방식이 활성화되면서 물류 유통 산업에서 이와 같은 방식이 점차 확대되고 있다. 네트워크 경제로 불리는 물류 택배 산업(쿠팡, 배달의민족, CJ택배 등)의 성장이 대표적이다. 둘째, 산업구조의 변화와 디지털 전환의 가속화 현상이다. 사람과 사람, 사람과 사물 간 접촉 회피 현상과 맞물린 무인화는 금융, 유통, 문화, 음식, 숙박 등에서 자동화 및 키오스크, AI 도입으로 확산되고 있다.+ 은행, 멀티플렉스 극장 및 공연장, 대

+ 코로나19 시기 공공 행정에서도 서비스 접근성을 높이기 위해 온라인 기반 비대면 서비스가 증가하고 있다. 그러나 웹사이트나 모바일 등 인터넷 활용이 여의치 않은 고령층이나 이주 노동자 등 취약 계층은 복잡하게 설계·디자인된 온라인 플랫폼을 활용하거나 접근하는 데 어려움을 겪기 때문에 정보 격차의 위험성이 있다.

형 마트, 호텔 등에서 주요 업무가 디지털로 전환된 것이 대표적이다. 셋째, 조직 운영과 일하는 방식의 변화다. 이는 바이러스 확산 피해를 최소화하기 위한, 조직 관리 및 근무 형태의 변화로 나타나고 있다. 대표적으로 채용 모집이 온라인 방식으로 바뀌고 있고, 직장에서는 재택근무 도입이 증가하고 있다.

코로나19 시기 이와 같은 일하는 방식의 변화는 전 세계 곳곳에서 확인된다. IT 및 통신 기업에서는 이미 수년 전부터 유연 근무가 일상화되었지만, 다수의 직장인들은 코로나19 시기 재택근무의 일상화를 처음 접하고 있다. 이에 적응하는 과정에서 재택 업무의 효율성을 위해 돌봄 비용을 지급하는 회사도 있고, 정부에서도 코로나19로 인한 긴급 가족 돌봄 비용을 지급한 바 있다. 코로나19 팬데믹이라는 전염병 상황이 소위 '텔레워크'를 일상으로 만든 셈이다.

통계청 조사 결과 2015년에 재택근무자는 58만6000명(0.3퍼센트)이었다가 2021년 118만8000명(5.4퍼센트)으로 증가했다. 2020년 코로나19 시기 대한상공회의소 회원사에 대한 실태 조사 결과, 75퍼센트가 유연 근무제를 새로 도입하거나 확대했다. 원격 근무를 시행하는 기업은 4배 이상 증가했으며(8퍼센트에서 34퍼센트로), 비대면 업무 방식은 대기업과 중견 기업 등에서 활성화되고 있었다. 회식 감소(97.1퍼센트), 집체 교육 감소(95.8퍼센트), 출장·외근 감소(93.8퍼센트), 정례 회의 감소(74퍼센트), 대면 보고 감소(43.9퍼센트) 등이 주요 기업에서 나타난 변화로 보인다.

물론 비대면 업무로 효율성이 개선되기보다는 이전과 비슷하거나(56.1퍼센트), 나빠졌다(16.4퍼센트)는 반응도 확인된다. 무엇보다 원격 근무와 같은 비대면 근무는 직원 만족도 향상(83퍼센트)과 같은 긍정적 현상을 불러왔는데, 그럼에도 3분의 2 이상의 기업은 "기존 업무 방식과의 충돌"(63퍼센트)을 이유로, "비대면 업무 방식이 부담"(71퍼센트)된다고 답했다. 향후 비대면 업무를 지속하거나 검토할 계획이 있다고 응답한 기업은 29.2퍼센트에 불과했다. 기업들은 향후 비대면 업무를 할 경우 해결해야 할 과제로 보고 지시 효율화(52퍼센트), 임직원 인식 개선(28퍼센트), 보안 시스템 구축(24퍼센트)을 꼽았다. +

───[코로나19 이후 고용 관계 다변화]───

이미 이야기한 바와 같이 코로나19는 일하는 형태의 변

+ 재택·원격 근무는 기업들에게 간접적인 이득도 있다. 직원들이 매일 사무실에 오지 않아도 조직 운영 메커니즘을 창출해 내고, 사무실 공간 비용도 절약할 수 있기 때문이다. 공유 오피스는 기업의 대표적인 물리적 공간 절약 방식 중 하나다.

화와 산업의 구조조정을 가속화할 것이다. 특히 전통적인 표준화된 고용계약standard employer contract, SEC과 표준적인 고용 관계standard employer relationships, SER를 벗어난 '비표준적인 계약'과 '비표준적 고용 방식'이 확산될 수 있다.

    이제 노트북이나 스마트폰 등을 통해 언제, 어디서든 일할 수 있기에 고용 관계는 더 다양화될 것이다. 특정 산업과 업종에서는 플랫폼 노동이나 프리랜서와 같은 일자리가 노동시장의 표준이 될 수도 있다. 이미 국내에서도 재택-원격근무를 통한 프리랜서 활용 앱들이 나타났다. IT·게임·작가 등의 업무에서는 숙련 프리랜서와 비숙련 프리랜서의 차이가 당장 보수에서부터 양극화되고 있다.

    향후 노동시장에서 중간 수준의 일자리는 점차 줄어들 것이다. 미국의 한 언론에서는 2027년까지 미국 노동력의 50퍼센트 이상이 프리랜서 형태로 구성될 것이라고 예측하고 있다. 실제 프리랜서들은 "향후 자동화 등으로 본인들의 일자리가 생계에 미치는 영향에 대해 우려"(55퍼센트)하고 있었다.+ 코로나19 이후에는 아마도 정규직과 비정규직이 아니라, '노동자'와 '비임금노동자'(프리랜서, 플랫폼 노동 등)로 구분될 것이다. 새로운 고용 형태와 관련된 법제도적 논의(법률, 정책, 가이드라인 등)가 필요한 이유이기도 하다.

+ "Are We Ready For A Workforce That is 50% Freelance?", *Forbes*(2017.10.17).

아마도 한국 정부가 코로나19 대책으로 발표한 디지털 뉴딜 일자리(디지털 댐)는 자본과 기업 중심으로 마련될 개연성이 높다. 특히 디지털 일자리는 특정 사기업의 공적 투자에 도움이 되는 방식으로 진행될 수 있으며, 기존 일자리들이 기계로 대체(자동화, 키오스크화)되는 문제점도 공존한다. 따라서 향후 일자리 정책에서 노동자 교육과 숙련 형성 문제가 같이 모색되어야 한다.

한편 이미 노동시장에서는 다양한 문제점들이 확인되고 있고, 고용과 실업만이 아니라 업무 형태와 노동 상황의 변화도 확인된다. 전반적으로 노동시간이 증가한 업종(보건 복지)에서는 업무 강도가 증가했고, 간접고용과 장시간 노동을 수행하는 업무에서도 업무 강도가 증가하고 있다. 또한 코로나19 시기 재택-원격 근무는 업종, 고용 형태, 직업에서 차이를 보이는데, 그중에서도 서비스직(16.5퍼센트), 파견 용역(27.3퍼센트), 보건·복지 및 음식·숙박업(15.8퍼센트) 취업자들은 재택근무가 원활히 시행되지 못한 취약 집단이다. 결국 코로나19 상황에서도 '저임금-서비스-대면' 업무는 재택·원격 근무가 이루어지기 힘든 업종임을 알 수 있다.

국제노동기구는 코로나19 백신 접종으로 경기가 회복될 것이라는 기대감에도 불구하고 일자리 전망은 여전히 불투명하다고 경고했다. 국제노동기구는 2021년 전 세계적으로 정규직 일자리가 9000만 개(3퍼센트) 감소한 것으로 추정하고 있다.+ 이는 IMF 구제금융 이후 가장 큰 일자리 상실이다. 일자리 상실은 임시 일용·비임금노동자, 음식·숙박 및 도소매업, 청년 등에서 나타났다. 국제기구들은 앞으로 코로나19를 원만하게 극복하지 못할 경우, 산업 생산이 위축될 것으로 전망하고 있다. 문제는 상위 계층의 소득은 향상하고 중하위 계층의 소득은 감소할 우려다. 만약 한국이 소위 'K자형' 경제 회복 형태로 진행될 경우 사회 양극화 및 불평등이 심화될 개연성이 높다.++

─────[더 나은 노동 생활 세계를 위해]─────

2008년 금융 위기와 2015년 메르스 사태 회복에는 최소 5~7개월 정도의 기간이 필요했다. 그런데 코로나19로 글로벌 공급망의 혼란과 폐쇄가 지속되면서 국내 제조·건설, 운수·통신 및 지원 서비스 등 수출산업도 영향을 받고 있다. 코로나19 대책이 생활 방역으로 전환된 2020년 5월 6일 이후 내수가 일부 회복되고 있지만, 상황 개선에는 일정한 시

+ ILO(2021), ILO Monitor: COVID-19 and the world of work. Seventh edition Updated estimates and analysis(2021.1.25)
++ OECD Economic Outlook 107 database; OECD Economic Outlook 106 database; and OECD calculations.

간이 필요할 것이다. 게다가 한국은 수출 중심의 산업구조이기 때문에 경기회복 여부는 고용 문제와 연관될 수밖에 없다. 그러므로 포스트 코로나 사회로의 이행을 위해서는 다양한 형태로 정책이 논의되어야 한다. 일자리 정책에는 양적 확대라는 단기 목표만이 아니라 고용의 질을 중심으로 한 중장기적 전략이 필요하다.

물론 향후 공공과 민간의 사회 및 조직 단위에서는 코로나19 이후 지배 구조, 관리·운영, 일하는 방식과 통제, 노동시간과 임금 체계 등 노동 생활 세계의 재구조화에 영향을 미치는 정책이 논의될 것이다. 빈곤과 실업만이 아니라 여성과 청년은 물론 돌봄과 불안정 노동자들처럼 제도 밖의 노동이 증가하고 있기 때문이다. 우리도 특수고용(165만 명), 플랫폼 노동(179만 명), 프리랜서(400만 명) 등 744만 명이 넘는 노동자가 있다. 이들 모두 근로기준법이나 사회보장의 밖에 놓인 노동자들이다.

법제도의 보호나 권리를 보장받지 못하는 건 이들뿐만이 아니다. 사각지대에 위치한 노동자는 945만 명이 넘는다. 간접고용(80만 명), 일용직(141만 명), 초단시간 노동자(185만 명), 5인 미만 사업장 종사자(378만 명), 고령 노동자(142만 명), 청소년 노동자(19만 명)는 법의 예외나 권리의 부재로 제도적 차별이 용인된다. 여기에 비정규직과 불안정 노동자 및 사각지대 노동자까지 포함하면 1689만 명이나 된다. 이들 모두 사회 구성원으로서 적용받아야 할 권리들을 온전히 보장받지 못하고 있다. 그렇다면 사회 경제 전반의 시스템이 바뀔 필요가 있지 않을까.

1953년에 제정된 근로기준법은 노동자를 "임금을 목적으로 사업이나 사업장에 근로를 제공하는 사람"으로 매우 협소하게 정의한다. 이런 이유로 최근 모든 일하는 사람을 위한 법률 제정의 필요성이 논의되고 있다. 기존 법체계는 다양한 기준을 이유로 일하는 사람을 법체계에서 배제해 왔다. 따라서 고용상 지위나 계약의 형태와 무관하게, 일하는 시민은 기본권으로서 노동의 권리를 동일하게 부여받도록 해야 하며, 다음의 네 가지 대안적 접근과 논의가 필요하다.

첫째, 일터에서의 작업 과정과 근무 형태 등 전반적인 노동문제의 재구조화(근로기준법의 개정을 통한 노동시간과 휴일 휴가 확대)가 논의될 시점이다. 노동시장에서 현재 일하고 있는 근무 방식(출근일, 교대제, 노동시간, 재택·원격 근무)과 관련해 정부 정책(시행규칙, 고시, 가이드라인) 및 취업규칙 그리고 단체협약(모바일·디지털 단체협약) 등이 새롭게 논의될 필요가 있다. 이미 독일노동조합총연맹DGB에서는 몇 년 전부터 모바일, 원격 근무와 관련된 사회적 대화와 협약이 진행되고 있다.

코로나19 이후에는 '적정 노동시간'부터 재논의될 필요가 있다. 주 5일 근무는 적정한 출근일인지, 하루 8시간·주 40시간이 적절한 노동시간인지 논의가 필요하다. 결국 노동시간 단축과 일-삶의 균형 등이 새롭게 논의되어야 한다. 주

48시간 이상을 장시간 노동으로 규정하는 국제노동기구나 유럽연합과 달리 우리 사회는 아직도 주 52시간 상한 규정 틀에서 벗어나지 못하고 있고, 과로사 기준도 주 60시간 이상 노동 기준이 적용되고 있다. 이 문제를 해결하기 위해서는 과감한 노동시간 정책이 모색돼야 한다. 지난 10년간 독일은 소위 '4차 산업'과 '디지털 경제' 시대에 대응하기 위해, 노동자 중심의 '노동 4.0'을 모델로 주 25~32시간 전후의 라이트 풀타임light full-time이나 주 4일제와 같이 매우 다양한 논의가 오가고 있다. 유럽연합에서는 이미 '산업 5.0' 논의가 시작됐다.

둘째, 노동 안전 및 보건 영역이 새롭게 규정되고 법제 개정이 논의되어야 한다. 특히 재난및안전관리기본법 제3조(정의) 항목에 '고용·노동'이 추가되어야 한다. 또한 근로기준법과 산업안전보건법 등에 질병 및 감염으로 인한 고용·노동문제가 추가되어야 한다. 이와 더불어 정규직 중심으로 이루어진 기존의 근로복지기본법 제3조(국가와 지방자치단체의 책무, 18조, 19조 근로자 생활 안정 등)에 특수고용, 플랫폼 노동, 프리랜서 등 다양한 고용 형태의 노동자들을 포함해야 한다.

한편 코로나19 시기 작업장에서의 산업 안전 보건 문제는 향후 노동 안전에서 중요 정책으로 제기되어야 한다. 실제로 코로나19 시기 우리는 밀집·밀폐·밀접한 곳에서 일하는 콜센터·물류센터 노동자들의 '작업 공간'의 취약성을 확인한 바 있다. 또한 코로나19라는 바이러스가 비정규직·비임금노동자 등 고용구조의 약한 고리를 영리하게 찾아감을 확인했다.

셋째, 기술 발전과 업무 형태 변화 과정에서 나타나는 새로운 차별 문제에 대응한 정책(디지털 차별 금지 및 공정 채용법 등)이 논의되어야 한다. 디지털 경제와 기술 발전은 직원 채용 단계에서부터 결과에 영향을 미칠 수 있다. 입사자의 이력서를 분석하는 새로운 인공지능 기술은 최적의 후보자를 선정하는 데 유용한 것으로 받아들여지고 있다. 이는 인간 편향Human Bias을 제거하기 위해서일 수 있지만, 역설적으로 기업이 원치 않는 사람을 자연스럽게 배제할 위험성도 품고 있다.

끝으로, 저임금 노동자의 소득 보장을 위한 '최소 생활 노동시간 보장제'나 아프면 쉴 권리 같은 '상병수당'과 '유급 병가'와 같은 사회적 보호가 제도화되어야 한다. 모두 불평등·격차·차별로부터 평등으로의 전환에서 필요한 과제들이다. 변방에 내몰린 노동자들부터 여성과 돌봄노동자 등에 이르기까지 위험하고 열악한 환경에 처한 이들의 어려움을 타파하기 위한 새로운 규칙을 마련할 필요가 있다. '생활임금'이나 '동일(가치)노동, 동일임금'만이 아니다. 일터의 불평등을 해결하기 위해서는 노동 안전과 기술 변화, 평생 학습, 정의로운 전환과 같은 노동문제들이 함께 모색되어야 한다.

논의의 시작은 노동정책의 새로운 제도화인데, 구체적

으로는 모든 일하는 시민을 대상으로 한 법제도의 변화, 즉 '일하는 시민 기본법' 제정이 필요하다. 더불어 노동정책 영역에서 고용 안전망만이 아닌, 사회 안전망 그리고 불평등 해소 정책이 같이 논의돼야 한다. 포스트 코로나 시대에는 새로운 규범과 표준New normal이 아니라, 더 나은 규범과 표준Better normal이 필요한 이유다.